会计监督检查

典型案例

财政部会计监督检查案例编委会　编

中国财经出版传媒集团
中国财政经济出版社

图书在版编目（CIP）数据

会计监督检查典型案例／财政部会计监督检查案例编委会编．--北京：中国财政经济出版社，2022.6（2022.7重印）
ISBN 978-7-5223-1351-1

Ⅰ.①会… Ⅱ.①财… Ⅲ.①会计检查-案例-中国
Ⅳ.①F231.6

中国版本图书馆 CIP 数据核字（2022）第 063186 号

责任编辑：温彦君　　　　责任校对：张　凡
封面设计：陈宇琰　　　　责任印制：党　辉

会计监督检查典型案例
KUAIJI JIANDU JIANCHA DIANXING ANLI
中国财政经济出版社 出版
URL：http：//www. cfeph. cn
E-mail：cfeph@ cfeph. cn

社址：北京市海淀区阜成路甲 28 号　邮政编码：100142
营销中心电话：010-88191522
天猫网店：中国财政经济出版社旗舰店
网址：https：//zgczjjcbs. tmall. com
北京时捷印刷有限公司印刷　各地新华书店经销
成品尺寸：185mm×260mm　16 开　18.5 印张　273 000 字
2022 年 6 月第 1 版　2022 年 7 月北京第 2 次印刷
定价：75.00 元
ISBN 978-7-5223-1351-1
（图书出现印装问题，本社负责调换，电话：010-88190548）
本社质量投诉电话：010-88190744
打击盗版举报热线：010-88191661　QQ：2242791300

编委会

前言

PREFACE

市场经济越发展，会计工作越重要；财政改革越深入，会计监督越有为。财政部负责管理全国会计工作，监督和规范会计行为，制定并组织实施国家统一的会计制度，指导和监督注册会计师和会计师事务所的业务，指导和管理社会审计。根据《中华人民共和国会计法》《中华人民共和国注册会计师法》，自1999年起，财政部在全国范围内开展会计信息质量检查和会计师事务所执业质量检查，查处了大量违法违规案件。

为充分利用会计监督检查成果，有效发挥典型案例的警示教育作用，引导和推动有关会计主体以诚信为本、恪守准则，切实筑牢执业质量生命线，财政部遴选出近年来各地监管局、地方财政部门查处的一些典型案例，组织编写了《会计监督检查典型案例》一书。

本书收录了2010年以来财政部门检查查处的46个典型案例，包括企业财务舞弊问题、中介机构职业操守问题两大类。这些案例聚焦准则制度的有效执行，全方位、多角度反映了企业和会计师事务所存在的突出问题、主要违法违规手段和处理处罚等情况，以案释法，强化震慑。

作为一本务实性的书籍，本书编写力求突出以下特点：

一是真实性。书中所选案例，其违规时间、内容、情节、手段、金额等，都真实地保留了原貌。考虑到保密的需要，对违规主体等进行了加工处理。

在写作方式上，力求简明扼要，客观描述事实，尽量避免理论上的长篇探讨。

二是典型性。书中所选案例，均是近年来会计行业和注册会计师行业影响较大、警示意义明显的案例，具有典型性和代表性。在对每个案例进行分析时，包含了案例背景、违法违规事实、检查思路与方法、教训与启示等，以便让读者更好地理解、体会案例所反映的问题，提高案例的借鉴和警示作用。

三是实用性。各案例均由财政系统长期从事会计监督检查工作的执法人员撰写，真实还原了检查具体场景、过程、结果，从检查发现的问题线索入手，客观反映了违法违规事实是如何检查发现、如何认定及如何处理的，具有较强的操作指导性和实用性。

本书可供企事业单位、中介机构及各类财会人员、审计工作者学习、参考、借鉴，也可用于注册会计师、会计专业技术人员继续教育培训和会计、审计、财务专业院校教学参考。

编者

2022 年 5 月

目录

CONTENTS

第一部分　财务舞弊——企业篇

1. 伪造交易　虚增收入 …… 3
2. 以虚构项目、伪造票据等手段列支费用 …… 9
3. 以虚假发票等列支费用 …… 15
4. 虚构交易　套取费用 …… 21
5. 虚假注资　虚增长期股权投资 …… 28
6. 虚构采购业务　虚增营业成本 …… 34
7. 将公益性资产列入固定资产　虚增资产规模 …… 40
8. 虚构业务　套取资金 …… 45
9. 利用安全生产费进行盈余管理 …… 52
10. 利用固定资产减值准备调节年度利润 …… 59
11. 利用行业特点人为调节收入 …… 64
12. 基建延期“转固”　隐匿经营亏损 …… 72
13. “资产减值准备”成为企业利润“调节器” …… 77

14. 利用勘探费跨年度调节损益 …… 82
15. 调节成本　操控业绩 …… 89
16. 调节收益导致会计信息失真 …… 96
17. 利用关联交易调节利润 …… 102
18. 利用关联交易转移定价少缴税款 …… 107
19. 利用关联交易控制转让定价避税 …… 112
20. 转移利润　偷逃税款 …… 118
21. 警惕销售费用成“注水肉” …… 123
22. 列支成本费用转回员工个人账户支用 …… 129
23. 虚列销售费用　会计信息失真 …… 137
24. 设立空壳公司　套取银行贷款 …… 143
25. 实际控制人侵占上市公司利益 …… 149
26. 上市公司利用并购业务虚构业绩 …… 155
27. 以同业代付模式违规将巨额信贷资产转移出表 …… 162
28. 多个账户长期未纳入法定账簿核算 …… 168
29. 境外上市公司利用制度监管盲区偷逃巨额税收 …… 172
30. 违规租赁黄金获取高额利息 …… 178
31. 不具备资格违规放贷 …… 183
32. 违规融资、退股及分红 …… 189
33. 利用政府购买协议违规融资 …… 194
34. 利用信托投资输送经济利益 …… 199
35. 企业财务管理混乱　会计信息失真 …… 206
36. 准则执行不规范　计提减值太随意 …… 212
37. 扶贫小额信贷资金会计信息失真 …… 218
38. 融资平台企业会计信息失真 …… 224

第二部分 职业操守——中介篇

39. 未实施必要审计程序　未获取充分适当的审计证据 …………… 233
40. 编制虚假财务报告　骗取高新技术资格 ………………………… 240
41. 重复委托　收费畸高　注册会计师缺位导致财务报表重大
错报 ……………………………………………………………………… 246
42. “量身定制”出具不实审计报告 …………………………………… 253
43. 无视执业底线　践踏职业道德 …………………………………… 258
44. 海外上市公司财务造假　事务所审计失败 ……………………… 264
45. 未有效识别关联方导致审计失败 ………………………………… 270
46. 部分中介机构代理记账业务质量堪忧 …………………………… 277

后记 ………………………………………………………………………… 283

第一部分

财务舞弊
——企业篇

1.

伪造交易　虚增收入

一、案例背景

L公司为提升公司业绩，采用API模式、企业充值、个人充值三种方式伪造交易记录、虚增收入，美化财务数据，以满足上市时与投资人沟通的盈利预期，从而达到提升股价和股票增发价格及发行可转换公司债券的目的，进一步“圈钱”融资。

L公司在海外创建，主要经营地在中国大陆，并在成立后不足两年时间内完成了公司股票在海外资本市场的首次公开发行，成功募集资金逾6亿美元。L公司的主要商业模式是利用互联网和大数据技术的新零售模式，主要产品为自制饮品、预制小食品等。

次年1月和2月，有海外某机构发布做空报告，声称L公司在首次公开发行当年的后两个季度存在夸大销售量问题，且夸大比例较高。两个月后，L公司发布公告承认管理层造假。L公司也很快收到了上市地证券行业监管部门决定将其从当地资本市场摘牌的书面通知。收到该通知的次月，L公司股票正式停牌，开始进行退市备案。

L公司（北京）有限公司（以下简称L北京）是L公司100%控股外商独资企业，为集团收入的收款方。上述一系列事件发生后，财政部积极履行财会监督职能，派出检查组对L北京自成立以来的会计信息质量开展专项检查，查实了企业有关违规事实。

二、案例解析

（一）违规事实

L公司为提升公司业绩，营造合理的会计指标，采用API模式、企业充值、个人充值三种方式伪造交易记录，于首次公开发行当年虚增交易额和营业收入均超过20亿元，占对外披露收入比例超过40%，虚增利润超过9亿元。

（二）造假情况

L公司为造假行为专门设立行动计划、行动代号，由专人负责，制订方案，从会计系统数据、银行流水、交易主体、门店用户等各个环节进行系统性虚假捏造。其造假行为具备极强的系统性、预谋性、典型性，社会影响极其恶劣。

自公司首次公开发行当年4月起，L公司首席运营官负责策划虚构交易的具体执行方案，报该公司首席执行官批准执行。该计划在L公司内部代号"XHLJ"，由该首席运营官负责发起虚构交易指令（数量、金额），技术中心专门人员负责建立虚拟数据库（A库），捏造虚假消费数据，并将销售数据分布到真实的用户和门店中。为营造合理的会计指标，L公司通过关联企业实现现金流入并篡改银行流水。

（三）造假手段

"XHLJ"计划共包含三个收入造假方案，具体情况如下：

1. 以API中介客户的名义虚构商品券业务增加交易额。

——该公司首席运营官将无业务实质的33家公司信息提交给收益管理部专门人员，由其在OA系统中提交虚假销售合同，内部审核通过后签订正式盖章版合同。

——技术中心专门人员负责建立虚假销售数据库，每月根据首席运营官虚构交易指令要求，人为制造商品券消费场景，实现L公司虚假销售收入。同时由关联公司通过L公司控制的企业账户，多次转账后将资金转入L北京，以确保虚构交易与资金流相匹配。

——收益管理部安排专门人员，根据首席运营官指示，对照流入资金编制33家API中介客户虚假收款明细，并将该明细表传递至资金组。由资金部专门人员根据该明细，负责将收到的款项拆分至33家虚假收款单位，同时篡改银行收款明细，并将篡改后的银行收款明细传递给财务中心核算部门入账。

——财务中心收入核算组根据资金部传递来的银行收款明细，确认对上述33家API中介客户的预收账款。收入核算组次月1日进入公司客户系统的后台，通过系统导出虚假销售数据库中上月收入类报表，并根据入账规则将其加工成专门的财务系统明细账，再导入该财务系统实现对收入的确认。

2. 通过支付宝充值方式，虚构商品券业务增加交易额。

——L公司通过关联的某股份有限公司支付宝账户，将资金转至被L公司控制的4家国内不同地区的支付宝账户，再以该4家公司名义充值至L公司。

——充值成功后，每月根据公司首席运营官虚构交易指令要求，由技术中心专门人员采用同样手段在虚假数据库中伪造商品券消费记录，实现虚假销售收入。

3. 采取个人充值方式虚构商品券业务增加交易额。

——根据公司CEO和首席运营官授意，L公司指定专人，以38名L公司员工及其亲属的名义，购买手机号用于虚假充值交易，手机号被划分为6个小组，并设立小组负责人，充值资金来源于关联公司和L公司掌控的部分员工个人抵押贷款。

——充值成功后，每月根据首席运营官虚构交易指令要求，技术中心专门人员负责采用同样手段在虚假数据库中伪造商品券消费记录，实现虚假销售收入。

（四）检查思路与方法

1. 统筹推进，突出重点。检查组在开展检查工作的基础上，一是重点检查与L公司年度收入造假相关的中介公司的交易和核算情况，查明造假规模、造假方式、影响程度。二是围绕关联交易情况，重点检查与实际控制人陆某某控制的其他经营实体的交易情况，查看是否存在以虚假业务掩盖交易实质、通过关联企业套取资金的问题。三是重点关注与财务造假相关的决策流程，特别是虚构经营数据、签订虚假销售合同等关键行为的决策过程。

2. 结合特点，创新方法。检查组在检查工作中注重检查方法的探索与创新，多种方法相结合，查明企业造假动机，明确造假直接责任人。一是运用"穿透式"检查方法。依托现金流"穿透式"查明与造假相关的资金来源，把握对应贸易公司、中介公司的资金去向，查明与关联企业资金往来的交易实质。二是针对L公司舞弊事件，聘请反舞弊专业人员，对企业主审事务所取得的高管电脑镜像和电邮等资料进行分析，查找责任人，并为检查组提供检查线索。三是针对新零售模式，聘请IT专业人员，对L北京相关系统进行检查，查找系统漏洞和异常销售记录，通过数据分析为检查工作提供支撑。

3. 强化沟通，注重配合。一是对于检查发现的问题，确保检查尺度的一致。二是加强与部机关、兄弟监管局沟通。及时向财政部汇报检查情况，校正检查方向；及时与兄弟监管局交流检查发现的问题、疑点，相互配合开展检查工作，扩大联合检查成效。

三、案例启示

（一）违规动机与原因

上述违规行为的动机是企业核心利益驱动。由于L公司首次公开发行当年业绩及财务数据远不能达到上市时与投资人沟通的盈利预期，L公司为提升公司业绩，精心伪造该年度业务财务数据，从而达到提升股价和计划增发股票价格以及发行可转换公司债券的目的，进一步“圈钱”融资。究其原因，主要是企业法治观念淡薄，管理部门对境外上市企业存在监管盲区，“互联网+”新业态带来的监管措施乏力。

1. 法治观念淡薄。企业为追求自身利益，法治观念淡薄，既不遵守上市所在地监管要求，又不遵守经营地法律制度。企业管理层发起经营行为时，都是围绕如何为企业谋求更大利益，全然不顾是否存在违法违纪的风险。同时，企业存在侥幸心理，自认为可以通过巧妙手法规避监管和约束，反映出企业对“法律红线”缺乏敬畏之心。

2. 监管存在盲区。L公司作为境外上市企业，其上市主体在境外，企业运营在境内，境内监管部门对境外上市公司监管措施有限，上市所在地监管部门又对其会计实体没有管辖权。企业正是抓住这一监管盲区，肆意在境内造假，在境外披露信息，以图躲避监管。

3. “新业态”监管乏力。近年来，以“互联网+”为特征的“新业态”迅猛发展，其运营和财务会计具备较强的新颖性和独特性。互联网企业销售场景均通过互联网实现，原有的监管手段很难满足监管要求，对已暴露出的经营管理缺乏约束、管理层舞弊风险高等典型问题缺乏有效的监管措施。

（二）教训与启示

1. 发挥监管职能，堵塞监管漏洞。一是要维护“新业态”良性发展及财务会计健康稳定，亟须会计监督充分发挥职能作用。通过检查解剖“麻雀”，及早发现问题、处理问题，助力“新业态”夯实发展基础。二是加强境外上市企业会计监管。以会计信息质量检查为抓手，以强监管形成震慑，强化对违规违法问题的处理处罚力度，及时宣传、以儆效尤，推动“新业态”市场形成“不敢违、不能违”的氛围。

2. 增强监管本领，提升监管能力。针对以“互联网+”为特征的“新业态”，监管部门应加强监管能力建设。一是加强人才储备，监管人员应具备会计知识和IT知识。二是完善监督检查软件，适应新形势下的检查需求。

3. 加强调查研究，促进成果利用。一是强化调查研究。财政部门可以立足会计监督自身优势，通过组织开展调研，深入研讨和分析相关问题。二是促进成果利用。监管部门可以采用座谈、培训等方式，将监管成果向行业和企业进行反馈，指导帮助解决问题，规范行业发展。同时也向业界传达明确统一的监管口径，及时提示风险，防患于未然。

（财政部北京监管局　汪峥　王垒垒）

2.

以虚构项目、伪造票据等手段列支费用

一、案例背景

近年来，药品价格居高不下，医疗成本急剧增加，一方面给百姓生活造成很大负担，另一方面也不断增加国家医疗保障系统运行难度。其中，药品研发及销售费用占药品总成本的比例日渐提高是造成药品价格迟迟无法下降的根本原因。

C 公司为一家中成药注射液生产企业，2018 年销售及研发费用占药品总成本的比例接近 90%，占出厂价的 60%，占医疗机构零售价的 50%。由此可见，破解药品售价居高不下的突破口在于破解医药企业销售及研发费用占药品总成本比例畸高这一根源性问题。2019 年，财政部对 C 公司 2018 年会计信息质量进行了检查。检查发现，该公司存在通过虚构临床研发项目，利用虚假研发费用票据列支临床研发费用的问题，造成该公司药品成本核算严重失真，间接导致药品价格虚高。

二、案例解析

（一）违规事实

C 公司 2018 年以与医疗机构开展临床研究名义，用虚假票据列支临床研发费用4030万元。2018年，C公司在“管理费用——临床费”账面列支23家医疗机构的药品临床研究费用共计4030万元，费用直接支付给各业务推广服务商。经深入检查发现，临床研究项目为虚构，医院并未收取过相关临床费用。企业入账的医院收费票据与相关医院收费票据在票据编码、票据收费章等方面均不一致，为虚假票据列支费用。

（二）违规手段

1. 无中生有，虚构临床研发项目。C公司编造2018年临床研发项目共计40余项，其中涉及全国23家医疗机构。每一个临床研发项目都备有详细的项目资料，涵盖了项目立项资料、组织实施记录、医疗机构研发成果报告、药品使用记录等内容，且不同材料之间数据勾稽关系完全正确，不存在自相矛盾之处或者明显的漏洞。

2. 偷梁换柱，伪造医疗机构票据。除了为每一个临床研发项目都准备了完备的数据资料外，C公司还从财务记账原始凭证入手包装其虚构的临床研发费用。C公司虚构临床研发项目费用所用的医疗机构收费票据与医疗机构所使用的正规票据外观完全一致，仅在收费票据编码、收费票据所加盖的收款专用章等细节部分存在差异，如果没有相应医疗机构的正规票据作为对比，通过普通手段很难发现问题。

3. 李代桃僵，以临床研发费支付代理服务商费用。C公司通过虚构临床研发项目的手段，人为虚增“管理费用——临床费”科目列支金额，从而达到在“管理费用——临床费”科目列支各地区二级医药代理服务商相关费用的目的。

（三）违规特点

1. 手段隐秘，不易察觉。与医疗机构合作开展药品的临床试验是每一家医药企业在研发药品过程中都必须采取的步骤，属于医药企业的常规事项，进入检查组视野的概率比较小，也极少会成为检查的关注重点。也正是这种“常规事项”成为C公司虚列临床研发费用的重要手段后，便具有了极强的隐蔽性。

2. 准备充分，难以确认。C公司虚构临床研发项目的准备工作非常充分，针对每一个临床研发项目制作了充分翔实的各种数据资料，按照每一种临床研发药品制作了相对应的产成品领用手续及出库记录，根据医药代理服务商提供的每一家医疗机构名称及临床研发费用票据进行相应的会计账务处理。在C公司的完美包装下，每一个临床研发项目表面上看起来都是真实存在的，每一笔临床研发费用的列支也都是真实可信的，如果不通过延伸检查的手段，仅凭各种资料很难确认其临床研发项目的虚假。

（四）处理结果

针对上述检查发现的问题，财政部驻当地监管局及时向财政部进行了汇报，财政部依据《中华人民共和国会计法》对C公司给予罚款10万元的行政处罚。

（五）检查思路与方法

1. 有的放矢，明确检查重点。检查组在对C公司2018年度会计信息质量开展检查时就明确了以企业“销售费用”“管理费用”等各项费用核算真实性作为检查工作的重点。

在检查过程中，检查组发现C公司“管理费用——研发费”科目核算金额较大，且每笔账务处理所涉及的金额均为整百万的数据，没有十万元以下的零头。根据这一线索，检查组一方面调阅了C公司2018年临床研发项目清单及所有项目资料，对全部临床研发项目进行核实；另一方面约谈C公司负责临床研发项目的相关部门负责人及具体经办人，了解相关项目开展情况、项目运行模式以及临床研发费用的支付方式。

2. 内查外调，综合运用各种检查手段。在对C公司2018年度临床研发项目资料进行认真细致核实比对的基础上，检查组制定了内查外调相结合，以延伸检查医疗机构作为突破口的检查思路。

检查组兵分两路：延伸检查组重点对C公司2018年在某重点城市3家国内著名甲级医疗机构的5个临床研发项目开展延伸检查；内部核查组重点对C公司临床研发项目的真实性做进一步核查，并为延伸检查组提供延伸检查项目的详细信息。

延伸检查组在国家医保局的配合下，顺利对3家医疗机构进行了延伸检查，重点是了解C公司是否与相关医疗机构存在临床研发项目，C公司与相关医疗机构临床研发费的核算模式以及相关医疗机构临床研发费的使用情况等。

通过延伸检查，3家医疗机构均表示2018年并未与C公司合作进行临床研发科研活动，也没有收到C公司支付的相关临床研发项目有关费用，且从3家医疗机构财务部门取得的收费票据与C公司会计账务处理所用原始凭证中相关医疗机构收费票据除样式一致外，收费票据编码、收费票据所加盖的收款专用章等信息均不相符。从而确定C公司2018年与延伸检查的3家医疗机构的临床研发项目均为虚构，且相关临床研发费用也没有支付给相应的医疗机构。

3. 敲山震虎，以事实突破被检查企业防线。延伸检查组在确认C公司2018年存在虚构临床研发项目，虚假列支临床研发费用的情况后，立即与内部核查组取得联系，沟通相关情况。

内部核查组在取得相关信息后，立即正式约谈了C公司分管财务及研发的公司管理人员和财务部门、研发部门具体工作人员，将延伸检查组发现C公司2018年存在虚构临床研发项目，虚假列支临床研发费用的情况对其进行了通报，并要求相关人员做出合理解释。

面对检查组陈述的事实情况以及取得的相关证明材料，C公司管理层向检查组承认了该公司2018年通过医药代理服务商提供的虚假医疗机构收费凭据，虚构临床研发项目，虚假列支临床研发费用，并用于支付医药代理服务商相关销售费用的违规事实。

三、案例启示

（一）违规动机与原因

C公司虚构临床研发项目、虚假列支临床研发费用的主要原因还是在药品销售费用这一核心问题上。一是作为患者，大多数都不具备专业的医学知识，在如何使用药品、使用什么药品的问题上基本只能听从主治医师的意见。这种情况导致医药企业只需搞定主治医师，便可以将药品成功销售给患者。换句话说，只要能够搞定医生，即便你把药品价格定得再高，患者在没有选择的情况下也都得使用。二是我国绝大多数医药企业主要以生产仿制药、中成药为主，产品同质化情况十分严重，同样的药品多家医药企业都在生产，这导致医药企业在医药市场的定价能力非常薄弱，必须使用大量资金去推动产品销售。与国内医药企业相反，国外药企以创新药为主，销售费用占比就小很多，产品在医药市场具有很强的定价能力。2018年，我国医药企业上市公司研发投入占营业收入的比例仅为5%，而同期美国上市药企这一比例则接近19%，差距显而易见。

（二）教训与启示

药品价格高的最大症结是药品在流通环节支付的高额销售费用。在没有实行“两票制”之前，销售费用问题被药品流通环节医药公司所掩饰。2017年全面实行“两票制”后，医药公司在流通环节重要的是“配送”功能，原来流通环节销售费用都转嫁到药品生产企业，企业要生存就必须承担原来流通环节的销售费用，否则药品销售就会受到市场巨大冲击，企业的生存就面临巨大困难。只有医药企业在流通环节销售费用降低了，才能使药品价格下降成为可能。为此，结合检查中发现的有关情况，提出如下建议：

1. 逐步实行全面医药分离制度。医药分开的目的是断绝主治医师医疗处方与相关药品销售行为之间的关联，形成主治医师开具医疗处方的依据只能是患者的病情需要；断绝医院药品采购与制药企业药品销售之间的联系，倒逼医院在药品使用方面为主治医师提供良好保障。放眼世界各发达国家，基本上都是实行医药分离机制，而且社会药店占药品零售终端比重很高。其中：美国是75%，法国是85%，德国是84%，日本是89%，而我国只有20%。但这需要一个过程，不能搞“一刀切”，要循序渐进，可以选一些地区、选一些有代表性的药品进行试点，稳步推进，遇到问题及时处理，最后达到医药分离的目的。

2. 全面实行带量采购制度。为了控制医疗费用不合理支出，减轻医保负担，使医保资金得到更充分合理使用，对进入《国家医保目录》的药品以带量统一采购为主，由国家医保局与药企协商定价，达成一致价格后，由国家医保局统一采购，指定医药公司集中统一配送。而采购量则可以通过医疗机构相关药品前三年具体用量，结合一定调节比例确定。对于未进入《国家医保目录》的药品以市场自由竞争机制为主，由医院按药品使用情况自行采购。

（财政部吉林监管局　王志强）

3.

以虚假发票等列支费用

一、案例背景

HS 集团有限公司（以下简称 HS 公司）是 HAS 制药集团有限公司通过间接持股方式 100% 控股的运营实体。2018 年末，该公司资产 754176. 56 万元，负债 463898. 66 万元，所有者权益 290277. 90 万元；2018 年度营业收入 776686. 27 万元，销售费用 271407. 86 万元，净利润 230277. 90 万元。2019 年，财政部对其 2018 年会计信息质量，尤其是销售费用的真实性进行了检查。检查发现，该公司以虚假发票和没有实质经济业务事项的发票虚列销售费用，金额高达 15295. 16 万元。

二、案例解析

（一）违规手段

1. 以虚假发票列支销售费用。一是 HS 公司 2018 年销售费用中列支的甲省 HU 广告有限公司等 9 家公司开具的咨询评审费、广告宣传费等发票 1595. 39 万元，经甲监管局赴税务局实地核验，上述发票均为伪造、变造的虚假发票。二是 HS 公司 2018 年销售费用中列支的 A 市 DA 管理咨询有限公司等50家公司的咨询评审费、广告宣传费11306.06万元，通过国家税务总局全国增值税发票查验平台查验，结果为“查无此票”或“不一致”。

2. 以没有实质经济业务事项的发票列支销售费用。HS公司2018年12月销售费用中列支B市保税区DM信息咨询服务部等27家咨询服务部的发票1600万元，均为同一家中介机构代理开具。经实地查询上述27家咨询服务部相关银行账户流水，HS公司医药代表仅向相关银行账户转入应缴纳的相应税款，除此之外，无任何资金往来。

3. 以不实事项列支办公费、会议费。一是HS公司2018年列支37.93万元办公用品费及会务费，发票的开票方已于发票开具日前注销或被吊销营业执照并被列为经营异常企业。二是列支办公用品费481.72万元，实际并未购买。三是列支会议费274.06万元，部分签到人员姓名为编造，如李狗蛋、卢沟桥、白玉汤等。

（二）违规特点

1. 手段多样。HS公司虚列费用手段多样，有的用伪造、变造的虚假发票虚列费用，有的通过中介机构代理开具没有实质经济业务事项的发票虚列费用，有的用不实经济事项或虚构会议的方式虚列费用。

2. 金额巨大。经检查，HS公司2018年通过各种手段虚列费用高达15000多万元，金额巨大。

3. 手段较为隐蔽。HS公司虚列费用的手段较为隐蔽，虚列的15000多万元费用中，有2393.71万元的发票是从税务部门申领的正式发票，只是没有相应的实质经济业务。即便是虚假发票，也是套用了真实存在公司的发票号，经过伪造、变造而来的票据，如果不是专程到税务部门查验，难以辨别其真伪。

（三）处理结果

对于上述问题，财政部依法对该公司下发了处理决定，根据《中华人民共和国会计法》的规定，给予该公司罚款5万元的行政处罚。虚假发票等涉税问题，移交税务机关依法处理。

（四）检查思路与方法

根据以往检查经验，医药企业常以咨询费、会议费等各类发票套取大额现金，并且常从同一家单位多频次、大量取得发票。因此，在对 HS 公司会计信息质量检查时，将销售费用发票和经济业务的真实性作为检查重点。

1. 顺藤摸瓜，闪电出击。在对 HS 公司销售费用的分析中，检查组发现该公司 2018 年 12 月底报销了 1600 万元的销售费用，虽然名义上分属 27 家咨询服务部，但开票人均为同一家中介机构，开票日期集中在 11 月 29 日，且发票连号。同时检查组了解到，该公司统一为医药代表办理了公务卡，所有业务费用均需通过公务卡结算。检查组随即调取了所有在册医药代表的姓名和公务卡号，在乙监管局的协助下，会同当地税务局直奔开票中介机构所在地——B 市保税区某大厦 × × 室，当场扣住了其代为保管的部分咨询服务部银行对账单。中介机构被打了个措手不及，只得交出了 27 家咨询服务部 2018 年的全部银行对账单。经查询，上述咨询服务部的银行账户中，除了 HS 公司医药代表用公务卡转入应缴纳的相应税款外，无任何其他资金往来。至此，该公司虚开没有实质经济业务事项发票虚列销售费用的问题浮出水面。

2. 就地就近，延伸检查。对 HS 公司销售费用的进一步分析发现，该公司销售费用区域性较强，经常在某一地区集中开出大量发票。甲监管局将计就计，收集了该公司在甲省 A 市开出的上千万元发票信息，利用就地就近优势，赴 A 市 JS 区、GC 区和 ZD 区税务局以及开票单位实地核查发票的真实性。结果令人大跌眼镜：1595. 39 万元的发票全部是伪造、变造的虚假发票。有的开票单位从未与 HS 公司有过业务来往，其真实发票均与 HS 公司无关；有的开票单位地址、银行账号、开户行信息均为虚假，已被税务局列入经营异常企业，而 HS 公司 2018 年会计资料中的发票则是用其 2017 年的发票变造而来。

这一发现令检查组对 HS 公司其他发票的真实性疑窦丛生，立即组织检查人员利用国家税务总局全国增值税发票查验平台，对于在平台查验期内的销售费用发票逐一进行验证，又发现A市DA管理咨询有限公司等50家公司开具的咨询评审费、广告宣传费等费用11306万元，发票查询结果为“查无此票”或“不一致”。该公司利用虚假发票虚列销售费用的违规事实暴露无遗。

3. 政策攻心，内部突破。检查组揭开HS公司虚假发票和没有实质经济业务事项发票的违规事实后，该公司医药代表人心惶惶。检查组趁热打铁，采取财政询问笔录的方式，对部分医药代表开展攻心，摆事实讲道理，阐明虚列费用套取资金的危害以及坦白从宽的政策等。医药代表张某和盘托出虚开办公用品发票套取资金、用于某市药学会相关会议经费的问题。其他医药代表随后还承认了虚构会议，编造参会人员名单的问题。

三、案例启示

（一）违规动机与原因

1. 利益驱动是根本原因。随着公立医院全面取消药品加成政策的实施，改变了医院过度依赖药品进销差价收入维持运转的局面，但尚未改变由医院决策“买什么药”和“买多少药”，医生通过处方影响药品销量和药价的形势。为了扩大药品销量、提高药价，药品生产厂家与医院（医生）结成利益联盟，以直接或间接方式为医院（医生）输送利益成了行业内的“潜规则”，“以药补医”由明变暗。

2. 套取资金是主要目的。“两票制”的推行实施，虽然有效遏制了通过经销商层层加价的突出问题，但药品流通领域的固有利益链条并未斩断，原来由经销商承担的利益输送转嫁到了药品生产厂家身上。药品生产厂家组建企业营销队伍，以各种手段虚列销售费用套取资金，用于召开学术推广会、医院科室会及赞助行业协会举办会议等，目的都是推销药品。有的甚至以“带金销售”等违规方式刺激医院（医生）提升药品销售业绩。

3. 经营理念落后是内部动因。从检查情况看，该公司在对营销业务的管理中，普遍存在重销售业绩，轻费用管理的情况，管理理念仍停留在以销售业绩为主导进行销售费用管控的层面。2018 年度按销售收入的 31.1% ~ 34.8% 对其自建营销团队进行费用额度管理，销售费用只要不超过费用控制额度即可报销。该公司营销团队接近 5000 人，遍布全国各地，人员多、分布广、管理难度大，很容易出现纰漏。然而对于销售费用的管理，该公司仅建立了内部会签制度，没有把合同、票据、资金梳理到一个平台上，也没有把销售业务与合同、票据的逻辑关系对应起来，不能保证每份合同、每张票据的真实性和合规性。

4. 发票管理不到位。由于近年来经济运行面临下行压力，财政收入增速随之减缓，地方税务部门征收压力不断增大。为了增收，部分基层税务部门放松了对发票的管理，代开发票的中介机构遍地开花，税务部门对发票相关经济业务真实性的审核也流于形式。甚至有些基层税务局推出自助开具发票业务，只要提供身份证和合同，就可以在自助机上开具发票，至于合同和业务的真实性则无人关心。外部监管不力导致虚开发票等违规行为泛滥。

（二）教训与启示

1. 加强法制教育。HS 公司以虚假发票和没有实质经济业务事项的发票虚列销售费用的问题被发现后，公司虽然承认，但是认为上述问题是在医药行业内普遍存在的共性问题，甚至一度抱着法不责众的侥幸心理，充分反映了该公司法治观念的淡薄。因此，要广泛开展《中华人民共和国会计法》《中华人民共和国发票管理办法》等财经法规的宣传教育，营造“守法光荣、违法可耻”的社会环境，引导企业自觉抵制弄虚作假，提高企业遵守财经法规的意识。

2. 加强发票监管。财政、税务等主管部门规范代开发票制度，并开展发票专项检查，严格依法依规追究相关企业和人员的责任。对于不实发票开具单位，将其列入发票管理黑名单并向社会公布；对于不实发票使用单位，除了按规定不得作为税前扣除凭证之外，还要按照相关法规的要求进行处理处罚。以此打击虚开发票行为，净化发票市场，从源头上阻断通过不实发票套取资金的行为。

3. 加大惩戒力度。一是对医药企业违法开具发票、套现向医护人员和医疗机构管理人员行贿的，加大曝光处罚力度，除进行经济处罚外，还要进行黑名单制管理，限制其经营销售范围。二是将医药销售人员的身份在医院醒目位置进行公开，对超出医药代表法定职责的行为进行严厉打击。三是对于医院管理者、药剂师、处方权医生进行日常监控和考核，发现有违规违法行为的，采取管理提醒、收回处方权、限期调离等措施。

4. 加强内部管理。建立健全医药行业内控指引和规范要求，督促医药企业加强对营销人员和销售费用的管控，把合同、票据、资金梳理到一个平台上，进一步明晰发票、实物（劳务）、合同和资金之间的对应关系，加强对费用发票真实性的审核，保证入账支撑材料的真实完整。

（财政部河南监管局　邱凛）

4.

虚构交易　套取费用

一、案例背景

D 公司为拟上市公司，属于软件行业，国家高新技术企业，有 4 家子公司，公司的主要业务集中在股份公司和北京子公司。2012 年经审计的合并报表财务数据如下：资产总额 40036 万元，负债总额 13760 万元，收入总额 18057 万元，利润总额 -1933 万元。

2013 年，财政部派出机构对 D 公司会计信息质量检查中发现公司存在虚构经济业务事项套取费用的突出问题。公司通过会计舞弊列支违规公关费用、发放职工薪酬、偷逃相关税款，达到一石三鸟的目的。

二、案例解析

（一）违规事实和手段

公司的主要违规事实如下：一是通过虚构交易套取资金用于员工薪酬福利支出，金额达 209 万元；二是通过虚构交易套取资金用于市场营销、公关等支出，金额达 941 万元。上述套取的资金合计 1150 万元，占公司当年销售费用和管理费用总和的 34%，一定程度上表明套取费用在公司内部有一定的普遍性。

1. 多种渠道套取资金209万元用于发放员工薪酬和福利。

（1）北京子公司2012年虚构经济交易事项套取资金发放员工薪酬共计139万元，其中以虚假发票入账、虚增固定资产形式套取资金发放移动事业部销售人员奖金88万元，虚构印刷费支出发放政务事业部销售奖金29万元，虚构研发费支出发放高管绩效奖金22万元。检查发现，公司为提升业绩，对销售部门以及管理人员制定了激励措施，以费用报销的形式进行兑现，由部门自行组织发票报销。

（2）公司2012年在管理费用、销售费用等科目以发票报销形式列支交通补贴、通讯补贴和员工过节费共计54万元，其中北京子公司25万元，股份公司29万元。检查发现，公司内部制定了上述员工福利政策的发放标准，统一由人力资源部门采取套取费用的形式发放。

（3）股份公司2012年预付货款——某工程建设有限公司16万元，经检查组核实，该项预付款对方单位并不知情。该款项实际用于分公司5名员工的劳务费支出，股份公司拟于今后以核销的方式处理该项支出。

2. 虚构经济交易事项套取费用941万元用于营销公关支出。

（1）2012年，公司以办公费发票等形式列支实际属于业务招待费支出339万元，其中北京子公司254万元、股份公司85万元。检查发现，公司办公用品的采购远超实际所需，经核实，部分费用实际用于业务招待支出。

（2）2012年，公司在管理费用、销售费用等科目以其他发票冲抵形式列支市场开拓、公关等费用320万元，其中北京子公司196万元、股份公司124万元。检查发现，公司为获取业务实际支付了无法从合法渠道支出的掮客费用，上述款项以套取费用的形式列支。

（3）北京子公司采取多种手段虚构交易套取费用用于公关支出。一是虚构固定资产购置49万元套取资金用于项目营销公关支出；二是通过取得虚假发票虚构存货采购92万元套取资金用于项目市场前期开拓支出；三是2012年末以个人借款挂账方式支出140万元，实际为已经发生但无相关票据的市场推广公关支出。北京子公司业务拓展的部门和领域比较多，各个部门在费用报销上也各显神通，导致违规形式也比较多。

（二）违规特点

1. 点多面广。从公司违规的情况看，普遍性是突出的特点。从违规主体看，公司违规的核心目标是为拓展业务、提升业绩指标，因此公司的主要业务主体均牵涉其中；从参与违规职责部门看，有销售部门、有管理部门，有前台、有后台，公司除了业绩需求外，还有个人所得税筹划的考虑，因此违规涉及的部门比较多；从违规涉及的会计科目看，遍布资产负债表、利润表多个科目，涉及存货、固定资产、管理费用等报表项目。

2. 形式多样。一是虚构物品采购，套取资金。以采购固定资产、原材料甚至劳务等方式获取虚假发票入账后套取资金，部分资金的流转通过三方债务转让协议支付到由其控制的第三方，实际资金用于市场公关费用。二是虚构员工借款行为，虚减债务套取资金。公司市场公关费用支出通常是以下流程：营销人员首先借款，实际发生后以发票报销列支费用或其他科目。检查发现，公司存在大额员工借款无法获取发票冲账，公司通过虚减应付款和第三方转账的形式由公司出资将上述应收员工借款冲减。三是在管理费用、销售费用科目以发票冲抵形式套取资金。在费用科目中大量列支账实不符的发票，套取费用用于市场公关支出等用途。这是最常见的方法，也是比较难以查证的方面。

3. 手段隐蔽。首先，公司的违规行为呈现“真票假业务”的特点。公司的财务凭证合规性较好，检查发现公司上述虚假业务套取费用的行为中所涉及的发票全部真实可查。其次，部分虚假的存货采购业务匹配了虚假的物流及出入库信息，如采购办公用品方式套取费用的违规行为中提供的原始凭证包含了采购发票、清单、入库及领用记录等。资金流和物流的配合造假使得检查的难度较大。最后，部分套取费用的资金流借用了个别供应商的渠道，如果不进行第三方取证的话，上述违规行为表面上看来与真实业务并无区别。

（三）检查思路与方法

1. 通过分析行业特点及客户营销方式确定疑点。首先，检查组分析了公司所处的发展阶段，公司正处于拟上市阶段，有业绩成长性和盈利成长性方面的需求，有做大收入的冲动，存在为冲业绩而进行财务舞弊的可能。其次，检查组对公司的客户营销、业务开拓方式进行分析，发现公司在市场交易中较为弱势。为满足业绩需求，在客户营销方面采取激励手段，但如何激励没有明确的制度规定，经与管理层交流反馈比较含糊。最后，检查组进一步对销售团队的薪酬进行比较分析，发现销售人员与管理人员并没有拉开很大的差距，由此对销售人员薪酬的真实性产生疑虑，明确将销售人员薪酬作为费用真实性检查的重点内容之一。此外，检查组对公司所处的行业进行分析，发现公司在市场业务中话语权不足，获取客户资源需要投入较多的公关费用，但公司账面的业务招待费支出明显与公司销售收入不成比例，检查组推断公司存在隐匿公关费用的可能。

2. 甄别资金流和物流匹配程度。针对公司虚构采购固定资产、存货等方式套取费用的情况，检查组抓住资金流和物流两条主线，明确“资金必将流向个人”的假设。首先，查证资金是否流向供应商，如果资金流向财务报销人或者以现金形式交付供应商则作为下一步排查的线索；其次，对采购物资进行账实一致性检查，凡没有固定资产、存货入账记录或者实物灭失又无恰当理由的作为进一步检查内容；最后，通过对财务人员和报销人员分别询问，以及对财务报销规律的分析来最终查实问题。

3. 掌握财务报销特征。检查组在怀疑营销部门套取费用后，对财务报销凭证进行了对比分析，发现同一类财务支出报销事项存在由不同职责的部门报销的现象。例如，固定资产采购由资产采购部门报销外，销售部门也有少量报销，而从公司的岗位职责规定看，资产采购管理明显不是销售部门的工作内容。由此，检查组对销售部门报销的财务凭证进行统计分析，发现销售部门报销的非职责范围内的经济支出事项笔数不多，但金额较大，结合资金流、物流等特征，综合研判可以确认套取费用的违规事实。

4. 紧盯个别异常事项。检查组关注到公司员工借款通常金额不大且用途基本都为差旅等公务所需，同时还款或销账周期比较短。但在检查中发现，有个别员工借款金额较大且处于长期挂账状态，与一般的员工借款相比属于异常现象，检查组紧紧盯住该异常现象，通过了解销售考核政策、核对人事信息以及谈话询问等方式进行深入追查。

三、案例启示

（一）违规动机与原因

1. 公司负责人会计法律意识淡薄。检查组与公司管理层进行了多次沟通，发现公司的违规行为基本上都是出于董事长的授意。对于公司董事长来说，无论是员工薪酬还是公关费用都是公司必要的支出，至于会计处理及报表反映是否真实不是他所关心的，只要公司财务把账做平、把该支付的费用支付出去就可以了，基本上没有财会法律意识。

2. 公司在市场交易中处于弱势地位，需要动用财务资源弥补话语权的不足。公司的主要客户是基础电信运营商以及政府背景国有企业，但公司产品的替代性较强，为取得客户资源需要付出较多的努力，开展大量的公关活动就是其中之一。这些公关活动游走在商业贿赂的边缘，真实费用的支出状况上不得台面，也无法在公司账面体现，只能用其他发票冲抵的方式套取资金用于公关活动。

3. 内控失陷，公司内部政策向销售部门妥协。由于公司经济交易中的话语权不足，延伸到公司内部表现为人事、财务等政策向销售部门妥协，因为销售是创造效益的核心部门。销售人员的薪酬、销售的相关费用都可以通过董事长的审批，突破相关内部管理制度的要求，导致财务部门需要为销售部门收拾“烂摊子”，进而出现“纰漏”。

（二）教训与启示

1. 净化营商环境，健全社会诚信。从案例看，公司的很多违规做法是对过去市场环境的妥协，从公司的角度看，它们的违规行为在所处的行业可能是一种普遍现象。因此，必须多方面合力打造良好的营商环境，一是建立健全社会诚信体系建设，将财会领域的违法行为纳入社会征信系统，要让违法者处处受阻；二是要修订完善《会计法》等财经法律法规以及与之相关的刑事司法制度，加大对商业贿赂行为的法律惩治，提高违法成本；三是要科技赋能，将各类交易和资金流动纳入金融监管范围，确保违法违规行为留痕可查；四是要加强执法，开展治理商业贿赂、“小金库”等专项行动，加大打击力度，把全社会的商业经营活动纳入规范化、法制化轨道。

2. 进一步完善政府与市场之间的关系。我们关注到公司很多公关对象其实是政府部门或者是政府实际控制的国有企业，要有效预防和遏制商业贿赂，必须加强对权力运行的约束，要进一步明确政府与市场之间的关系。规范政府作为市场参与者的行为，国有企业应当作为完全的经济人参与市场竞争，不能同时拥有规则制定者和市场竞争者的双重身份；规范政府投融资行为，加强对政府投资的监管，健全政府投资监管体系和国有资本监管制度，加大对政府投融资的监督检查；提升行业协会的行业自律功能，对扰乱秩序的市场主体要坚决进行抵制，要防止“劣币驱逐良币”，促进企业守法经营，公平竞争。

3. 研究解决企业费用列支渠道。市场中处于弱势地位的交易方通常会存在提供额外的对价获取业务的情况，在支付对价的时候通常会以虚构业务形式套取资金，使得企业的行为有一定的客观性。同时，企业的上述行为也有一定的普遍性。这种现象并不会因为个别单位的查处或者加大处理处罚的力度就可以消除，建议研究营销费用、佣金等渠道费用列支的标准，对无票支出以及控税情况进行规范。

4. 健全内部控制并有效执行。从检查案例看，财务部门的内部监督形同虚设，甚至参与、配合其他部门的舞弊行为，内部控制完全失陷。健全内控制度并有效执行是防范舞弊行为的第一道防线。首先，要优化内部控制环境，强调沟通，凝聚起正直向上的文化氛围和经营境界；其次，要提高财会人员整体素质，选择那些具有良好的道德观、价值观的人才。最后，要加强反舞弊机制建设，鼓励内部员工或企业利益相关方举报、投诉企业内部的违法违规行为。

5. 加强对企业实际负责人的守法教育。企业实际负责人的守法意识直接关系公司及职能部门的行为。一是要培养企业实际负责人的法律责任意识，要让依法治企的意识深入人心，要建立内部风险预警和控制机制，将法律风险拒之门外。二是要开展财会普法宣传教育，要以案说法，明确指出企业运行中存在的法律风险和守法要求，加强企业管理层的风险意识教育，促进企业健康发展。

（财政部宁波监管局　周大锋）

5.

虚假注资　虚增长期股权投资

一、案例背景

2014 年 7 月，某市人民政府授权该市金融工作局出资设立 JK 公司。JK 公司作为一家地方政府控股的金融控股公司，旗下有 4 家子公司，经营范围包括：投资与融资、基金、债券发行、并购重组、投资咨询、财务顾问、资产管理及其他与金融相关的业务。截至 2019 年 12 月末，JK 公司注册资本 70.85 亿元，其中该市国资委出资 50.85 亿元，占注册资本总额的 71.77%；HC 公司（与 JK 公司同属该市国资委管理企业）出资 20 亿元，占注册资本总额的 28.23%。2019 年，JK 公司聘请 A 会计师事务所为其年度会计报表的审计机构。审计报告显示，2019 年末 JK 公司资产总额 119.29 亿元，负债总额 19.68 亿元，所有者权益总额 99.61 亿元，2019 年净利润 1.68 亿元。

自 2012 年起，地方金融控股公司迅速发展，为地方政府提供了融资平台，在区域经济发展中的作用越来越大，但是由于相关法律法规滞后、监管体制存在漏洞、监管缺乏独立性等一系列因素影响，地方政府控股的金融控股公司在发展过程中存在着诸多问题。

2020 年 9 月，财政部某省监管局对 JK 公司 2019 年度会计信息质量开展检查。检查发现，JK 公司在财务核算、投融资、业务经营、资产管理等方面存在严重问题，亟待整治规范，其中较为突出的问题是 2017 年 6 月 6 日至 6

月 13 日，JK 公司采取向关联企业借款、母子公司循环注资方式虚假注资 20 亿元。

二、案例解析

（一）违规事实

JK 公司采取向关联企业借款、母子公司循环注资方式虚假注资 20 亿元的过程基本如下：

1. 征得政府同意，借入资金。2017 年 6 月 6 日，经该市人民政府同意，JK 公司向同属该市国资委管理的国有企业 TL 公司借款 20 亿元用于业务发展，借款为无息，借款期限为 1 周。

2. 利用借入资金，进行长期股权投资。2017 年 6 月 6 日，JK 公司将借入资金 20 亿元，全部投入另外一家国有企业——YX 公司，用于弥补 YX 公司的资本金不足。JK 公司做了增加长期股权投资——YX 公司的会计处理。

3. 资金在关联企业间循环流动并进行归集。YX 公司收到 JK 公司的 20 亿元注资后，分别向关联企业 CC 公司和 HC 公司各增资 10 亿元，形成长期股权投资；CC 公司又将收到的注资 10 亿元，以借款方式，借给 JK 公司的子公司——XB 公司；XB 公司将借款 10 亿元分两笔业务，以增资和借款方式，全部转移到 HC 公司。JK 公司将借入的 20 亿元资金，以增资和借款的方式，在关联企业间流动并最终全部归集在 HC 公司。

4. 归还借款。2017 年 6 月 12 日，经该市金融工作局同意，JK 公司引进 HC 公司作为战略投资者，并由 HC 公司向 JK 公司注资 20 亿元。JK 公司在收到 HC 公司的注资 20 亿元后，于 2017 年 6 月 13 日，向 TL 公司归还借款 20 亿元。

JK 公司采取借款、虚假注资等方式，虚增实收资本 20 亿元，虚增长期股权投资 20 亿元（资金流向见图 1）。

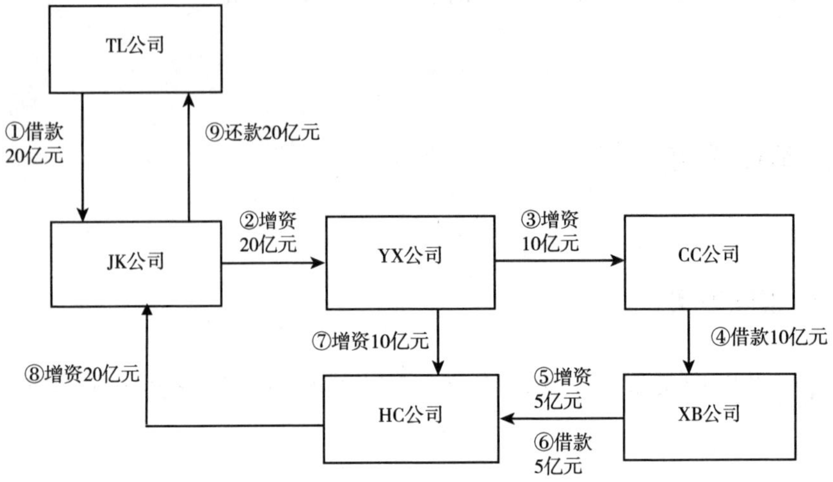

图 1　资金流向图

（二）检查思路与方法

1. 精心组织，做好前期准备工作。检查组在检查前认真梳理、学习相关政策法规，把握工作重点，厘清工作思路，同时通过各方渠道深入了解 JK 公司近几年经营背景、发展现状及经营过程中存在的疑点问题，做足准备工作，助推检查增质提效。

2. 突出重点，关注企业实收资本变动。检查组将企业实收资本变动情况作为检查内容，时间为自企业成立之日起至 2019 年 12 月 31 日，通过检查实收资本变动依据，确认企业实收资本是否真实存在，是否合法，会计处理是否正确。同时，检查企业在收到注册资金后一段时间内货币资金大额转出记账凭证，确认是否存在抽逃资本情况。

3. 保持警觉，及时发现异常。检查组在调阅 JK 公司的实收资本明细账时发现，2017 年 6 月 JK 公司增加实收资本 20 亿元，注资人为另外一家国有企业；与银行存款明细账进行核对，发现当月 20 亿元资金多次出现，且时间间隔很短。这一特殊现象引起了检查组的高度重视。

4. 跟踪查看，发现问题实质。经核实后发现，20 亿元资金为 JK 公司向关联单位的借款。检查组以时间为主线，对 20 亿元资金的流向进行追踪，顺着资金流向进行延伸检查，最终确认JK公司采取向关联企业借款、母子公司循环注资方式虚假注资20亿元这一重大问题。

5. 坚持原则，发挥监管职能。检查期间，面对JK公司相关管理人员强横、敷衍的态度，检查组始终坚持原则，遵守各项财经纪律，保持监管过程的专业性、独立性，积极抵抗各方压力，层层推进检查工作，充分发挥了财政监管职能。

三、案例启示

（一）违规动机与原因

1. 盲目追求扩大企业规模是违规的直接动机。JK公司作为一家地方性金融控股公司，其肩负着为地方政府融资的重要使命。然而，企业的融资规模与资本金的投入成正比，该公司所属市作为一个经济欠发达城市，政府财政收入有限，无法为JK公司注入更多的资本金。为提高JK公司融资能力，在政府操纵下，JK公司采取向关联企业借款、母子公司循环注资的方式，虚增实收资本和长期股权投资20亿元，实现了企业规模在数字上的扩大，为吸引战略投资者、企业融资增加筹码。

2. 有利于发行企业债券是违规的根本动机。在检查中发现，JK公司拟发行非公开企业债，用于支付X公司和Y公司持有的子公司C的股权回购款和溢价款。因发行非公开企业债，企业注册资本需要达到一定规模，为了满足发债资格，JK公司便通过政府采取向关联企业借款、母子公司循环注资方式虚增实收资本。

3. 监管法律法规滞后、监管缺失是违规的根本原因。虽然金融控股公司在我国出现已近20年，但我国一直尚未制定针对地方金融控股公司的法律法规。虽然现有的《中华人民共和国公司法》《中华人民共和国证券法》和《中华人民共和国投资基金法》等法律法规对地方性金融控股公司具有一定的规范和约束作用，但是由于缺乏针对性和专门性，这种规范和约束作用是间接的、低效的。因此，对于地方性金融控股公司的管理而言，长期处于立法、司法无法满足金融监管需要的局面。直到 2020 年 11 月 1 日，中国人民银行发布《金融控股公司监督管理试行办法》，才使得对金融控股公司的设立、经营和监督有法可依。法律法规严重滞后，是导致地方金融控股公司违法违规行为长期无法得到有效控制的重要原因。

4. 法人治理结构不完善、行政干预过度是违规的关键原因。检查发现，JK 公司尚未建立起完善有效的公司治理结构和健全的内控制度，董事、监事和高级管理人员由地方政府任命或委派，集团内部人员交叉任职情况普遍。在公司实际运转中，地方政府居于主导地位，企业基本上按照政府要求和指令办事，多数投资项目均由政府指定，资金的使用也受制于政府安排，企业经济效益的多寡被放置于政府利益之后，盲目追求速度和规模，董事会、监事会等权力部门形同虚设，没有发挥应有的职能作用，形成行政化干预过度、企业效益低下的局面，导致 JK 公司法律意识淡薄，企业经营决策缺乏自主性。

（二）教训与启示

1. 政府要减少对国有企业的行政干预。坚持权责明晰原则，完善授权经营体系，清晰委托代理关系，充分尊重企业法人财产权利，赋予国有企业更大的经营自主权和风险责任，使董事会、监事会等机构得以发挥其应有的职能与作用。政府应不再扮演“导演”角色，不将政治效益凌驾于企业的经济效益之上，减少对企业生产经营的行政化干预，充分发挥市场经济和现代企业治理作用。

2. 拓宽企业资本补充渠道。对于处于竞争领域的国有企业，应当鼓励企业积极引入各类资本，拓宽资本补充渠道，实现股权多元化，从而优化股权，优化法人治理结构，达到企业所有权与经营权真正、有效的分离与制衡，从而促进企业持续、健康发展。

3. 加大对金融控股平台公司的监管。中国人民银行颁布的《金融控股公司监督管理试行办法》（中国人民银行令〔2020〕第 4 号，以下简称“管理办法”）从许可和设立、公司治理、并表管理、风险管理和监督管理等方面对金融控股公司做出了明确规定，金融控股公司虚假注资、违规注资、关联交易等问题已具备相应监管依据和措施，进一步明确了监管范围和监管主体，建议相关部门按照管理办法尽快开展对地方性金融控股公司的整治规范。

4. 加强企业制度建设，提高企业管理水平。金融控股公司应当依照企业内控管理办法尽快完善公司治理结构，建立健全风险管理体系，覆盖所控股机构和各类风险；建立健全集团风险隔离机制，规范发挥集团与子公司相互制约的管理制度；加强对管理层违法违规的处罚力度，增加违规成本，促使企业管理水平不断提升。

（财政部宁夏监管局　张瑞英）

6.

虚构采购业务　虚增营业成本

一、案例背景

A 公司成立于 2018 年，2019 年在美国纳斯达克交易所挂牌上市。2020 年 4 月，A 公司自曝 2019 年业绩造假。财政部于 2020 年 5 月成立检查组对 A 公司在中国境内运营主体的会计信息质量进行了专项检查。查实了 A 公司为配合收入造假，通过空壳商贸公司虚构原材料采购业务及在真实交易业务中混入虚假采购业务等手段，虚增营业成本，以达到调节利润的目的等问题。

二、案例解析

（一）违规事实

检查发现，A 公司 2019 年通过空壳商贸公司虚构原材料采购业务及在与公司有真实业务往来的供应商交易中混入虚假采购业务等手段，虚增营业成本，并支付采购货款，导致 2019 年虚增营业成本 95221 万元，虚增应交增值税——进项税额 6869 万元，并为造假事件的资金循环提供了 79641 万元的资金流出。

（二）违规手段

1. 假公司、假账号、假单据的采购业务。

（1）设立空壳公司专门提供虚假采购业务。A 公司通过公司大区经理、普通员工及亲朋好友于 2019 年 4 月至 5 月期间先后注册成立了 13 家贸易公司，专门为 A 公司提供虚假原材料采购业务。这些公司实际上只是空壳公司，没有任何采购能力，也未从事任何采购业务。这些贸易公司的银行 U 盾均由 A 公司原资金部副总监张某掌管。收到的采购款根据公司管理层相关指示由张某转账给下家。通过不同的转账途径，资金最终流入 A 公司北京分公司（A 公司内承担销售职能的分公司）或者流回 A 公司。

（2）创建虚假员工账号专门发起虚假采购及付款申请。2019 年全年，A 公司与 13 家空壳商贸公司完成了金额高达 55754 万元的虚假采购业务，这些交易均由一位叫作“lynn liang”的员工发起付款申请。检查组通过深入访谈和调查后发现“lynn liang”这一账号并非由公司真实员工使用，而是一个虚拟账号。该账号未按照 A 公司账号创建的内控流程执行，而是直接由原采购部副总监陈某要求人力资源部创建。由该账号发起的付款申请，无需验证单据的真实性、完整性和准确性，相关审批人直接审批通过。

（3）伪造单据专门为 OA 系统审批使用。与上述 13 家商贸公司的采购业务是虚假交易，自然不会有实物的流转。由于 A 公司的存货仓储全部由第三方提供，并且数据均由仓库方录入，验收单、入库单及出库单都难以造假。因此虚假采购交易在 OA 系统中留下的只有便于伪造的假合同、假订单、假账单和假结算单，缺乏与之对应的验收单和入库单。

2. 真真假假、虚虚实实的采购业务。

A 公司通过一家名为 ZZ 的贸易公司采购进口的咖啡机和部分辅料。A 公司利用这些真实的交易业务，混入虚假的咖啡豆等原材料采购业务，虚构了 55754 万元的采购业务。

（1）借他人之手以他人名义成立 ZZ 公司。工商登记公开资料显示，ZZ 公司于 2019 年 8 月 23 日设立，法人代表是王某，注册资本 1 亿元人民币。

实际上，王某并未对ZZ公司实际出资。经查，ZZ公司的设立是由A公司员工经手办理，其银行账户由A公司的关联方企业的出纳管理，该员工同时也是A公司董事会主席陆某的侄女。ZZ公司自设立开始至今未与任何人签订劳动合同，没有在编的职工，其工作人员来自A公司及其关联方，其中A公司供应链中心副总裁陈某负责ZZ公司的采购事宜。

（2）将伪造的采购合同、订单等混入真实采购业务付款。A公司通过ZZ公司采购咖啡机和部分辅料。A公司利用这部分真实采购业务，在其已签订的采购框架合同下，通过伪造订单、对账单等手续虚增了大量采购业务，并支付了采购款。

（3）以预付设备采购款名义注入造假启动资金。A公司与ZZ公司于2019年8月签订了金额14006万元的设备采购合同，并一次性支付了采购款，这显然与正常采购业务的付款惯例不相符。截至2019年12月31日，ZZ公司真正交付给A公司的设备金额仅为2115万元（含税）。2019年A公司预付的设备款进入了造假事件资金循环，经多家公司流转后，大部分转入A公司北京分公司或流回A公司，成为A公司收入造假重要的资金来源。

3. 虚构交易的采购款成为造假事件资金循环的重要节点。

虚假采购支付的资金兜兜转转成为收入造假的资金来源。A公司支付的虚假原材料采购款79641万元，采购商再转给下家，如此往复。经过少则三家，多则五六家公司的辗转腾挪后，虚假采购支付的资金基本上都流回A公司。这为销售收入造假提供了资金来源。

（三）检查思路与方法

1. 开展穿透式检查，查清资金来龙去脉。A公司造假事件金额巨大，资金循环链条上涉及的公司众多，为查清造假资金的来龙去脉，检查组开展穿透式检查。检查人员要求财务人员通过银行系统导出所有银行账户的流水，逐笔筛查流出A公司的可疑资金。同时，商请人民银行和财政部各地监管局协助调取其他企业的资金流水，通过人民银行当地分支机构查询了7家公司9个账户资金流水，通过5个监管局调取了11家外地企业的银行账户流水。

检查组厘清了造假事件资金循环链条上每一笔资金的金额和最终去向，绘制出了资金流向图。

2. 访谈相关人员。检查组在正式进点时，A 公司已自查出部分涉事人员。检查组首先对相关员工进行逐一访谈。根据访谈发现的问题和线索，顺藤摸瓜，累计访谈了采购部、信息技术部等部门员工 17 人，逐步摸清了其余涉事人员、造假手法和管理层决策流程。

3. 内查外调，厘清存货实物流转。A 公司在自查造假事件时，已发现涉事人员篡改了部分内部数据。同时检查组发现 A 公司的内控制度不健全，执行不到位。因此，从内部获取的数据不可信。检查组通过商请两家监管局协助，直接从 A 公司第三方物流公司调取仓库全年的收发存数据，再与 A 公司的采购数据进行匹配，排查是否存在尚未发现的虚假业务。

三、案例启示

（一）违规动机与原因

1. 法治观念淡薄，道德诚信缺失。A 公司财务造假是有预谋、有组织实施的。涉及人员从高层、中层到经办人员甚至关联企业人员，相关人员或主动参与，或被动参与。无论是主动还是被动，均说明这些人缺乏法治观念，为了“关键少数”人的利益，无视法律规定，肆意造假。而部分财会人员不能很好地履行法律赋予的职责，成为造假成功的“帮凶”。同时，涉事人员缺乏基本的职业素养，违背道德诚信，谋划参与造假事件。在造假事件曝光、监管部门介入后仍未意识到错误。

2. 业绩利益驱动。管理层对经营业绩的需求驱动是财务造假的内生动力。A 公司的商业模式决定了其需要飞速扩张。2019 年上市后，资本市场对其经营业绩有着较高的要求。同时 A 公司也需要通过较高的估值获取更多的融资款。当公司对进一步扩张和增速力有不逮时，财务造假就悄然登场。

3. 企业内部管理混乱，内控缺失。一是管理层凌驾于内控之上。通过访谈，检查组发现经办人员对需经手的违反内控要求甚至违规的事件提出异议时，往往会收到“这是老板/领导要求的，照办就是”的指令。对于这类指令，经办人员只好照办。二是未严格执行审批流程。如“lynn liang”账号的创建缺少员工相关证明材料且未经人力资源部门审批。三是不相容职责未分离。银行U盾通常有两个，经办U盾和授权U盾，两者的保管和使用应职责分离，出纳保管经办U盾，资金主管保管授权U盾。造假事件涉及的某银行账户的经办U盾和授权U盾未按要求职责分离，均由财务部资金组副总监张某一人管理。

4. 缺乏举报途径。如前所述，经办人员对领导下达的违规指示未提出异议而是照做，一方面是由于大部分人“端谁的碗，就受谁管”的认识，对违法行为不敢说、不敢报；另一方面是缺乏举报途径。公司内部的内审监察部门缺失，没有举报途径。

（二）启示与思考

1. 强化财会监督，进一步加强对市场主体财务造假的打击力度。守住不发生系统性风险的底线，离不开真实准确的会计信息。近年来，资本市场财务造假事件频发，手段越发隐蔽复杂，侵害了投资者利益，扰乱了市场经济秩序。因此，进一步加强财会监督，成为防范遏制财务造假的必然举措。只有持续加强财会监督，在监管工作中坚持“零容忍”“严监管”，强化监管，堵塞漏洞，对财务造假行为重锤出击、严惩不贷，才能切实防范化解重大风险，守住有效净化市场环境和维护投资者合法权益的底线。

2. 健全“三位一体”的财会监督体系。建立健全由政府行政监督、中介机构社会监督和单位内部监督共同构成的“三位一体”的财会监督体系。单位内部监督是基础，中介机构社会监督是保障，政府行政监督是主导，并对其他两类监督实施再监督。财政部门应突出其作为《会计法》执法主体的主导地位和核心作用，找准在财会监督体系中的定位，发挥主导作用；积极构建社会监督机制，一方面提升中介机构的独立性和执业质量，发挥中介机构对财会监督的保障作用；另一方面推动公众监督发挥积极作用。建立健全内部监督体系，构建财会监督第一道防线。重视并推动内部监督工作的完善，宣传和普及内部监督的重要性，树立内部监督意识，营造良好的内部监督氛围，落实内部监督责任。

3. 健全企业内控制度，切实发挥内部监督的基础性作用。企业内部控制制度和内部审计制度是构建现代企业制度的重要环节，是完善企业内部治理体系的重要基础，也是防范企业财务造假的关键所在。从当前财务造假的案例中可以发现，企业的控股股东、实际控制人、董事长、总经理等是财务造假获取经济利益的最大受益者，最具有财务造假的动机，这些人是企业的“关键少数”，应当压实这些人的责任。A公司内控制度不健全、执行不严，财会人员地位低、缺少话语权，管理层凌驾于内控制度之上，使得财务造假得以成功。建议进一步指导企业完善内部控制制度，切实发挥监事会，特别是上市公司独立董事、审计委员会的监督作用，健全内部控制和内部审计机制，增强会计工作独立性，确保会计信息质量。

4. 构建和完善社会诚信体系。诚信是现代市场经济运行的基石。要营造和培育诚信光荣、造假可耻的良好社会氛围，完善守信联合激励和失信联合惩戒的长效机制，推动全体公民自觉守法诚信，推动市场主体“诚信为本、操守为重，坚持准则、不做假账”，为社会治理营造良好的诚信氛围。

5. 切实增强法律意识。增强企业领导和财会人员的法律意识，健全会计法律法规，严惩一切财务造假行为。防止公司管理层或者财会人员存在侥幸心理，从根源上杜绝财务造假。

（财政部厦门监管局　江莹莹　吴凉凉）

7.

将公益性资产列入固定资产　虚增资产规模

一、案例背景

A 集团是 K 市在整合城市资源和国有资产基础上，按照市场化、多元化、国际化发展格局组建的政府融资平台公司，目前为 L 省规模最大的地方国有企业集团，境内主体信用评级 AAA 级，拥有 B 集团、C 集团、水务公司等 12 家全资子公司。2020 年，财政部某监管局对 A 集团会计信息进行了检查。检查发现，A 集团 2019 年固定资产 482 亿元中，地下管网、路桥等公益性资产合计 405 亿元，占比达 84%，固定资产中包含大量公益性资产，夸大了融资平台公司的资产规模和经营状况，极易形成金融风险。

二、案例解析

（一）违规事实及手段

公益性资产是指与公共利益密切相关或为公共利益服务的资产，这类资产按照国家的法律法规不能或不宜变现，主要包括市政道路、水利设施、党政机关及经费补助事业单位办公楼、公园、学校、医院、广场、非收费管网设施等没有经常性收入的基础设施。根据《企业会计准则——基本准则》中资产的定义，资产是指企业过去的交易或者事项形成的、由企业拥有或者控制的、预期会给企业带来经济利益的资源。公益性资产不能为企业带来经济利益，不符合《企业会计准则》关于资产的定义，因此，不能认定为企业资产。

A 集团前身最早可追溯至 1991 年 K 市计划经济委员会设立的 K 市建设投资公司，随着城市化进程的加速，2001 年，K 市人民政府在其基础上组建了 B 集团，2009 年和 2012 年 K 市人民政府相继出资成立了 C 集团和城投公司。2013 年 9 月 30 日，K 市整合上述企业、相关国有资产和城市资源，成立了 A 集团，注册资本 50.2 亿元。在上述地方融资平台公司成立的时候，为了增加融资平台公司的资产规模，便于从银行等金融机构进行融资，由其主管部门 K 市国有资产管理委员会以行政划拨方式，无偿将地下管网、路桥等公益性资产划拨到融资平台公司名下。

A 集团 2019 年资产总额 2336 亿元，其中固定资产 482 亿元，固定资产中地下管网、路桥等公益性资产合计 405 亿元，按照资产定义，这部分公益性资产非企业实际控制，不能为企业带来经济利益，不应该计入固定资产科目。具体为：路桥资产 87 亿元、管网资产 318 亿元。上述公益性资产主要分布在 A 集团本级及其下属 B 集团和 C 集团，3 家融资平台公司地下管网资产合计 310 亿元、路桥资产合计 80 亿元。其中，A 集团本级地下管网资产 197 亿元；C 集团地下管网资产 80 亿元、路桥资产 14 亿元；B 集团地下管网资产 33 亿元、路桥资产 66 亿元。

（二）违规特点

1. 公益性资产金额大、占比高，易形成金融风险。A 集团本级及其下属 B 集团和 C 集团 2019 年公益性资产 405 亿元，占 A 集团全部固定资产 482 亿元的 84%。融资平台公司资产中包含大量的公益性资产，夸大了融资平台公司的资产规模和经营状况，极易形成金融风险。

2. 虚增资产规模，导致资产与债务不匹配。公益性资产不为融资平台公司产生收益，主要作用就是在融资平台公司对外融资时粉饰财务报表，人为调整融资平台公司的资产规模、资产负债率等财务指标。以资产负债率为例，根据A集团2019年资产负债表，当年A集团资产负债率为43%，如果从资产总额中减去地下管网、路桥等公益性资产，当年A集团的资产负债率变为52%，增长了9个百分点。

（三）检查思路与方法

1. 未雨绸缪，提前确定关注重点。在检查开展前，检查组认真开展查前调查，通过解读融资平台公司对外公布的年审报告，发现A集团存在固定资产中管网、路桥等公益性资产额度大、占比高的情况，针对这一情况，组织检查人员梳理政策法规，并将资产质量确定为会计信息检查的工作重点。

2. 上下联动，彻底厘清问题脉络。在检查中，根据查前调查发现的问题线索，将A集团本级与子公司看作一个整体，以资产为主线，并时刻保持集团本级和子公司检查组之间的沟通联系，统一检查口径，通过上下联动，理清集团业务脉络、全面完整发现公益资产占比高的问题。

三、案例启示

（一）违规动机与原因

分税制改革后中央和地方的财权、事权不匹配，导致地方政府在投融资方面存在较大资金缺口，为弥补这一部分资金缺口，地方政府纷纷通过财政拨款注入资金或划拨国有土地、股权等资产投资成立一批有着政府背景但对外拥有独立法人资格的公司，这些公司被用于承担一些政府投资项目的融资，地方政府融资平台公司应运而生。

融资平台公司成立的主要目的即通过举债融资为地方经济和社会发展筹集资金。为扩大其融资能力，地方政府曾通过注入货币资金、房地产、国有企业股权、土地（包括储备地、划拨地及出让地），以及学校、医院、公园等公益性资产的方式，对其进行资产性支持。地方政府需要借助融资平台公司获取大量资金，然而财力有限，导致其可支配的货币资金、房地产和股权等高价值资产难以满足分配需求，与此同时，地方政府手中掌握大量的储备土地及公益性资产，地方政府更倾向于向融资平台公司注入此类资产。

因此，大部分融资平台公司是地方政府以少量财政拨款配比较大规模土地资产注入的方式成立的，后续再获得政府注入的储备地和公益性资产，持续扩大资产规模。但储备地或公益性资产本身并不具备相应的价值，地方政府通过该种方式增加融资平台公司的资产规模、降低债务负担后再让其进行融资的行为，本质上是地方政府的超额举债。

（二）教训与启示

地方政府之所以成立融资平台公司，是为了适应特定历史时期社会经济发展的需要，融资平台公司可以为地方政府带来更多的财力去用于地方经济发展，完善相应的基础设施建设。因此，融资平台公司的经营并非以营利为目的，更多是为解决地方政府对资金的需求和完成一些没有利润却不得不做的民生工程。随着时代的发展，地方政府融资平台公司以往的运行方式已经违背了经济发展规律，容易面临更多的风险和挑战，应及时进行调整。

1. 应加速地方融资平台公司公益性资产的处置进程。地方融资平台公司成立之初，其资产主要是采用无偿划拨或资金注入的方式形成的，部分被划拨的资产存在权属不明等问题，特别是无偿划入的土地类资产，往往缺少相应的权属证明。平台公司应及时梳理资产情况，对于政府划拨的地下管网、路桥等公益性资产，应该依照相关法律法规转回至政府相关部门或政府通过其他有经营收入的资产进行置换；对于通过融资建设形成的公益资产，可通过政府债券置换等方式逐步交回政府有关部门。

2. 地方政府应通过多种方式帮助平台公司加速转型。地方政府融资平台公司设立的目的，是促进地方城市建设和加速地方经济发展。融资平台公司承建的地方政府建设项目，从立项审批、项目建设到竣工验收等各个环节均需要政府相关职能部门的审批手续和资金往来。地方政府特别是财政部门应给予融资平台公司在债务化解、往来资金等方面的政策性支持；政府和国资管理部门也应按照国家相关法律法规的要求，通过资本金注入等方式帮助、引导平台公司加速转型为在其优势领域能够自主运营、自负盈亏的市场化运营主体。

3. 平台公司应优化自身内部结构。在获得外部帮助的同时，平台公司也应优化自身内部结构，在公司的顶层设计方面，应按照政府和董事会制定的转型方向，及时增设相应的职能部门，缩减或退出不支持领域的经营行为；在内部控制方面，要制定高效的财务核算、工程建设、风险控制和资产管理等制度，便于及时适应转型工作的需要。

（财政部吉林监管局　姚海涛）

8.

虚构业务　套取资金

一、案例背景

A 证券公司成立于 1991 年，是国内首批综合类证券机构，在全国 31 个省、市和地区设有 264 个营业部。

2017 年 6 月至 9 月，财政部派出检查组对 A 证券公司 2016 年度会计信息质量情况进行专项检查。检查发现，A 证券公司所属子公司原创办企业 B 公司（2015 年 8 月成立，A 证券公司所属子公司持股 48.02%，并委派一名董事长，另两名高管为公司成立时从 A 证券公司离职的人员。A 证券公司于 2016 年 12 月底退出股权）以虚假经济业务事项开出的票据套取资金 2110 万元用于账外私分，导致会计信息严重失真。企业通过虚构经济业务套取资金并账外私分，不仅使国家税收遭受损失，同时通过造假，改变企业的经营状况，影响国家对经济运行的准确判断，不利于国家宏观调控政策的制定和施行。

二、案例解析

（一）违规事实

以支付咨询费名义套取资金，在账外发放工资性支出及招揽业务费。B

公司成立后为了尽快打开市场开展相关业务，于是制定了公司激励制度，对员工按业绩进行考核予以奖励，对介绍客户的人员按照招揽业务一定比例提成。但由于高额奖励和招揽业务高额提成是违法违规无法正常开支的费用，于是B公司采取了虚构经济业务，虚列费用方式，将2110万元资金转到合同签约方银行账户中，实际控制账户资金，脱离财务监管，进行账外分配。

上述事项不符合《企业会计准则——基本准则》第十二条“企业应当以实际发生的交易或者事项为依据进行会计确认、计量和报告，如实反映符合确认和计量要求的各项会计要素及其他相关信息，保证会计信息真实可靠、内容完整”以及《会计法》第九条“各单位必须根据实际发生的经济业务事项进行会计核算，填制会计凭证，登记会计账簿，编制财务会计报告。任何单位不得以虚假的经济业务事项或者资料进行会计核算”的规定。

（二）违规手段

2016年3月、4月和8月，B公司以虚构的经济业务为背景资料签订6份合同，用212张发票列支费用2110万元，用于私分（所谓的“发放奖金”），并偷逃企业所得税和个人所得税。

1. 签订虚假服务合同。B公司2015年11月至2016年1月间，以“企业债券发行”财务顾问和咨询服务名义与深圳市3家信息咨询有限公司分别签订《财务顾问（咨询）合同》。同时，以拟发行某股权投资基金提供转介绍客户服务等名义与深圳市另3家信息咨询有限公司分别签订《居间咨询服务合同》。经核查，所签6份合同涉及金额2110万元，而上述公司均没有提供任何实质性服务。

2. 利用虚假经济业务事项套取资金。2016年3月至8月间，B公司在“管理费用——咨询费”科目中列支深圳市两家贸易有限公司、两家信息咨询有限公司、一家进出口有限公司以及一家供应链有限公司6家公司咨询费合计2110万元（支付费用单位与签订合同单位仅有两家相同）。经查询工商登记网站信息，6家公司均处于非正常经营状态。经实地延伸至当地税务部门调查，上述公司在当时进行税务登记时提供的联系人及联系电话均无法联系到相关人员；经实地走访，10家公司（包括未签订合同支付费用的4家公司）工商登记和税务登记的办公地址均无法找到。

3. 借用他人账户私分公款。经对深圳市某贸易有限公司、深圳市某进出口有限公司等6家收取咨询费的公司在相关银行开立的银行账户情况进行实地延伸检查，发现这些看似不相干的公司银行账户的资金流向存在关联关系，资金流向轨迹显示6家公司存在资金彼此互转的情况，同时资金从不同的银行转入多人的个人银行卡中，其中220万元转入A证券公司权益及衍生品投资部某员工的个人银行卡中。经对该员工进行询问并进一步核查，该员工账户上220万元资金又陆续转入了B公司某副总经理个人银行卡中。鉴于问题的严重性，检查人员对B公司管理层成员逐一进行询问并做了笔录。在巨大的压力下以及事实面前，管理层最终不得不承认公司以"财务顾问费"等名义套取资金并私分的违法违纪问题。经核实，管理层（3名成员）共分得资金848万元，其中董事长兼总经理分得420万元。其他资金（按照推销某私募债和某股权投资基金数额计算提成）分给了42名A证券公司员工。

（三）违规特点

1. 虚构经济业务涉及公司多，且注册地均在异地，增加了延伸检查难度。检查发现，B公司以各种名义签订虚假经济业务合同涉及公司众多，达6家，而签订合同与实际支付费用的公司也不尽相同，合计10家之多，并且多为非正常经营公司，加上公司工商登记和税务登记地址均处在异地（深圳），给延伸检查带来诸多不便。

2. 收款账户错综复杂，对公账户、对私账户在不同银行间频繁往来，给厘清资金走向人为制造障碍。B公司利用6家公司开票，收款公司仅两家可以对应，另4家公司开票和收款公司不一致，开户账号涉及多家银行，并且同一家银行还涉及多个营业网点。对公、对私银行账户进行资金频繁划转，此外，还与个人理财账户、银证通账户勾连，为实地延伸检查工作顺利开展，查找问题的实质制造了不少障碍。

3. 真发票、假业务，虚虚实实，真假难辨。经统计，B公司共使用212

张发票列支费用2110万元，检查人员对这些发票的真实性进行了查询，发现票据都是真实的，但没有相关公司提供咨询服务的佐证材料。B公司报销利用真发票、假业务的违规手段套取费用，违规手法隐蔽，违规问题不易发现。

4. 频繁更换财会人员，为检查工作的顺利开展带来了不少麻烦。B公司因刚成立不久，业务体量小，人员少，财务管理非常薄弱，财会人员多为聘请的非正式员工，有的甚至是非全日制代理记账人员，检查工作开展之前恰好财会人员均离职，新老会计人员衔接不到位，检查工作只有通过电话沟通进行，给检查工作的开展及问题的深入了解带来了麻烦。

（四）处理结果

检查工作结束后，财政部检查组对A证券公司及B公司进行了通报，要求两家公司充分认识问题的严重性，积极进行整改，收回私分的相应款项。两家公司均高度重视，在A证券公司的督促下B公司积极进行整改，全额退还私分的资金，并对公司财务报表进行相应调整，表示今后要摒弃原有的营销模式，从源头上杜绝此次检查中类似事件和问题的再次发生；在员工奖励和外部激励方面，一切规范运作，按照相关规定，及时足额缴纳各项税款。

（五）检查思路与方法

主要依托“一个手段，两个方面，三个重点”开展检查。“一个手段”是充分依托企业“核心系统”采用数据挖掘手段，利用业务分析方法，做到事前数据分析、事中数据确认和关联业务审查，结合现场凭证、合同档案调阅、查询查复，使检查效果得到提升。“两个方面”指合规性、合理性，通过具体的不合规现象发现问题，从合理性角度分析判断找出会计信息的失真情况及原因。“三个重点”指重点环节、重点科目、重点项目。重点环节指审批环节、资金流出流入环节；重点科目指风险易发科目，如相关费用科目、资金支付科目等；重点项目指大额项目、非常规开支项目等。具体是：

1. 费用排查，发现疑点。首先从企业核心系统导出财务数据，并从会计报表中的重点费用科目及大额资金支付项目入手。当检查到“管理费用”科目时，发现“咨询顾问费服务费”和“发行顾问费咨询费”发生金额偏高，合计达2000多万元。经调阅相关业务资料，发现咨询服务签订的协议，并没有实质的经济业务内容，合同金额没有明确的定价依据，相关支出也没有集体决策审批或者联签程序。查询公司相关信息发现，提供咨询服务的公司并不具备行业相关业务的经营资质，也多半处于非正常经营状态。而且这10家公司都集中在异地的同一个城市（深圳），加上签订合同与收费的公司不尽相同，这些异常现象引起了检查人员的高度关注，检查人员将上述发现的问题确定为检查重点。

2. 内查外调，取得突破。检查人员将B公司签订的咨询服务合同、费用报销凭证以及转账开户行银行账号进行整理，并根据在国家税务局和国家工商管理局网站查询的信息情况进行综合分析研判，决定实地对这些公司及其开户银行进行现场延伸检查。检查发现，当时公司进行工商登记和税务登记时提供的办公地址均无法找到相关公司，有的已经人去楼空，或者根本无法按照其注册地址找到办公场所。经实地延伸检查银行账号资金流向情况发现，这些资金通过多次转手，最终转至个人名下，违规私分公款的问题露出了端倪。

3. 加大询问，查明真相。根据已掌握的线索和证据，检查人员对发现的问题进行梳理汇总统计，顺着资金流向进行询问核实，首先对220万元资金流向了A证券公司权益及衍生品投资部某员工个人银行卡的情况对该员工进行询问，了解到该员工并不是此笔资金的拥有者，真正的拥有者是B公司某副总经理，随后对B公司管理层逐一进行询问并做好询问笔录。在大量事实证据和巨大压力下，管理层不得不承认公司以“财务顾问费”“发行顾问费咨询费”等名义虚假报销套取资金并私分的违法违纪事实。

4. 抓住问题，固定证据。对B公司的检查，检查人员对检查证据进行广泛收集，对问题抽丝剥茧，将内部证据与外部证据相结合。秉着大胆怀疑，细心求证的态度，做到事实清晰、证据确凿、定性准确，并将违纪违规问题事实及证据通过签字盖章进行确认，将证据全面完整地固定下来，防止产生监管风险。

三、案例启示

（一）违规动机与原因

1. 虚构业务，攫取法外利益。B公司成立不久，想要尽快拓展相关业务，需要大量的业务介绍费和转介绍客户费（即俗称的业务招揽费用）来推动，为使违规支出更加隐蔽，员工也能从中获利，特别是公司高管人员，通过虚构咨询服务业务套取资金来得既直接又简单，且更容易操作和把控。

2. 偷逃企业所得税和个人所得税。B公司通过虚构经济业务，在其他企业的配合下，将资金套至账外，一方面增加了本公司经营成本，减少了企业利润，偷逃了企业所得税；另一方面将资金转至账外，由少数人掌握任意分配权，既脱离了财务监控和外部监管，又偷逃了个人所得税。

3. 制度缺失，自身约束不力。一是B公司相关制度缺失，没有实施必要的监督检查，确保内部控制的持续有效运行。二是管理者法治观念淡薄，财务人员对相关监管法规的学习、认识不到位，未经严格系统的会计监督培训和考核，缺乏系统的会计知识和技能，知识落后，对新法规和新准则掌握不够。

4. 财务岗位人员流动大，监督缺位。作为企业经营管理的核心部门，B公司财务部门人员频繁更换，有的甚至是非全日制代理记账人员，财务监控和监管职责得不到充分发挥，监督缺位是上述违法违规问题产生的重要原因。

（二）启示与思考

1. 完善制度，加强内部管理。严格按照财政部发布的《企业内部控制基本规范》的要求建立监督岗位，制定流程规范、相互制约的组织结构和完善有序的业务处理流程；进一步学习和贯彻《会计法》《企业会计准则——基本准则》等法规精神，从源头上治理违法违规行为，正确处理公司业务发展与遵守财经法律法规的关系，建立合规经营和遵守财经纪律的长效机制。

2. 强化培训，提高业务水平。增强管理人员法治观念，定期进行相关政策理论和业务知识培训学习，提升业务素质。做到熟悉法规依法办事，同时加强与其他业务部门的沟通，了解产品运营，避免会计核算中出现失误，使公司利益甚至国家利益遭受损失。

3. 加强监管，防范经营风险。企业内部要加强对财务会计核算的合规性检查，发现问题及时纠正；外部聘请社会中介机构进行年报审计，应严格按照中国注册会计师执业及审计准则要求进行审计和披露，正确评价企业经营状况和盈利情况；政府监管部门应加大对企业的监督检查力度，发现问题应根据相关法规进行严肃处理处罚。对涉及严重违法违纪的相关责任人员追究其相关责任。只有内外形成合力，才能最大限度防范企业经营风险。

（财政部江西监管局　刘幼娜）

9.

利用安全生产费进行盈余管理

一、案例背景

（一）检查基本情况

我国规定煤炭开采等高危行业需计提安全生产费，以预防未来生产经营中可能发生的安全事故。由于安全生产费会计处理的特殊性，往往成为企业进行盈余管理的工具。

2017 年，为贯彻落实财政部党组的要求，切实发挥会计监督在协调推进“四个全面”战略布局中的重要作用，财政部围绕推动供给侧结构性改革的主线，针对钢铁、煤炭行业等去产能的关键领域、治理污染和节能环保的重点环节，将钢铁煤炭类上市公司作为检查重点。某监管局按照财政部统一部署，对某煤炭企业（以下简称 L 公司）开展检查，以其落实中央“三去一降一补”政策的实际效果为关注重点。该公司为纯国资控股 A 股上市公司，公司经营规模在全国煤炭行业一直名列前茅。

在检查中发现，L 公司在会计核算中利用安全生产费这一“专项储备”科目进行灵活的利润调节，其做法虽然与现行的会计制度并不违背，但却掩盖了企业生产经营的诸多问题，致使会计信息无法真实全面反映其生产经营状况和“三去一降一补”政策的实际效果。

（二）安全生产费定义及会计处理方法

安全生产费是指在我国境内直接从事煤炭生产、非煤矿山开采等高危行业企业按照规定标准提取，在成本中列支，专门用于完善和改进企业或项目安全生产条件的资金。在我国企业会计准则中属于“专项储备”科目下的一类。

目前，我国对于专项储备的会计核算按照财政部2009年6月发布的《企业会计准则解释第3号》进行处理。专项储备以一个单独的所有者权益科目来反映，计提此类费用时借记“生产成本”“制造费用”等科目，贷记“专项储备”科目。在实际使用时，若为费用性支出，则直接冲减专项储备。如果使用该项费用形成固定资产，就应当通过“在建工程”科目来核算所有的支出，待项目完工达到预定可使用状态时再确认为固定资产，与此同时，根据形成固定资产的成本冲减专项储备，确认等额的累计折旧。也就是说，由于安全生产费在实际发生之前已经通过计提的方式确认为成本费用，在实际发生安全费支出的时候直接冲减专项储备，不会影响企业的损益，这就给企业利用安全生产费这一专项储备进行盈余管理提供了操作空间。

目前，我国对安全生产费计提使用和监督管理的依据是2012年财政部、国家安全生产监督管理总局联合下发的《企业安全生产费用提取和使用管理办法》（以下简称《办法》），提取比例有最低标准，但无最高限制，企业便可在利润良好时多计提，不断增加安全生产费的体量，形成庞大的“蓄水池”，以备不时之需。当企业经营遇到困难、利润缩水时，可以大量使用安全生产费支出，从而减少当期成本费用，达到粉饰报表、强撑业绩的目的。

（三）煤炭行业经营状况分析

2012年以后，随着我国经济受全球经济危机的波及影响，煤炭市场需求快速萎缩，价格开始连年下行，动力煤价格出现断崖式下跌。2015年由于产能过剩，煤价跌落谷底，秦皇岛港地区Q5500大卡的煤价格由2011年最高点的860元/吨下滑到了2015年年底的375元/吨，跌幅高达56.4%。全国煤炭行业的收入和利润一路下滑，呈现负增长状态，根据网络数据显示，2015年度全国煤炭行业的主营业务收入下降约14.80%，利润下降达65.2%。在此背景下，部分企业出于各种考虑，将目光投向安全生产费这一长期注水的“蓄水池”，用以安全生产费为主的专项储备冲抵成本费用，成为行业不景气大背景下的默认潜规则。

二、案例解析

（一）通过年度数据对比发现安全生产费支出异常

根据L公司年报显示，虽然受煤炭行业整体不景气的影响，企业利润自2012年开始呈现明显的下滑态势，但依然在2015年实现了“艰难”的盈利，并且在2016年伴随着“三去一降一补”政策落实，打了个漂亮的翻身仗，实现了732.02%利润增长（见表1）。

表1　　L公司净利润统计表　　单位：亿元

科目/年度	2016	2015	2014	2013	2012	2011
净利润	8.57	1.03	9.82	15.29	25.67	38.36
同比增长率	732.02%	-89.51%	-35.77%	-40.43%	-33.09%	11.62%

实际情况真的像报表数据展现的这样吗？结合企业各年度安全生产费计提使用情况与各年度净利润变化进行数据对比分析，可以发现表面业绩的背后隐藏着诸多问题（见表2）。

表2　　L公司安全生产费计提使用情况统计表　　单位：万元

年度	上年结转	本年计提	本年支出		
			总支出	其中资本化	其中费用化
2012	242887.92	159888.27	185756.76	128004.54	57752.22
2013	217019.44	153645.97	129831.44	70614.43	59217.01
2014	240833.97	108648.27	84231.03	8760.53	75470.50
2015	265251.21	100449.48	184960.76	279.66	184681.10
2016	180739.93	105828.38	145291.79	520.30	144771.49
2017	141276.52	—	—	—	—

1. 未遇政策调整，支出结构突变。通过对有关数据的比对分析，检查组发现2012年和2013年企业用于安全生产的资本化支出较大，经了解主要是用于全面推进千米钻机应用和自燃矿井防灭火系统建设，共计投入安全生产资金近20亿元，同期安全生产费用化支出比较平稳，保持在年均近6亿元。2014年由于重点安全项目基本完成，当年资本化支出迅速下滑至0.9亿元，同期费用化支出约为7.5亿元，从企业社会责任报告公布的情况分析，综合考虑到前期资本化投入的维护成本，可以认定7.5亿元的费用化支出应属于合理值。然而，2015年和2016年两个会计年度，根据企业社会责任报告公布事项分析，人员安全生产培训和安全管理等方面没有重大调整，而安全生产费的费用化支出却高达18.5亿元和14.5亿元，分别是2014年费用化支出的247%和193%，同期的资本化支出合计不过0.08亿元，支出结构突变在年报和企业社会责任报告中均缺乏合理的解释。

2. 产量与安全生产费支出不匹配。2014～2016年L公司累计淘汰落后产能达210万吨，安全生产费计提金额也从年均15亿元的水平下降为年均10亿元的水平，由于关停的多为安全生产投入较高的高危、高瓦斯、高硫矿井，依此推断安全生产费总体水平下降比较合理。但在2015年较2014年产量下降247万吨、销量下降219万吨的情况下，L公司的安全生产费支出却由2014年的8.4亿元突然增长至18.5亿元，增长高达10.1亿元。2016年市场行情向好，产销量较2015年分别提升347万吨和525万吨，L公司的安全生产费支出却比2015年下降了4亿元，回落至14.5亿元，原本与产能产量息息相关的安全生产费支出却与企业的生产经营实际不相匹配。

3. 难以掩盖利润下滑和安全生产储备被逐步透支的现实。经过以上两个问题的分析，可以推断出2015年和2016年两个会计年度，L公司安全生产费在支出结构和支出规模两方面均存在异常变动，其背后隐藏的事实极有可能是企业利润出现严重下滑，用安全生产费专项储备进行利润调节，以达到粉饰报表业绩的真实目的。若以支出较为合理的2014年8.4亿元作为年支出标准进行粗略的还原测算，不考虑相关税费，得到2015年和2016年净利润分别为-9.1亿元和2.5亿元。虽测算比较粗略，但也可以反映以下问题：

一是2015年企业极有可能出现严重亏损，二是2016年企业“三去一降一补”政策的落实效果不容乐观。

另外，2014~2016年企业在极力粉饰业绩的同时，也正在严重透支安全生产费储备，该科目的资金余额已由2014年年底的26.5亿元下降至2016年年底的14.1亿元，年均下降6.2亿元。若持续这种“饮鸩止渴”的利润调节方式，安全生产费的资金“蓄水池”终将被抽干，届时如果遇到安全设备换代更新和突发安全隐患等大额支出，企业的安全生产将面临无钱可用的局面，存在爆发安全生产事故的隐患。

（二）通过对各矿井支出解构发现列支名目不合理

L公司下辖6个主要矿井，分月、季、年对各矿井生产进度和生产成本进行统一考核。作为重要的业绩考核指标，各矿井负责人对生产成本控制要求很高，而同时母公司对安全生产费用采取统一计提、各矿自主使用、年终一次核销的粗放型管理模式，各矿井通过对《办法》的“过度”解读，采取不同方式利用安全生产费调控生产成本。检查组结合对多个主要矿井延伸检查，重点关注各矿井安全生产费的实际使用情况，发现很多不合理的支出，主要问题如下：

1. 列支人员经费。《办法》并未对是否可以列支人员经费进行明示，各矿井在实践中却以《办法》提出的“其他与安全生产直接相关的支出”为由，牵强附会，将原本与生产直接相关的人员工资列入安全生产费进行核算。如某矿井2015年和2016年在安全生产费中列支人员经费1.76亿元和1.59亿元，占比超过同期安全生产费总支出的40%，经核实，涉及人员大多数为掘进、开拓和机运等工种的一线生产人员，根据企业会计准则，此类人员的工资均应列入企业生产成本进行核算。

2. 列支压煤村庄的拆迁补偿。维简费具体使用范围中明确规定“大型煤矿一次拆迁民房50户以上的费用和中小煤矿采动范围的搬迁赔偿”应由维简费列支，但由于近年来搬迁赔偿标准直线上升，企业的维简费资金储备不足，很多矿井的搬迁赔偿都本末倒置，以安全生产中“采空区治理”为由，在安全生产费中列支，如某矿井以安全生产费列支拆迁工程补偿1.8亿元。

3. 列支大量生产用材料。与人员经费和搬迁赔偿易于区分不同，由于安全用材料和生产用材料有很多通用之处，所以材料费开支性质很难界定。将生产用材料混入安全生产费开支核算，已经成为各煤矿普遍采取的调节生产成本的通用手段。如通过对某矿井 2016 年所有安全生产项目计划和具体实施情况进行逐一核对后发现，涉及不合理的材料支出 0.52 亿元，约占该矿井年度安全生产总支出的 19%。

三、案例启示

从前文的分析中不难看出，由于安全生产费这一“专项储备”会计处理的特殊性，且其使用范围还不够明确和细化，导致煤炭企业利用安全生产费进行盈余管理，这其实早已是公开的秘密，但绝不是“正常”的行为，容易导致企业的会计处理带有主观随意性，无法保证真实客观，损害股东、债权人、公众乃至国家的利益，需进一步加强其规范处理及严格管理。

（一）完善企业会计准则，规范会计处理

根据国际财务报告准则的规定，维简费、安全生产费及其他类似费用应该在实际发生的时候确认为费用，相关资本性支出于发生时确认为固定资产，按相应的折旧方法计提折旧。而根据我国企业会计准则的规定，安全生产费在计提时便已确认为成本费用，同时计入所有者权益，实际发生时直接冲减。形成固定资产的一次提足折旧，从财务账面看已无资产价值，但从实物角度看资产完好在用，造成账实不符，给后续计量带来不便。从以上分析来看，我国目前对于安全生产费用等专项储备的会计处理与国际准则存在一定差异。我国准则制定机构应该进一步推动境内外会计准则的实质趋同，以确保报表信息的可靠性，便于企业进行资产价值的管理，对于费用化的支出应当在实际发生时确认，可以有效防止管理层粉饰报表。

（二）出台实施细则，明确信息披露要求

《办法》对煤炭生产企业安全生产费的提取、使用规范的不够细化，直

接导致企业有漏洞可钻。如作为煤炭企业重要开支事项的人员经费是否可以在安全费用中列支、列支范围是什么、日常生产成本与安全生产成本应怎样界定等，在《办法》中都没有细化和明确，这就给企业堂而皇之地调节成本费用提供了极大的操作空间。因此，建议监管部门尽快出台适合煤炭生产企业实际情况的安全生产费用提取使用实施细则，对专项储备的用途做出更细致的划分，避免与其他费用发生交叉，同时加强对专项储备信息披露的要求，加强社会监督，堵塞企业"抽取"安全生产资金的漏洞，从而避免人为进行盈余管理的可能性，确保安全生产资金"好钢用在刀刃上"。

（三）建立科学考核体系，联合强化经费监管力度

各级安全生产监管部门在日常监管的同时，一般按年对企业的安全生产效果进行全面考核，考核主要侧重于安全生产技术型指标参数的评价，如瓦斯抽采能力、通风能力和百万吨死亡率等，而对于经费实际使用效果缺乏有效的指标参数，只是简单地停留在"花没花""够不够"的初级层面，从而使企业的大量不合理开支在主要技术型指标参数达标的掩护下得以蒙混过关，披上了安全生产监管部门审核通过的合法"外衣"。为此，建议将安全监管与资金监管有机结合，建立融合资金使用效果于其中的科学考核体系，必要时可以由财政与安全监管部门联合开展专项检查，提升对企业违规行为的威慑效力，切实加强经费监管力度。

（四）切实发挥中介机构的外部监督作用

审计机构作为独立的外部中介机构，应充分发挥其独立性，审计人员应不断学习研究相关准则规定，提升专业水准。在煤炭企业采取上述方式进行盈余管理、平衡各年利润时，需要注册会计师有一双"火眼金睛"，作出独立、准确的职业判断，在对相关企业进行认真完整的审计后，依照企业会计准则及相关法规郑重出具审计意见，发挥其社会监督职能，进一步规范企业行为。

（财政部天津监管局　李楠　赵文）

10.

利用固定资产减值准备调节年度利润

一、案例背景

在西方会计领域有一种说法“Take a big bath”，翻译过来就是“洗一个大澡”的意思，指的是企业在经营不好的年度，人为地故意压低企业盈利空间，甚至有意制造企业亏损，从而将利润推迟到以后年度体现，以实现以后年度企业盈利水平逐步增加的会计账务处理手段。

人洗澡是需要使用沐浴露的，否则就会洗得不干净。相应地，企业“洗澡”也需要使用“沐浴露”，即通过特定的会计科目和会计处理达到人为降低企业盈利空间的目的。而减值准备类科目由于其主观判断性强，易于操作实施，也就成为最适合企业“洗澡”使用的“沐浴露”，特别是“固定资产减值准备”科目，既可以直接影响企业当年利润水平，又可以间接降低企业以后年度生产成本，所以成了需要“洗澡”企业的首选“沐浴露”。

企业人为压缩利润空间的行为一般发生在本会计期间利润明显下滑，甚至可能出现亏损的情况之下。既然经营状况无法得到改善，莫不如彻底“洗个澡”，一次性亏损到位，减轻企业未来经营负担，为未来提高企业盈利水平做好准备。2016 年，财政部对 D 公司 2015 年会计信息质量进行了检查。检查发现，D 公司 2015 年多计提固定资产减值准备 4.95 亿元，导致当年亏损增加，亏损达到 10.45 亿元。

二、案例解析

（一）违规事实

D公司作为发电企业，受国家宏观经济政策和发电市场持续下行的双重影响，2015年度净亏损达到10.45亿元，其中有4.95亿元为2015年当年一次性计提的固定资产减值准备，相比上一个会计年度增幅超过了100倍。

2015年度计提的固定资产减值准备主要分为两部分，一部分为在没有经过中介机构评估的情况下，以国家宏观经济调控政策为理由，对仍然在用的发电机组整体一次性全额计提固定资产减值准备1.47亿元；另一部分为对产权不属于D公司且不受D公司控制的固定资产，以长期闲置、存在产权纠纷为理由，一次性计提固定资产减值准备3.48亿元。

（二）违规手段

1. 浑水摸鱼，借国家政策处理企业经营包袱。2015年国家出台淘汰落后产能“上大压小”政策，要求各发电企业对发电能力不足的发电机组进行关停，D公司下属发电厂1号发电机组发电能力不符合国家淘汰落后产能政策要求，但是D公司为了处理企业经营包袱，将该发电机组一次性全额计提减值准备1.47亿元。

2. 瞒天过海，在用机组变废品。被D公司全额计提减值准备的1号发电机组不仅在发电能力上不符合国家淘汰落后产能政策，而且就在检查组工作期间该机组仍然在并网发电，并没有任何“淘汰”迹象。D公司仅仅以“按照国家政策要求”为理由就将仍然在继续生产的1号发电机组变成了需要全额计提固定资产减值准备的“淘汰”资产。

3. 暗度陈仓，以主观判断替代中介机构评估。对固定资产计提减值准备的常规做法是聘请资产评估机构对拟计提固定资产减值准备的资产进行评估，确定该资产的实际价值，再与该资产账面价值相比较，从而确定该资产的减值准备金额。而D公司在对1号发电机组计提减值准备时并没有经过资产评估机构的专业评估，只是简单地以“1号发电机组受国家宏观调控政策影响”为依据，按照1号发电机组的固定资产净值1.47亿元全额计提了坏账准备。

4. 无中生有，对不符合资产定义的项目计提减值准备。企业对固定资产计提减值准备的前提条件是该资产符合资产定义，能够确认为该公司的资产。如果资产都不能确认为该公司的资产，那么计提减值准备就是无中生有。D公司固定资产中包含一条产权及维护均不属于D公司的运输铁路，D公司仅仅依据双方签订的合同享有“免费试用权”，2015年D公司以该运输铁路长期闲置并存在产权纠纷为由，按照其固定资产净值全额计提固定资产减值准备3.48亿元。

（三）违规特点

1. 金额巨大，对企业未来经营造成重大影响。D公司2015年一次性计提固定资产减值准备合计4.95亿元，占2015年当年亏损的47.37%，是上一会计年度计提固定资产减值准备金额的100倍。一次性计提如此金额巨大的固定资产减值准备必然对企业未来经营造成重大影响，仅仅固定资产折旧一项，每年就会对企业盈利水平造成数千万元的影响。从而对D公司会计信息质量造成巨大影响。

2. 手法简单，对违规行为不做任何掩饰。D公司违规手段的另一个特点就是操作手法极其简单粗暴，对违规行为不做任何掩饰，在账务处理中直接以“受国家宏观政策影响”和“长期闲置，存在产权纠纷”为由，在不经过任何资产评估机构的评估确认，没有对相应资产剩余价值进行任何测算的情况下，直接以相应固定资产账面净值为基数，全额计提减值准备。

（四）处理结果

针对上述检查发现的问题，财政部驻当地监管局依法下发了处理决定。根据《中华人民共和国会计法》等法律法规，要求D公司对违规提取的固定资产减值准备进行账务调整，同时要求D公司严格杜绝此类问题的再次发生。

（五）检查思路与方法

1. 从企业重大会计事项入手开展检查工作。企业重大会计事项历来是会计信息质量检查工作需要重点关注的内容，在对D公司开展检查工作时，检查组对该公司被检查年度财务报告进行了重点分析，发现D公司当年亏损金额明显高于其他同行业企业，且固定资产减值占比较大并明显高于上年同期水平，于是检查组在开展检查工作之初便确定了以D公司当年亏损真实性作为检查重点，同时把D公司当年计提固定资产减值准备是否合理作为主要突破口。

2. 从企业账务处理细节入手核实问题线索。明确了检查工作重点以后，检查组调取了D公司当年计提固定资产减值准备的有关账务处理资料以及相关减值金额的测算方法。通过对这些资料进行核实，发现D公司当年计提的固定资产减值准备并没有经过资产评估机构评估，相关资产减值依据仅仅为D公司自说自话的“国家政策调整”和“长期闲置，产权存在争议”等理由，同时减值金额测算方式简单，不符合《企业会计准则》中关于资产减值的有关规定。

3. 从企业资产实际情况入手核实资产有无减值迹象。在D公司账务处理中发现疑点后，检查组实地查看了计提固定资产减值准备的有关资产，在实地查看过程中发现：所谓的“受国家政策影响拟关停机组”仍然在并网发电，且冷凝塔、汽轮机、锅炉等主体部件仍然在进行日常维护；所谓的“长期闲置运输铁路”最初的建设单位、出资单位、维护单位均不是D公司，D公司对该铁路仅仅享有使用权，不符合资产确认条件。

三、案例启示

（一）违规动机与原因

D公司违规计提固定资产减值准备，一方面可以减少以后年度的固定资产折旧金额，降低生产成本；另一方面为未来盈利做储备，当处置这些固定资产时，由于已经全额计提减值准备，会导致资产账面价值明显小于资产的公允价值而形成盈利。

（二）教训与启示

企业“洗大澡”操纵利润的危害主要体现在以下几个方面：

1. 影响企业经营者的正常判断。通过“洗大澡”操纵利润仅调整了企业的账面利润，却没能改变企业亏损的事实。而经过改变的会计报表会使管理层看不清企业的经营现状，甚至错认为企业的经营状况良好，从而做出错误的经营决策，不仅无法挽回亏损的现状，还可能加大亏损的额度。

2. 影响企业投资者的正常判断。企业对账面利润的操纵使投资者与债权人很难评估投资风险以及投资回报。中小股东或其他一些潜在投资者可能会被企业之后几年的账面利润所吸引，但由于其无法看见在被操纵的账面利润下企业的真实盈亏现状，会承受很大的投资风险甚至很大的经济损失。这种行为使双方信息不对称，同时也使企业的利益相关者处于风险大于收益的不利地位，破坏了投资环境及市场经济秩序。

3. 对市场信用机制产生极为不利的影响。市场信用机制是社会经济活动中各经济主体之间信用至上、诚实相待的机制。建立市场信用靠的是市场要素的规范运用和市场规则的有效运作。“洗大澡”的出现严重违反了市场游戏规则，而且危害远大于其他不诚信的行为，给市场信用机制的形成造成了直接的不利影响。

值得关注的是，利用资产减值准备直接“洗澡”的这种赤裸裸的操纵方式在上市公司中已经比较少见，但是由于对国有企业的会计监管力度明显弱于对上市公司的监管力度，这种低技术含量的手段在国有企业，特别是在经营形势不佳的国有企业中还是具有一定市场的。这一现象应当引起有关监管部门和国有企业主管单位的重视。

（财政部吉林监管局　王志强）

11.

利用行业特点人为调节收入

一、案例背景

通信行业计费系统信息化程度高，数据量庞大，业务模式繁杂，相较于一般企业，其收入检查难度较大。某通信企业利用信息系统隐蔽性强、流程长的特点调节收入，会计核算很不规范。

A公司是国内某大型通信集团公司的子公司，负责某省级辖区客户的移动通信业务。该公司按照集团公司的要求采用了国内大型通信生产计费系统“BOSS系统”，通过BOSS系统自动计费生成生产报表，在生产报表的基础上生成财务报表数据。因系统和业务逻辑的复杂性、业务产品的多样性以及部分人为因素，该企业收入的确认存在核算不准确的问题。2014年，财政部组织检查组对该公司进行了会计信息质量检查，发现该公司收入方面存在大量跨期确认、多确认、少确认、人为调节收入等问题。如A公司2013年12月从“移动网业务收入——集团短信——下行通信费”科目冲减收入4000万元，2014年1月又将冲减的收入重新记入该科目，人为调节收入4000万元；又如A公司2013年预付费用户欠费3.14亿元没有进行账务处理，等等，检查组列出的2013年一年收入错误数据就达5.73亿元。

二、案例解析

（一）通信企业收入检查的特点

通信是业务比较特殊的一个行业。通信企业一般具有客户多、实时性强、数据量大、业务品类繁多、逻辑关系复杂等特点，其收入都是通过信息化系统进行智能化、自动化计量和处理。因此，通信企业的收入核算没有一般企业的“收入明细账”，也无法通过人工的方式记账确认收入，必须通过软件系统即“业务生产系统”自动计费生成各种数据报表，通过数据报表生成各类所需的业务报表，包括财务部门需要的财务报表，在财务报表基础上进行一些人工处理，生成所需要的财务数据。由于计费生产系统的复杂性，计费系统在生成收入数据时，就像一个“黑匣子”源源不断产生各种数据，内部逻辑和流程很难介入，给检查人员带来较大的挑战。要了解收入的真实性、完整性、及时性，就要顺着计费系统的数据生成逻辑，从源头一层层剥开计费系统数据产生的外壳，了解数据来源和勾稽关系，才能判断收入确认的正确性。正是外界对通信企业计费系统的介入难度大，导致通信企业的财务人员在各个环节操控数据、提前或推迟确认收入、少计或多计收入等行为难以被发现，同时，内控制度的缺陷或执行不到位也难以保证通信企业进行自我纠正。

（二）A 公司生产系统出账流程

收入数据的确认源于财务报表，而财务报表的生成需要经过 BOSS 生产系统每个月出账下账、生成报表、人工调整、导入 ERP 进行会计确认等几个环节，才能生成收入数据。下面以 A 公司为例，介绍收入数据的生成过程和主要环节。

1. 关于计费出账流程和环节。从计费出账来看，有三个重要环节，即计费出账、经营分析中心（BI）出报表、报表导入 ERP 形成收入或手工入账。

（1）关于计费出账。在生成账单表的过程中，出账需要经过采集话单、预处理、批价等环节，形成基于用户的详单表，经过“累账”处理形成基于账户的账单明细表和账单表。从收入调整的角度来看，A公司人为去调整基于用户的详单表或者基于账户的账单表，可能性不是很大。因为这样做，单个账户可调整的金额小，工作量大，容易导致计费系统紊乱，不好操作。因此，检查组判断，可以信任A公司账单表的真实性，在此基础上检查出账收入的后续环节。如A公司收入出账时，会在“账处数据库”（表名以zc_开头的表）形成账单明细表、优惠表、固费表、账单表，经过“下账”动作，形成基于账户的“账单表”，存储在“账管数据库”中的十个分区中（表名以zg_开头）。可以通过SQL语句，在账处数据库中调用某月最后一天的账单表，查询当月出账的费用。检查组调用2013年1月出账数据的SQL语句如下：

```
//Select  sum（a. primal_fee） as“原始费用”,
        sum（a. discount_fee） as“优惠费用”,
        sum（a. primal_fee - a. discount_fee） as“出账费用”
From（select * from zc. acc_bill_mon_010120130131） a//
```

以上是调用2013年1月31日账单表中的原始费用、优惠费用两个字段的数据并加总，计算当月出账的原始费用和优惠金额，同时，用“原始费用－优惠费用＝出账费用”，就得到了当月出账的数据，这个数据可以和存档的纸质出账报告中的数据进行核对，看是否一致。

（2）生成接口文件和收入报表。在取得出账的收入数据后，在账单表的基础上，经过调用其他有关的数据库库表，如用户表、优惠表等，筛选一些字段，调整一些计费事项，就得到了接口文件，接口文件经过几段脚本运行，就可以生成收入报表、收入分摊报表等。

（3）出账数据、接口文件数据和收入报表数据存在少量差异。A公司这三个口径数据存在较小的差异，需要厘清勾稽关系，以便于核对收入数据的准确性。一般来看，出账数据减去部分出账数据尾数，等于接口文件数据；接口文件数据减去预付费用户欠费，加上预存优惠金额，得到收入报表数据。

从数据结构来看，出账数据、接口文件数据是基于用户费用的库表，即表中的记录是按照用户的维度来列示的，收入报表数据是按照费用类型来列示的，从接口文件到收入报表，按照费用项（FEE_ID）进行了重分类。

（4）关于“三户”的说明。在计费系统的库表中，有客户 ID（custom_ID）、用户 ID（user_ID）、账户 ID（acc_ID），这三个 ID 是关联有关库表的重要索引，比如关联优惠表、固费表、账单表等，每个客户有唯一的客户 ID，但可以有多个用户 ID 和账户 ID，账户 ID 可以理解为付钱的账户，一个用户可以拥有多个账户 ID，账户可以帮自己付钱，也可以帮其他用户付钱，所以存在代付账户。在调阅有关库表时，可以充分利用“三户”作为索引的关键字段来查阅信息。

2. 关于其他报表的生成。很多财务入账的报表或者分析的报表，都是在接口文件的基础上生成的，如欠费报表、业务收入分摊报表、预付费欠费收回报表等。但也有很多报表并不需要以该接口文件作为数据源，可以调用其他数据生成。如调账报表是根据手工调账产生的结果生成的；预存失效报表是通过预存库表中的数据生成的。不同的报表，调用的库表不一样，程序也不同。有的是外部提供的报表，如和其他合作方的结算类报表等。

3. 关于经营分析中心（BI）。BI 是通信企业一个非常重要的部门，负责生成各类报表，属于业务支撑部门信息系统部。BI 统计的报表不仅能提供财务报表，还能提供其他各个业务部门需要的管理报表、分析报表，给财务部门的报表也有些是为了分析、统计用的管理报表。在 BI 的“经分报表中心”系统，可以查看报表人员各自负责的相关报表清单。通过调取和查阅相关报表，检查组就发现“预存失效报表”中关于集团客户的预存失效数据根本没有提供给财务部门进行账务处理，也就没有入账做收入。

4. 关于报表入账方面。BI 生成的收入报表传给财务部门后，财务人员导入 ERP，自动生成总账凭证。检查组在对 A 公司进行检查中，没有发现报表数据和入账数据不一致的地方，因此在报表导入环节进行人为调整的可能性不大，如果报表数和入账数据不一致，错误太明显很容易被发现，且容易造成系统性混乱。但是，对于一些非自动导入、需要人工入账的报表，就容易进行人工干预和调整相关数据。检查人员就发现A公司存在此类情况，如将报表数延迟入账、少入账等。

（三）检查中发现的A公司收入计费的典型问题

1. 积分清零计算逻辑不正确。A公司将客户积分按照“1”的兑换率和积分价值（每个积分对应0.015元）计算积分对应金额，对应的金额冲减当月收入，增加递延收益。A公司未考虑离网用户积分清零的情况，所以A公司按照兑换率“1”计算积分的递延收益不正确，2013年多确认递延收益、少确认积分收入909万元。

2. 预存失效报表的金额未核算。检查人员在报表中心查看有关的报表时，发现预存失效报表中统计了集团业务特殊预存失效报表，但是在财务端却没有该数据。据了解，该报表是A公司统计集团客户因为不满足合约条款而予退还的预存款，2013年金额达800万元，检查人员认为该预存款要进行账务处理，建议作为不用支付的预收款处理。

3. 人为调节收入。A公司2013年12月从“移动网业务收入——业务——集团短信——下行通信费”科目冲减收入4000万元，2014年1月又将冲减的收入4000万元重新记入该科目，人为调减2013年收入；2013年末通过调账报表，调减“××市GD科技有限公司”2013年企信通业务出账收入3790万元，2014年1月通过调账重新计入收入；将2013年12月收入报表“调整金额”318万元直接计入2014年1月的“移动网业务收入”。

4. 将公司员工、高管使用公司产品的费用直接冲减收入。A公司2013年度以报销“测试卡”费用的名义冲减收入，其中为员工自助报销的通信费、车辆GPS费用、制卡费、为领导报销的通信费等冲减收入206万元。

5. 人为低估出账金额。A公司2013年12月预估二次出账收入金额307万元，而2014年1月实际入账收入813万元，预估金额是实际金额的37.72%，人为低估导致2013年少计收入506万元。

6. 折扣、折让计算不准确导致收入冲减不准确。A公司市场部提供的2013年10～12月的预存返（实体卡）应摊销赠送充值卡金额与财务部门

“销售折扣折让——有价卡赠送”明细账存在差异，2013年计入收入折扣折让（收入冲减项）的金额为9748万元，但只按照摊销明细表中的9220万元进行摊销，差额528万元没有进行摊销，导致赠送的有价卡中有528万元一次性计入收入折扣，多冲减收入；A公司下属某公司的“集团营销活动返还”金额为582万元，而财务部门相应减收报表中的金额为867万元，多计2013年度折扣折让、少计2013年收入285万元。

7. 预付费用户欠费没有处理。截至2013年年底，A公司累计预付费用户欠费11.09亿元，其中2013年3.14亿元没有进行账务处理，没有按比例确认相应的收入。

8. 滞后调账导致收入跨期确认。A公司2013年因业务关停、系统故障等，须对客户计费情况进行调账，调增客户预存款或者当月出账金额。但是，部分已完成调账程序或已基本确认调账需求的事项，到2014年才在系统中调账，导致少冲减2013年收入、多冲减2014年收入1645万元。

9. 系统接收数据不完整导致收入确认问题。A公司信息系统部的经分中心（BI）2013年12月接收生产系统BOSS的“小额充返系统充值”数据不完整，导致2013年多计销售折让折扣、少计收入321万元。

10. 充值卡延迟处理导致收入未及时确认。A公司的渠道运营商在2012年领用充值卡164万元，但市场部2013年7月才在充值卡赠送明细表中进行销账处理，导致2013年多计销售折扣折让164万元；A公司没有对已售出（激活）但未在规定有效期内充值的充值卡做账务处理，截至2013年年末，累计金额为4346万元，累计少确认收入4346万元。

（四）A公司收入确认问题的特点

根据检查人员发现的问题可以看出，A公司的收入问题主要由三个方面造成：一是系统内部数据传递的问题，如子模块接收数据不完整导致收入出账数据不准确；二是人为调节收入，比如年末将部分出账收入调到下年度1月，这主要是为了应对考核指标的需求；三是人工错误，如系统出账后，需要进行人工校验、调整数据、分拆报表，出现人工理解不到位或者操作错误导致。总而言之，看似庞大、复杂的计费系统和报表系统，在内部控制流程上仍然存在一些问题和漏洞，影响最终财务数据的准确性。

（五）检查处理结果

检查组提出的问题帮助A公司发现了大量的内控漏洞，同时指出该公司会计核算不及时、不准确，财务报表数据不准确等问题。检查组根据财政部的统一安排，对A公司下达了处理决定，要求A公司认真分析，举一反三，积极整改，要对有关财务数据进行调账处理，调整以前年度有关数据，及时完善管理制度，对内控缺陷查漏补缺，防范系统风险和财务风险的再次发生。A公司对检查组指出的问题完全认可，也非常肯定检查组的认真、专业精神，按照检查组的指导和要求，A公司积极完成了全面整改。

三、案例启示

通信企业的收入检查过程繁杂，对检查人员素质要求高。在对通信企业的收入检查中，检查人员一定要保持耐心、细心、专心，坚持对信息系统的怀疑态度，摸清数据流程和关键环节，一步一步从源头到终端厘清收入数据的生产过程。

一是要了解通信企业生产系统的数据流程和基本逻辑。财务数据来源于生产部门，检查人员需要从源头开始，通过与生产部门进行沟通、学习，查阅资料，充分了解通信企业计费数据产生的逻辑，数据流转、传递的过程，才能弄清楚收入数据主要的环节和风险点所在。

二是检查人员要有一定的数据库知识基础。通信企业信息化程度高，底层都是大型数据库，传统的翻凭证、查阅明细账已经不适用检查的需要，检查人员要利用数据工具和查询语言，比对最终财务数据与底层数据库的一致性，就要有基本的数据库知识，了解库表、字段、关联关系、常用函数等术语和知识，通过技术人员操作调取有关库表数据，发现原始数据与财务数据存在较大差异后，再顺藤摸瓜按照数据流查找是哪个环节导致问题的发生。

三是要充分抓住核心部门。A 公司的 BI 中心是数据报表的中心，各个职能部门需要的报表，都是 BI 根据需求来生成。新套餐的设置也要根据市场部门的需求来设置并实现，所以检查中要抓住核心数据部门。

四是要获取和了解数据库的基本信息。检查人员要提前获取数据库中与检查内容有关的库表清单、数据字典、库表结构、关键字段、关联关系等信息，了解不同库表的作用以及字段内容、关键字段等信息，以便于后期利用数据库查询语言检索数据时，知道技术人员调用的库表是否正确，是否存在偷梁换柱、推脱塞责的行为。

五是要获取公司 OA 的查询权限。可以查询办公平台中的各种公文，了解公司有关业务真实的流程，从业务端介入，反向去追踪业务支撑部门的操作流程。另外，可以查看 CRM 系统（客户关系管理系统）、测试卡系统、合同管理系统等各类专业业务系统，了解业务流程和业务数据并加以合理利用。

六是要关注收入手工入账情况。加强对人工处理事项、外部报表手工入账等事项的检查，检查人员可能很容易发现一些错误调账、主观调节收入的情况，且问题金额大，证据明显，检查难度小。

（财政部湖南监管局　李鼎）

12.

基建延期"转固" 隐匿经营亏损

一、案例背景

EJHX 有限责任公司（以下简称 EJHX 公司）是 MTYX 集团有限公司控股的煤矿企业，注册资本 1.5 亿元，自 2009 年获批 90 万吨/年矿井兼并重组整合项目开始，该公司长期进行基建会计核算。2016 年 11 月基建项目竣工验收，经某市煤炭工业局批复由基建矿井转为生产矿井。2018 年 9 月，省财政厅对 EJHX 公司 2017 年度会计信息质量情况进行了检查。检查发现，EJHX 公司矿井建设基本完成并正常投产经营，仍持续进行基建会计核算，未开展经营成果计量和核算，回避损益确认计量，同时基建工程未及时办理竣工决算手续转入固定资产管理核算，产生资产不实、损益失真等一系列会计核算不规范的问题。

二、案例解析

（一）违规事实及处理结果

1. 已达预定可使用状态的基建工程未及时转入固定资产核算管理，资产不实。该公司 90 万吨/年矿井兼并重组整合项目自 2009 年立项到 2016 年 11

月竣工验收，经某市煤炭工业局批复转为生产矿井。截至 2017 年年底，在建工程账面累计余额 101717. 90 万元。矿井建设已达立项批复预定可使用状态，并开展正常生产经营，但未暂估转入企业固定资产管理，固定资产后续支出的资本化和费用化核算混淆，资产不实。同时，公司未对服务于生产经营的固定资产进行备查记录，资产管理缺失。

2. 超立项范围建设。根据立项批复及初步设计文件，该单位拟建 90 万吨/年矿井兼并重组整合项目，经调整后确定投资概算 84664. 35 万元，主要建设井筒、井底车场巷道及硐室、主要运输道及回风道、9#煤层采区等。实际建设过程因 9#煤层出煤量不足问题，在尚未获得新的立项审批前即开工建设 15#煤层采区项目。超概算范围计入基建工程投资 8257. 19 万元，其中矿建工程 3680. 02 万元、在安装设备 4577. 17 万元。

3. 未列示 2017 年度生产经营损益。2016 年 10 月，该公司联合试运转顺利完成，11 月获竣工验收，随即转入正常生产经营。在正常生产经营核算 11 个月后，该公司在 2017 年 10 月将当年损益打包转入“在建工程——2017 年联合试运行”科目下核算。违反企业会计准则和基建矿井核算规定，在“在建工程”项下自行设置管理费用、财务费用、销售费用、其他业务收入、其他业务成本、试运转累计折旧等明细科目，隐匿年度经营亏损 4210. 93 万元。

上述成本费用核算中的违规行为违反了《企业财务会计报告条例》（国务院令第 287 号）第十八条“企业应当依照本条例和国家统一的会计制度规定，对会计报表中各项会计要素进行合理的确认和计量，不得随意改变会计要素的确认和计量标准”和《中华人民共和国会计法》第十八条“各单位采用的会计处理方法，前后各期应当一致，不得随意变更”的规定。财政部门依照《企业财务会计报告条例》第三十九条第一款第（一）项和《中华人民共和国会计法》第四十二条第一款第（五）项的规定，责令其限期改正，并处以罚款。

（二）检查思路与方法

1. 以批复概算为切入点，确保检查方向“瞄准靶心”。检查组通过实地观察企业运营过程，对其经营业务、经营现状有了初步的认识，再结合事先调研掌握的情况对其年度财务会计报告进行了认真分析，发现公司内部控制的薄弱环节及可能存在的会计舞弊和造假的形式。进而依据现有条件，从已批复概算和当年实际完成投资项目入手，检查建设项目概算是否经有关机构批准，并严格按照批复建设内容及范围开展建设。检查发现，由于基建周期过长，批复概算已进行过一次调概程序，调概增幅达60%以上。2017年度主要投资项目建设内容多为超立项范围建设。经反复核对概算和已形成投资明细，最终确认超概算范围计入基建工程投资8257.19万元，包括矿建工程3680.02万元、在安装设备4577.17万元的违规事实。

2. 以运营状况为着力点，确保检查程序“环环相扣”。经查阅公司基建立项、执行、联合试运转、竣工验收、转产批复等文件流程，检查组通过分析公司运转现状以及年度会计核算变更情况，发现2016年10月该公司联合试运转期限届满，公司按规定顺利转入生产经营核算管理，但在2017年11月将生产经营产生的损益转入在建工程项下的“2017年度联合试运转”明细科目列示。经分析研判，确认了人为延长基建周期、隐匿当期生产经营损益的违规事实。

3. 以资金管理为落脚点，确保检查目标“弹无虚发”。检查组对被查企业的资金运行情况进行了全面的梳理，重点对以下三方面内容进行审查：一是聚焦资金来源及落实情况，对资金来源和到位情况进行细致的审核。二是聚焦资金使用情况，主要针对企业是否按会计核算准则制度的规定核算管理资金、是否按规定的用途使用资金进行检查。三是聚焦财务管理情况，关注企业是否能够做到有效管控投资，放大投资经济效益。

三、案例启示

（一）违规原因动机分析

EJHX公司存在的问题，究其原因主要是基本建设周期过长，管理松懈所致。一是矿井建设后期，恰逢煤炭行业低位运行态势，企业基建投产积极性不高，结合资金紧缺的状况，便放缓了投资建设进度，直到煤炭价格上涨、行业市场转暖后，受市场刺激影响，方才继续加大投资投入力度，甚至在原立项建设内容产量受限的影响下，开展新项目的投资建设；二是企业考核机制的约束，目标责任考核是绩效管理与目标管理相结合的产物，主要将企业的经营业绩作为考核指标，被许多企业特别是国有企业所采用。在层层考核逐级施压，企业收入增长乏力的情况下，开始在成本费用的归集和确认中做文章，经营业绩的“硬杠杆”成为其隐匿亏损的导火索。

（二）启示和建议

1. 把好项目立项关，严格执行工程概算。无论是政府投资建设项目，还是企业的核准或备案投资项目，投资主管部门均要关注立项的科学性、项目技术的先进性、投资成本的经济性、规模上的适度性，协调经济与环境生态同步，推动投资项目撬动经济发展，杜绝项目重复建设，严控项目建设成本。同时应当加强批后监督管理，充分发挥在线监测、现场核查等多元化方式的作用，加强对建设项目实际实施情况的监督检查。财政部门要关注项目建设资金来源和投向是否合理、合法、合规，尤其是中央预算内投资或政府性建设基金，要关注其引导和带动社会资本扩大有效投资的效应。项目建设单位要把项目建议书、可研报告和初步设计等工作做扎实，编制高质量投资概算，抓好工程招标管理。工程概算是可控制工程总规模的重要保证，建设单位必须维护工程概算的严肃性，严格执行初步设计确定建设内容，杜绝擅自改变建设内容或者无立项建设新项目等违规行为，保证工程项目顺利实施、完工投产，为企业真实、准确开展会计核算打下坚实的基础。

2. 做好审查验收项目决算工作。建设工程项目完工、投产并达到转入固定资产条件后，建设单位应及时以设计概算和工程结算数据为依据，准确编制建设项目财务决算草案，确定建设项目总投资情况、资金使用结余情况和资产交付情况，审查建安投资、设备投资和待摊投资等建设成本费用开支明细，全面分析建设项目投资效果，配合国有资产监督管理部门做好国有资产形成的确认和审查，并按照企业会计准则要求，在满足固定资产建造已完成、固定资产与设计要求基本相符、继续发生在所构建固定资产上的支出金额很少三个条件时，及时将在建工程转入企业固定资产管理核算范畴，采用计提折旧等方法合理摊销资产损耗，投产后清晰开展经营损益核算，杜绝延迟“转固”规避损益核算调节利润等违规行为，加强企业资产管理，在保证国有资产安全完整的同时，积极发挥投资的最大经济效益。

3. 推进制度体系深度融合。基于企业会计准则的指导，应尽快完成基建会计制度与企业会计准则的衔接，改变基建会计的习惯做法，弃用原始整体项目工程核算方式，按投资性质类型等采用新的会计科目分类核算。按照会计要素的确认计量原则要求，严格区分投资项目建设期间的资本性支出和费用化支出，杜绝变相地把成本费用变成企业资产、混淆费用性支出和资本性支出，通过资本化摊销延后企业亏损期间、粉饰建设企业财务状况的舞弊行为。实践中，监管部门要加强对投资建设行业的监督检查力度，在投资审批、建设监管、会计信息质量和税收征管等方面建立信息共享和联动机制，提升监管质效，督促企业严格执行建设项目立项概算，一切非固定资产的支出均不得计入固定资产价值，厘清投资建设期和生产经营期界限，做好项目建设期概算执行和经营期收益成本核算的对接工作，保证会计核算信息质量，净化行业环境，推动经济社会健康发展。

（山西省财政厅　邓雅文）

13.

“资产减值准备”成为企业利润“调节器”

一、案例背景

我国资本市场发展迅速但尚不成熟，在金融资产的分类、确认、计量和减值准备计提等会计核算方面疑点较多、容易混淆。根据新企业会计准则的相关规定，企业必须定期或至少在每个会计年度的期末进行资产减值准备的计提。本案例涉及的可供出售金融资产采用公允价值计量，但由于公允价值变动和减值判定的不确定性及主观性强，很容易被企业用来操纵盈余。

甲公司是一家具有金融控股性质的地方国有独资企业，其主管部门负责对公司发展治理、业绩和利润等进行指导和考核。根据甲公司年报反映，2018 年及 2019 年，分别实现利润 3. 53 亿元及 4. 96 亿元。

2020 年 9 月，财政部派出检查组对甲公司会计信息质量开展检查，就账面可供出售金融资产相关问题进行追溯和延伸时发现：

1. 2017 年，甲公司在未获得审批之前，即投资股权未实质办理变更，不享有股东权益时就确认对 A 信托公司的长期股权投资，在当年审计时调整为可供出售金融资产，并以成本金额予以计量。以上按错误入账时点的会计处理，导致甲公司 2017 年年报中资产虚增 17. 88 亿元。

2. 2018 年和 2019 年，A 信托公司年报净资产分别为 32. 55 亿元及 20. 49 亿元，甲公司应根据其持股比例和 A 信托公司年报净资产的变化确认资产价值和计提减值准备。以上未按公允价值计量以及计提资产减值准备的会计处理，导致甲公司2018年及2019年年报中利润分别虚增11.12亿元及2.5亿元。

综上，甲公司连续三年年报中反映的重要会计信息指标（资产和利润）严重失真。

二、案例解析

（一）违规事实

1. 虚增资产。事实上，2018年1月，A信托公司修订本公司章程并经当地银监局批复同意，甲公司才正式成为其股东并享有股东权益。因此，甲公司应于2018年才能确认对A信托公司的投资。2017年3月，甲公司未按照《信托公司管理办法》等有关法律法规规定办妥相关手续，即将划转入的A信托公司股份计入长期股权投资17.88亿元，并在当年年终审计时调整为可供出售金融资产，直接导致甲公司2017年虚增资产17.88亿元，甲公司经审计的2017年合并净资产总额为87.05亿元，虚增比例高达25.85%。

2. 可供出售金融资产存在减值迹象，未计提减值。2018年，A信托公司年报净资产32.55亿元，甲公司按股权比例享有净资产6.75亿元，应确认减值准备11.12亿元，确认后甲公司2018年利润应从3.53亿元调整成-7.59亿元；2019年，A信托公司年报净资产20.49亿元，甲公司按股权比例享有净资产4.25亿元，应确认减值准备2.5亿元，确认后甲公司2019年利润应从4.96亿元调整成2.46亿元。

3. 利用虚假财务信息发行中期票据。2019年11月，甲公司在中国银行间债券市场成功发行“2019年度第一期中期票据”9亿元。根据《公司债券发行与交易管理办法》第十八条“资信状况符合以下标准的公司债券可以向公众投资者公开发行，也可以自主选择仅面向合格投资者公开发行：发行人最近三个会计年度实现的年均可分配利润不少于债券一年利息的1.5倍”的规定，甲公司2018年利润实际为-7.59亿元，即甲公司2016~2018年未能实现连续三年盈利，不符合发行公司债券条件。

4. 未披露金融工具信息及或有事项。2019年，A信托公司与其他公司存在重大涉诉纠纷，其他公司主张A信托公司的补偿金额高达38亿元，且该重大涉诉纠纷在相关公开媒体渠道可获知。甲公司在明知前述事实的情况下，未按企业会计准则有关规定在其2019年审计年报中披露金融工具信息及或有事项，也未计提预计负债。

（二）案例涉及知识点

本案例主要涉及《企业会计准则第13号——或有事项》第十四条，《企业会计准则第22号——金融工具确认和计量》第四十条、第四十六条、第四十八条、第四十九条，《企业会计准则第28号——会计政策、会计估计变更和差错更正》第十一条、第十二条以及《企业会计准则第37号——金融工具列报》第十四条等有关知识点。

三、案例启示

（一）违规动机及原因分析

1. 粉饰企业利润，满足主管部门业绩考核指标是其主要动机。在提高市场经济活力、推动企业实现保值增值的新形势下，各地为提高所属国有企业的竞争力，主管部门对国有企业负责人及整个管理团队设置相应的绩效考核办法，一般形式就是双方签订经营业绩责任书，责任书中设定了年度实现利润目标、薪酬分配方案等指标。在获利驱动或经营不善的压力下，国有企业负责人及管理团队不得不通过调控经营业绩来应付绩效指标考核。

2. 美化企业财务报表，以便达到获取银行信贷、发行企业债券等目的。企业本可以通过资产减值计提消化长期积累的不良资产泡沫，优化资产质量，使财务报表能够更加客观和真实地反映企业未来获取经济利益的能力。

但是在实务中，资产减值准备的会计政策可选择性较大，其确认和计量对会计人员的职业判断和经验积累要求较高，这就给企业在操纵可自由控制损益确认的项目时，随意在不同会计期间转移利润的空间，即企业具备利用资产减值准备的计提和转回来平滑利润、粉饰报表的条件。如本案例中，甲公司在利润较低时，不计提减值准备，避免亏损，通过“好看”的会计报表达到银行信贷、企业发债等条件并获取相应融资。

3. 企业会计报表在银行信贷管理和企业债券发行中的作用被弱化。企业会计报表本应是判断企业盈利能力、偿债能力及投资回报率等的重要依据。但从实际情况看，银行机构在扩大贷款规模、债券发行机构为完成业绩任务的利益驱动下，致使其对企业会计报表真实性的重视程度降低，不愿且不会投入必要的时间和精力去辨别和核实企业所提供会计报表的真实性和有效性，极大地影响了其他需要通过银行机构或债券发行机构去了解对应企业的关联者，对该企业财务状况和经营成果影响的重要程度作出客观、合理的评估。

（二）启示与思考

1. 提前介入全程监管，提升法治权威性。当前，我国主要通过年报事后审查对企业资产减值计提事项展开监管，监管反馈滞后，这就为企业利用计提大额资产减值准备达到粉饰业绩或突击创利等动机埋下伏笔，如近年来不断出现上市公司商誉减值的“爆雷”现象。监管部门如能提前介入，充分发挥出警示纠偏功能，对企业形成商誉的整个过程开展闭环监管，可以一定程度上减小企业利用计提大额资产减值准备操作利润的风险。此外，随着我国经济水平的迅猛发展，对于企业违规操作的处罚措施和惩处力度已不适用，达不到监管震慑威力，应从制度上堵住企业可随意操作的空间，充分发挥财会监督的权威性和威慑性。一是结合市场经济发展的新形势，进一步修订完善相关法律法规，从制度层面加大对企业会计政策选择权的监管力度；二是根据经济发展水平加大对企业信息披露违规、利润操控等行为的处罚力度，从行为层面明确坚守对企业会计信息质量造假行为的零容忍底线，更好地维护法治监管的权威。

2. 完善准则确定性，提高操作可行性。企业判断资产是否减值、是否需要计提减值准备时，主要从资产可收回金额是否低于账面价值来加以判定。但实务中，资产可收回金额的确定无论采用公允价值还是未来现金流量现值，都完全依靠企业财务人员的执业经验和个人判断。在经济全球化的背景下，我国市场经济发展仍存在不平衡不充分的情况，公司治理也因所有权与经营权分离导致管理层和股东之间利益冲突等结构性缺陷，监管部门应更加谨慎地赋予企业自主选择和变更会计政策的权限，比如，增加企业对计提减值准备的金额、比例方面的审批控制，进一步明确相关会计处理，提高准则的可操作性。

3. 加强职业素质培训，提升判断客观性。计提资产减值准备对财务人员是否能够充分估计经济环境和市场环境的不确定性而做出判断要求很高，需要具备较完善的职业素养和行业经验。因此，如何培养财务人员良好的职业道德以及提高财务人员的职业判断能力和专业技能，使其在对不确定性的事项进行恰当估计和判断时，能够作出谨慎、科学、客观的判断是亟待解决的一项既基础而又重要的课题。需要从强化法治观念、加强理论知识、提高业务素质、拓展知识结构以及增强风险防范意识等多方面入手，不断营造财务人员良好的从业环境和提升其客观公正的执业技能，确保企业会计报表可以如实反映资产的状况和真实的盈利水平。

（财政部江西监管局　罗薇）

14.

利用勘探费跨年度调节损益

一、案例背景

X 石油勘探开发公司（简称 X 勘探）所属境外全资子公司东南亚某公司（Y 公司）、南美某公司（L 公司）和非洲某公司（Z 公司）等，向国内报送的采用中国会计准则编制决算报表中，将某些油田区块的油气资产一次性费用化，直接列为勘探费，没有按规定每年进行资产减值测试并在投资损失趋势下计提减值，导致 2017 年勘探费高达 71 亿元，比上年增长 11 倍，出现了跨年度调节损益、粉饰财务报表的问题。

X 勘探注册资本近 200 亿元，主要经营业务包括开发油气田勘探技术、对原油、天然气、炼油石化项目投资等，公司共有包括 10 多个二级子公司在内的 60 多个子公司，业务分布在十几个国家和地区，有 30 多个海外项目（公司）。X 勘探、C 公司和 X 石油国际投资有限公司采取“一套机构三块牌子”的方式合署办公，管理费用分摊。东南亚 Y 公司下辖四层级 14 个子公司，经营 8 个石油开发区块项目，在国内核算采用中国会计准则；南美 L 公司经营 3 个石油开发区块项目，在南美当地核算，采用国际财务报告准则向国内报送中国会计准则决算报表；非洲 Z 公司下辖两个子公司，在非洲当地核算，采用国际财务报告准则向国内报送中国会计准则决算报表。其他注册地在国外、核算在国内的中间层级公司采用中国会计准则。X 勘探 2017 年资产总计 1616.66 亿元，负债总计 271. 47 亿元，营业收入 373. 04 亿元，勘探费 71. 02 亿元（2016 年 5. 68 亿元），利润总额 79. 14 亿元。

二、案例解析

（一）违规事实

X 勘探 2017 年多计勘探费 8. 32 亿美元（56. 17 亿元人民币），少计资产 6. 07 亿美元（41 亿元人民币），多计的勘探费中属于跨期的 2. 25 亿美元（15. 17 亿元人民币）。

1. 一次性核销未退出矿区的油气资产。

（1）X 勘探要求 Y 公司向国内报送的 2017 年度决算报表中，一次性核销未退出勘探的 Y 公司的子公司仍在核算的某区块全部 2. 34 亿美元的油气资产为勘探费用。

该区块为 2013 年购买，2. 34 亿美元中，购买成本资本化形成未探明矿区权益为 2. 23 亿美元，地质勘探支出资本化为固定资产 0. 11 亿美元。截至 2017 年年底，在 Y 公司核算该区块的子公司会计账面上，油气资产共计 2. 34 亿美元。X 勘探要求 Y 公司 2017 年年底一次性将该区块的 2. 34 亿美元油气资产核销为勘探费，但同期该油气资产在 Y 公司子公司的会计账务系统和报表上未核销为费用。

（2）X 勘探在 L 公司向国内报送的 2017 年度决算报表中，一次性核销未退出勘探的某区全部 3. 73 亿美元未探明矿区权益（油气资产）为勘探费用。

L 公司为 2013 年收购、2014 年 11 月完成交割，收购价 26. 43 亿美元，包括三个区块，收购三个区块溢价共 12. 9 亿美元（问题区块收购对价 8 亿美元，其中未探明矿区权益为 3. 73 亿美元）。2017 年，事务所对 L 公司审计报告显示该区仍在追加投资继续勘探，但 X 勘探向上级集团公司申请将该区未探明矿区权益核销为勘探费并得到审批，X 勘探财务部据此在 L 公司 2017 年合并底稿中将该区 3. 73 亿美元未探明矿区权益全部核销为勘探费，导致 X 勘探合并报表当年多计勘探费、少计该区块海外油气资产。

2. 一次性核销10年间完井的勘探井。经X勘探审批，Z公司向国内报送的2017年度决算报表中，一次性核销2007~2014年完井的63口井及井场资产2.24亿美元为勘探费用。

Z公司向国内报送的2017年度决算报表中一次性将井资产结转为勘探费用，其中在2014年及以前完井2.24亿美元，包括干井及试油证实没有足够储量的井。这些井完井时间从2007年到2014年，时间跨度大，但未按照规定在没有勘探活动的下一年内核销为勘探费，其中部分井没有足够储量也一直留到2017年核销。在Z公司非洲当地，这些井并不是一次性核销而是按年提取折旧。

（二）违规手段

X勘探对海外Y公司、L公司的部分矿区未探明矿区权益，没有自购买日起每年进行资产减值测试并在投资损失趋势下计提减值，而是在未退出情况下一次性核销，导致X勘探通过跨年度调整费用来调节利润，也造成X勘探合并报表应计未计此部分海外油气资产，与海外子公司会计账面记录的情况不符。X勘探对海外Z公司在10年间完井的勘探井一次性核销为勘探费，而不是按规定完井一年内没有勘探活动就核销，导致X勘探通过跨年度调整费用来调节利润。根据X勘探核销凭证的附件显示，2017年采取如此大规模核销资产行为，原因是当年X勘探效益好，可以用来消化以往勘探成本。根据X勘探审计报告，2017年营业收入373亿元，比2016年的282亿元增长91亿元；2017年勘探费为71亿元，比2016年的6亿元增长65亿元。

1. 一次性核销未退出矿区的油气资产。根据《企业会计准则第27号——石油天然气开采》第七条规定，企业对于矿区权益的减值，应当分别不同情况确认减值损失：对于未探明矿区权益，应当至少每年进行一次减值测试。未探明矿区权益公允价值低于账面价值的差额，应当确认为减值损失，计入当期损益。第十条规定，未探明矿区因最终未能发现探明经济可采储量而放弃的，应当按照放弃时的账面价值转销未探明矿区权益并计入当期损益。

Y 公司、L 公司对于油气资产中的未探明矿区权益，本应当每年进行减值测试并对差额计提减值；如果最终未能发现探明经济可采储量而放弃的，应当在退出矿区时将资产余额核销为勘探费。而 X 勘探一方面对两家子公司历年来未计提减值，另一方面直接在 2017 年公司收入大增时将还未退出的矿区资产一次性核销为勘探费，不仅不符合准则要求，更造成合并财务报表和海外子公司会计账面不符，涉嫌造假。

其中，Y 公司情节突出。X 勘探要求 Y 公司 2017 年年底一次性将某区块的探明矿区权益及固定资产 2.34 亿美元油气资产核销为勘探费，但同期该油气资产在 Y 公司子公司的会计账务系统和报表上未核销为费用。核销凭证后附资料显示，X 勘探要求核销原因是勘探海外板块当年效益好，可以消除该区块的历史负担，Y 公司表示该区块正在和当地政府商谈交换土地，还有用途，建议只在向国内报送的报表上核销而本地不核销，下一年换入土地对国内可以形成额外收益，得到 X 勘探同意。X 勘探合并报表直接使用 Y 公司决算数据，导致 X 勘探合并报表当年多计勘探费、少计该区块海外油气资产。

2. 一次性核销 10 年间完井的勘探井。根据《企业会计准则——第 27 号石油天然气开采》第十四条的规定，在完井一年时仍未能确定该探井是否发现探明经济可采储量，同时满足下列条件的，应当将该钻井的资本化支出继续资本化，否则应当计入当期损益：一是该井已发现足够数量的储量，但要确定其是否属于经济可采储量还需要实施进一步的勘探活动；二是进一步的勘探活动已在实施中或有明确计划即将实施。

X 勘探对海外 Z 公司在 10 年间完井，且未能确定该探井是否发现探明经济可采储量，也没有进一步的勘探活动的勘探井，一次性核销为勘探费，而没有按规定完井一年内没有勘探活动就核销，导致 X 勘探通过跨年度调整费用来调节利润，同时造成 X 勘探合并报表和 Z 公司会计账面不符。根据 Z 公司会计账面记录，在非洲当地，这些井并不是一次性核销，而是按年核销，Z 公司财务人员解释，这是根据当地的法律规定。这也从侧面印证其国内合并报表层面一次性而不是和国外一致地按年度核销，目的是跨年度调节损益。

三、案例启示

（一）违规动机与原因

对于石油天然气会计核算，企业会计准则第 27 号规定非常清晰并且和基本准则是一脉相承的，从获得矿区权益、油气勘探、油气开发到油气生产分为四个环节，既有石油天然气行业的特殊性，也就是勘探开发周期较长，也有所有会计准则对资产确定要求的一般性。油气资产不论是矿区权益还是勘探井等，都是资产的一种，必须符合资产的定义，那就是预期会给企业带来经济利益。因此，对于未探明矿区权益，准则规定每年应当进行减值测试并计提减值损失，对于完井超过一年且没有发现经济储量、也没有后续勘探的井要核销，也就是逐年判断这些油气资产是否还能给企业带来经济利益，否则就要核销为费用。X 勘探之所以明显违反准则规定，一是准则对勘探费没有明确披露规定，可能会被利用；二是未按照规定将海外子公司纳入国内统一核算，难以监管。

《企业会计准则第 27 号——石油天然气开采》第二十五条规定，企业应当在附注中披露与石油天然气开采活动有关的信息：一是拥有国内和国外的油气储量年初、年末数据；二是当期在国内和国外发生的矿区权益的取得、油气勘探和油气开发各项支出的总额；三是探明矿区权益、井及相关设施的账面原值，累计折耗和减值准备累计金额及其计提方法。如上，准则规定必须披露减值准备和方法，但未规定披露核销资产为勘探费的构成内容。由于石油天然气从矿区取得到钻井勘探，再到最后确认油气资产或者勘探费，有一个跨年度漫长过程，因此，缺少对勘探费披露的规定导致财务报告使用者无法了解勘探费的组成和来源，也就无从了解该费用的真实性和合理性，勘探费核销由此缺少外部监督。

2017 年 6 月，财政部印发了《国有企业境外投资财务管理办法》（以下简称《办法》）。该《办法》要求将海外投资子公司纳入统一会计核算平台进行核算管理，为企业加强财务管理和外部监管提供了坚实的政策保障。但X勘探未按照要求健全相应的制度体系，现有财务管理制度未覆盖《办法》全部条款要求，如未将绝大多数境外投资企业（项目）纳入国内财务管理信息化系统管理。现有财务管理信息系统中，绝大多数境外投资企业（项目）只有年度报表，没有会计账务数据，这样容易导致内部控制缺失、外部监管无据，可能导致国有资产流失。

（二）教训与启示

由于石油行业是重资产行业，包括矿区权益和勘探井在内的资产核销、折耗金额巨大，会明显影响财务报告披露的会计信息质量，进而影响各层级投资者的分析利用。为加强国有石油天然气企业境外投资财务管理，防范境外投资财务风险，提高投资效益，提升国有资本服务于“一带一路”“走出去”的能力，财政部门必须多管齐下加强监管，努力促进其提高会计信息质量。

1. 加大准则制度宣传贯彻力度。国有石油天然气企业虽然为数不多，但有的企业体量大、级别高，自成体系，可能影响对财会制度的遵从度，因此要加强《办法》和准则制度的宣传力度。财政部门在制定修订准则制度及时公开基础上，要重视对行业企业加强宣传培训，督促企业内部对财会人员进行定期或委托培训，特别是外派财务人员的培训，提高财会人员素质，增强执行制度规定的自觉性。

2. 修订完善相关制度规定。石油天然气会计准则对勘探费用的结转和构成没有强制披露要求，导致石油企业境外子公司油气资产违规费用化问题时有发生，建议研究修订相关会计准则，特别是加大勘探费用结转来源的披露力度。建议修订相关准则的应用指南，进一步明确勘探活动的定义，避免勘探井暂时资本化的条件被错误理解和滥用等。

3. 加大准则实施外部监管力度。目前，我国较大石油企业都是国企或者央企，由国资委行使日常管理监督职能，企业需定期向其报送财务报表。根据《办法》规定，财政部和审计署行使对其外部财务监管职责，建议财政部门采取相关措施，督促企业对海外油气资产的会计处理更透明、公允、准确，便于各层级投资者理解；同时加大监管力度，从源头堵塞管理漏洞，督促企业建立健全境内外统一的财务管理信息系统，及时掌握分析境外投资财务运行数据，帮助企业提高会计信息质量，促进企业长远发展。

4. 督促国有资本服务于国家战略。随着我国改革开放力度的加大，国有企业海外投资步伐越来越快，外部监管要求会越来越高。建议财政部门时刻关注国有企业境外投资财会管理规章制度的落实，向相关部门通报监管情况，并及时开展调查研究，修订完善相关制度，促使国有石油企业更好地服务于国家战略。

（财政部湖北监管局　郑蔚）

15.

调节成本　操控业绩

一、案例背景

GH公司成立于2002年7月，系由北京GH公司（60%股权）与浙江某公司（40%股权）共同投资，2004年10月公司发生股权变更。北京GH公司将其持有的60%股权转让给SH公司（A+H），现有实收资本325478.24万元。其中：SH公司出资195287.35万元，占公司实收资本的60%，为控股股东；浙江某公司出资130190.89万元，占公司实收资本的40%，主要经营范围为电力项目建设投资、开发，无下级子公司。公司执行财政部2006年颁布的企业会计准则，2011年资产总计1517736万元，负债合计1028828万元，所有者权益合计488908万元；2011年营业总收入1101223万元，营业总成本935781万元，利润总额166350万元，净利润124011万元。

2012年，财政部派出机构在对GH公司的会计信息质量检查过程中发现，该公司为满足上级部门考核的需要，在当年经营业绩增长过快的情况下，通过改变存货核算方法和与关联方签订补充协议的方式，调节成本、隐瞒利润，达到调节年度经营利润的目的，导致企业会计信息质量失真。

二、案例解析

（一）违规事实

GH 公司在当年经营业绩增长过快的情况下，通过改变存货核算方法和与关联方签订补充协议的方式，调节年度经营利润，以达到既满足上级部门下达的当年业绩考核指标要求，又为以后年度完成绩效考核打下伏笔的目的。具体手法有：

1. 擅自变更存货核算方法。为调节利润，GH 公司擅自改变占成本比重最大的原煤库存核算方法，将月加权平均法变更为后进先出法，将采购价较高的市场煤先做出库处理，调减当期利润 2484 万元。

2. 肆意更改合同协议。为调节利润，GH 公司与关联方签订补充协议，违规增加对装港的滞期费的约定，并计提当年滞期费 5518 万元，以完成对当年利润的调整。

通过以上两种违规手段共计调减 2011 年利润 8002 万元。

（二）违规手段

1. 滥用会计政策变更调减当期利润。由于 GH 公司为燃煤发电企业，公司主营业务成本中的 82% 为原煤。原煤依合同方式不同分为合同煤和市场煤，二者价格差异较大。在重点检查期末存货原煤库存情况时，发现该公司财务账面期末原煤库存余额仅剩合同煤，无市场煤。而企业对存货——原煤发出的核算采用的是月加权平均法，考虑到 2011 年年末市场煤价格飙升，与合同煤的价差较大，初步判断企业存在调节成本和利润的嫌疑。检查组通过对全年各月合同煤和市场煤的采购量、耗用量的测算及对 2011 年公司采购煤的运输航行记录核查，发现公司年末在年度利润完成较好的情况下，为调减当期利润，改变日常对存货——原煤发出的核算方法，将月加权平均法变更为后进先出法，将期末尚未卸货完毕的 127099 吨原煤做发出处理，并结转成本，导致调增当期主营业务成本2484万元的同时调减当期利润2484万元。

2. 通过关联交易，调减当期利润。公司2011年3月与关联方GH研究院（同一母公司控股）签订《2011年煤炭购销合同》，采购原煤由关联方SH航运公司（同一母公司控股）和TJ海运公司（母公司参股联营企业）承运。2011年10月公司与GH研究院补充签订了《2011年煤炭购销合同海运条款补充协议》，增加了对滞期费采用装港和卸港合并计算费用的约定（2010年及2011年1～10月按惯例均只对卸港滞期计算费用），同时公司按补充协议对2011年1～10月的装港滞期费进行补提，2011年共暂估计提装港滞期费5858万元，计入应付账款，截至2012年6月30日尚未支付，其中已摊入营业成本的装港滞期费5518万元。公司通过签订关联交易协议多计当期营业成本5518万元。

（三）违规特点

通过梳理GH公司整个违规流程不难发现，公司的操作均有明确的目的性，操作手法专业，隐蔽性高。

1. 目的性强。由于GH公司属于央企子公司，公司各项管理制度比较完善，主要违规目的在于母公司对其年度考核的需要，目的性强。如在本案例中，由于公司2011年利润完成较好，提前完成各项考核指标，公司管理层从来年考核的需要出发，通过种种违规手段调减当年利润，以实现将一部分利润留在下一年度体现，以此来应付集团公司的考核需求。

2. 隐蔽性高。本案例这两种操作手法隐蔽性高，专业性强，查处难度较大。其中“改变存货核算方式以调节利润”这一问题仅仅从账套无法看出。本案例中，检查组通过账实一致性核对、存货监盘、综合盘点、船运记录及库存系统核对等多种方式比对，最后发现当年年末有3个航次的外购原煤在账上库存显示为零，而实际卸完时间在第二年，由此认定企业存在通过改变存货核算方式来调节当年利润的问题。在“通过关联交易调节当年利润”的问题中，企业通过签订补充协议的方式来虚增成本，由于港口装卸本身专业性强，补充合同的迷惑性高，所以检查组通过学习相关专业知识和法规政策、多方联系专业人士咨询有关政策，同时与以往年度合同进行比对，由此发现企业通过该协议调增当年成本以满足考核需要的问题。

3. 三方勾结。本案例中，GH 公司采购原煤的业务由关联方 SH 航运公司（同一母公司控股）和 TJ 海运公司（母公司参股联营企业）承运。正是由于这两家关联公司的配合，GH 才能通过补充协议的方式增加对装港滞期费的提取，以达到虚增当年成本、虚减当年利润的目的，这一违规行为最终得以执行也离不开其他企业的配合。

（四）处理结果

本次对 GH 公司的检查由财政部统一组织派出机构开展，财政部统一下发处理决定，按照《企业会计准则》的规定和相关税收法规的要求，调整账务，并按原税收缴纳渠道补缴税费，最终 GH 公司补缴企业所得税 2113 万元、企业所得税滞纳金 614 万元，并按要求调整了账务。此外，母公司按规定对 GH 公司关键责任人的责任进行追究。

（五）检查思路与方法

1. 做好查前准备工作，提前分析可能的违规动机和手段。检查组在检查正式开始之前，对被查单位的报表和行业特点进行了重点分析，对企业可能存在的舞弊行为进行分析，认为从母公司及 GH 公司 2011 年整体经营情况分析判断，公司可能存在围绕考核目标而进行“隐藏利润”的违规动机。具体手法可能有二：一是隐藏收入，通过人为调节统计电量结算时点来达到少计收入，隐藏利润的目的；二是虚增成本，通过多提减值准备、多计燃料成本等手法达到虚增成本，隐藏利润的目的。最终检查的结果表明企业正是通过虚增成本的方式来隐藏利润，证实了此前的判断。

2. 突出报表分析、行业分析和现场盘点、多点查询等综合分析手段。尽管在检查中面对陌生的行业，检查难度空前，但检查组稳扎稳打，从细节入手，仔细核对对方提供的资料，特别是在账表账实比对、本年和历年合同的比对方面，同时结合特殊时点原料市场价格变化情况（2011 年年底原煤市场涨幅较大）等因素，并结合船运卸货等操作模式，让企业的违规行为无处遁形。

3. 加强专业知识的培训，充分利用外部力量提高检查成效。本次检查对象是原煤发电企业，对于检查组来说是个全新的项目。得益于全面的查前准备工作，检查组在现场进点前组织人员开展专业知识培训，同时在检查中充分利用相关专家意见。如在滞期费检查中，为了解有关规定和通常对于滞期费的约定，检查组专门咨询煤电企业、进出口公司、港务等有关部门，并与注册会计师充分讨论，最终从多方面来证实 GH 公司通过补充协议约定装港滞期费来调增成本的违规事实。

三、案例启示

（一）违规动机与原因

通过分析企业的违规动机来判断可能存在会计舞弊的环节，有助于我们更准确、更有针对性地开展检查工作。在本案例中，考虑到对方单位的央企特征，再结合公司的经营特点和公司近年来经营业绩情况，我们认为对方舞弊的主要动机是围绕各项考核来进行的，包括对公司的考核和个人的考核。

1. 完成母公司的业绩考核需要。公司作为央企，2011 年的经营发展势头良好，营业收入和净利润均有较大幅度的增长。公司对于当年经营业绩方面并没有考核的压力，主要压力集中在连续增长的要求。而煤电发电企业的经营业绩受多方面的影响，其中最重要的是成本中原煤的价格不属于公司可控范围内。因此，在满足当年考核后势必要考虑下一年度考核任务的完成。通过操纵会计核算等来调减当年利润，待以后年度面临考核压力时再释放利润，可以起到“降低基数，留存结余”的双重效果。GH 公司有充分的动机来进行违规操作，通过会计舞弊手段的主要目的是在完成母公司对其当年考核任务后，隐藏一部分的收益移至来年释放，以帮助企业平滑年度间各项考核指标。

2. 实现管理层个人考核结果的最优化。对公司的一切考核最终都要落实到对个人考核结果的影响，并最终影响到公司管理层的薪酬待遇及个人升迁。在本案例中，由于GH公司当年经营指标均超额完成，更好的经营业绩也只能带来管理层考核指标边际效益的递减。为追求个人利益的最大化，适当调减当年经营指标并顺延至以后年度最符合个人利益最大化的目的。因此，企业管理层有充分的动机来操控业绩，最终影响企业会计信息质量。

（二）教训与启示

1. 完善国有企业考核机制。对于国有企业来说，考核是企业一切行为的指挥棒。合理的考核机制可以提高企业经济活力，优化企业资源配置，加强企业风险控制，保障企业健康发展。同样，不合理的考核机制也存在诸多问题，如本案例中，正是由于考核机制的需要，企业出现以会计舞弊的方式来满足考核需求的动机。本案例中，2011年企业实际经营非常成功，营业收入和净利润都有大幅增长，但正是由于考核机制要求企业实现平稳持续的增长，导致企业为满足这样的考核要求“不得不”人为地通过会计舞弊来调节利润，损害了企业的财务健康，破坏了国家的会计体系，更是由于不准确的会计报表，导致国资管理部门不能真正掌握企业真实经营状况，可能做出错误的决策部署。因此，应完善国有企业的考核机制，破除唯业绩增长论的观点，合理对企业经营做出安排。特别是对于GH公司这样的电力企业，通过提高管理水平可以一定程度上提高企业经营效益，但是占据主要因素的依然是原煤的价格，而原煤价格的波动并不受企业所控制，导致企业盈利能力也会产生一定的波动，在当前煤电联动机制尚不能稳定运行的情况下，可以通过细化考核指标、降低利润指标的权重、延长考核兑现周期等多种方式来解决当前考核机制存在的问题。

2. 完善国有企业内控机制。内控制度的失灵是国有企业出现会计舞弊的重要原因。导致内控制度失灵的主要原因有执行不力、主要领导决策以及监管缺位等问题。要解决这一问题，一是加强对关键部门人员风险意识的培训。本案例中，一线财会人员是具体进行会计舞弊操作的人员，由于缺乏相应的风险意识，只能遵循上级领导的要求，是导致会计舞弊行为的重要原因，因此要切实加强对企业内部关键岗位人员风险意识的培训，保护企业内部“吹哨人”的利益，提高内控管理能力。二是落实领导责任，完善主要领导负责制，提高国资管理水平。本案例中，GH 公司的会计违规行为离不开主要领导的授意和默许，正是因为领导责任落实不到位，导致会计舞弊行为出现。三是健全国资企业监管体系，明确监管主体。当前，由于国资企业与政府千丝万缕的联系以及国资管理部门相对较少的人手与庞大的国资经济实体的矛盾，导致对国资的监管难度较大，特别是本案例中 GH 公司这种央企在地方上的子公司，无论是母公司还是地方监管主体，在监管中由于距离或管理权限等原因，明显感到力有不逮，监管力量难以触及。因此，应明确监管主体，明晰监管责任，加强内部监督，落实外部监管。

（财政部宁波监管局　吴磊）

16.

调节收益导致会计信息失真

一、案例背景

在历年会计信息质量检查中，会计信息失真一直是核查的重难点和多发问题。从会计信息表现形式上看，主要有延迟或提前确认收入、隐瞒收入、多计费用、在不同年度调节利润等。ZY 公司 2009 年度存在延期确认收入、未核算相关收益、违规确认和虚列成本等问题，会计信息失真问题严重。

ZY 公司成立于 1992 年，经营范围主要为房地产开发经营、城市基础设施建设、物业管理、项目投资等，其先后开发了 ZX、XZYY 等房地产项目，其中 XZYY 房地产项目占地面积 180 多亩，建筑面积约 22 万平方米，交通便利、环境较好，是一个较为高档的社区。据 ZY 公司提供的会计报表反映：截至 2009 年年末，ZY 公司资产总额 44302 万元，负债总额 36044 万元，所有者权益总额 8258 万元，利润总额 2097 万元。

在分析会计报表时，大额的往来款引起了检查组的注意。ZY 公司 2009 年预收账款期初余额 15736 万元，期末余额 17053 万元；其他应付款期初余额 11041 万元，期末余额 13687 万元；其他应收款期初余额 6097 万元，期末余额 5633 万元。ZY 公司 2009 年售房款确认收入 15934 万元，而预收账款期末余额 17053 万元，预收账款金额大于确认的收入，预收账款核算的是售房款却未按购房者设置明细账，当收到房款时，如何将其对应到每个购房者并根据交房情况准确真实地结转收入，在技术上存在一定的困难。同时，ZY公司其他应付款贷方分别反映欠C公司2200万元和B公司4957万元，经询问了解，该余额是ZY公司2006年转让B公司形成的，由于时间长、经办人员变动，该笔其他应付款长期挂账，如何保证其他应付款科目的准确性，其中是否有未确认的收入也值得商榷。此外，检查组要求ZY公司有关人员提供预收账款明细等资料时，对方总是以种种借口予以遮掩躲避，也令人生疑。

在加大对大型房地产企业的检查，密切关注房地产行业的盈利状况、资金链条和经营风险的大背景下，面对种种疑点，检查组把握主要矛盾，结合房地产企业普遍存在的开发周期长、利润率高、推迟确认收入、延期交纳税款等特点，以问题为导向，核查收入确认是否完整、成本结转是否真实、预收账款等往来科目大额且长期挂账等问题，同时重视销售收款、房屋交付等环节的核查。

二、案例解析

（一）违规事实

1. 延期确认收入。ZY公司2004年开发XZYY项目并于2005年10月开始对外销售，至2009年年底，已建商品房1586套、商铺36套、车位407个，已售商品房1415套、商铺35套、车位203个，已确认收入商品房1101套、车位203个。但已售商品房中房款已结清且房屋已交付业主，符合收入确认条件的210套总金额12577万元（其余104套未交付不满足收入确认条件），商铺35套总金额2322万元，均未确认收入。

2. 隐瞒往年收益。2004年6月，ZY公司从A公司购买土地，置于其新成立的子公司B公司名下，发生费用5280万元，分别记入“开发成本”614万元、“其他应收款”4666万元。2006年4月，ZY公司将一直未开展业务的B公司转让给C公司，收到款项7157万元，记入“其他应付款——C公司”2200万元、“其他应付款——B公司”4957万元。截至2009年年底，公司未确认此项转让收益，也未结转相关资产负债科目。此外，2009 年“其他应付款——市财政预算外资金”1261 万元，系市财政 2005 年和 2006 年配套资金，按准则规定应列入政府补助，但一直在“其他应付款”挂账，隐瞒收入 1261 万元。

3. 违规确认成本。ZY 公司 XZYY 项目未按照开发成本实际发生数结转成本，而是按照各年收入的 75% 结转。2009 年账面应结转销售成本 9414 万元，实际已结转 11950 万元，多结转 2536 万元。

4. 未按规定评估。ZY 公司 2006 年 4 月转让 B 公司（持股 90%）时未进行资产评估，未经过上级主管部门批准，也未向财政部门备案。

5. 财务管理不规范。ZY 公司将购置洗衣机、冰箱等支出记入项目开发成本，向员工发放的津贴、补助等未交纳个人所得税。

这一系列会计违法行为导致 ZY 公司会计信息严重失真，根据《中华人民共和国会计法》《企业财务会计报告条例》的规定，给予单位、单位负责人和单位财务部门负责人相应的行政处罚，责令该企业限期整改，同时追究相关会计师事务所的审计责任。此外，将处理处罚情况向社会公告，起到了警示教育作用。

（二）检查思路与方法

针对往来款金额大等疑点，检查组抓住收入和成本这一主线，积极寻找线索，对其进行重点突破：一是关注预收账款期末大额挂账和销售确认环节，核查其收入确认是否完整；二是关注成本计算和结转，核查成本确认是否真实；三是关注其他应付款和其他应收款等往来科目，同时检查是否存在隐藏收益、会计核算是否规范、财务管理是否严格、内部控制是否有效等。

1. 内查外调，查细查实。为查实 ZY 公司主营业务收入确认是否真实完整，必须计算出预收账款期末明细，统计这项数据的工作量非常大。因为 XZYY 项目于 2005 年 10 月开始对外销售，至 2009 年年底已售商品房 1415 套，每户均需对首付款和按揭这两项信息进行统计，总计近 3000 笔信息。为了把问题查细、查实，检查组对 ZY 公司 2005 ~ 2009 年预收账款贷方发生明细逐笔按照户主进行统计，剔除已结转收入数，余额为已售 314 套商品房和 35 套商铺的金额。检查组一方面查看客户的售房合同、凭证、单据，另一方面实地走访小区，抽选调查部分客户，再到物业公司了解小区入住户数和缴纳物业费日期等信息，最终核实 210 套商品房和 35 套商铺售房款已经全部收齐且房屋已交付。

2. 追根溯源，厘清脉络。为查清转让 B 公司业务的来龙去脉，检查组从其他应付款明细账着手追溯至 2004 年，调阅 2004～2009 年有关档案资料，查看 ZY 公司分别与 A 公司和 C 公司签订的全部合同，成立和注销 B 公司签订的协议、公司章程、营业执照，核查 ZY 公司 2004 年以来相关的报表、账簿、凭证、单据。最终查明：ZY 公司 2004 年从 A 公司购买一块土地准备开发，共计发生各项费用 5280 万元，挂在往来款等科目。由于当时房地产行业不景气，加之其正在开发 XZYY 项目，资金较为紧张，所以准备出售这块土地，但又想少交税款，于是 ZY 公司将这块地置于其新成立的 B 公司名下，并于 2006 年以 7157 万元的价格转让给 C 公司，挂在往来账上，截至检查日仍未确认该笔业务收益。

3. 严肃认真，公正查处。面对 ZY 公司人员敷衍塞责的态度，检查组主动找该公司负责人谈话，宣传国家财经法律法规，希望得到公司的支持和配合，又与财务负责人和有关人员进行座谈，打消其思想顾虑，ZY 公司部分人员表示愿意配合检查工作，并提供了销售发票、转让协议、物业数据等相关材料，从而使检查工作层层推进。

三、案例启示

（一）违规动机与原因

1. 法制观念淡薄。ZY 公司会计信息失真，究其根源是企业管理者法制观念淡薄，随意改变会计要素、随意变更会计政策，违反财经法律法规。

2. 单位业绩利益驱动。单位对经营业绩和实现利益的需求驱动是造成企业会计信息失真的原因。ZY 公司与主管部门签订了目标考核责任书，人为调节利润，以达到保基数、创业绩、拿年薪的目的。粉饰后的业绩保证了公司始终能超额完成年度目标任务。

3. 企业内控制度缺失。ZY 公司没有建立完善的内控制度，也没有落实财经法律法规所赋予的工作职责，部分经济业务活动的记录和反映不完整、不真实，岗位职责不清、权限错位，没有真正做到上级监督、内部牵制。公司的财务会计基础管理工作薄弱，有章不循。

4. 主管部门监管乏力。ZY 公司的主管部门每年都下达考核指标并签订目标考核协议，利润是其中的一项重要指标。房地产企业以及以房地产作为主业的企业开发周期长、资本密集、利润较高，利润的实现不会呈现逐年均衡递增。主管部门对房地产企业的考核应结合实际，如果只唯利润，容易促使企业通过种种“变通”手段应付考核，达到目标。

（二）启示与思考

1. 单位应履行内部会计监督职责。会计机构、会计人员依法规范会计核算，对经济行为的真实性、合规性进行会计监督，是财会监督的第一道防线。内控体系是预防风险的“防火墙”，健全有效的内控体系可以更好地发挥财会监督的事前监督作用，更好实现财会监督促进规范的目标。单位应建立健全内部会计监督制度，强化单位主要负责人内部会计监督第一责任人责任，压实会计人员直接责任；加强会计业务培训，提高会计人员综合素质和职业水平；严格会计核算，规范财务管理，严格履行内部会计监督职责。

2. 会计师事务所应发挥注册会计师审计鉴证职能。注册会计师审计是财会监督体系中社会监督的重要内容，在国家监督体系中具有重要地位，注册会计师应充分发挥前沿关口作用，强化质量控制，严格执行准则，独立客观、谨慎执业，严守执业质量底线，为社会经济发展提供优质的鉴证服务，提供高质量的审计报告。

3. 财政部门应履行会计监督法定职责。加强会计监督是财政部门的法定职责。面对点多、面广的会计监督对象，财政部门开展的一家一户的会计信息质量检查已不能满足社会公众对高质量会计信息的需求，必须转变会计监督思路，将会计信息质量监督检查与会计师事务所的监督检查更好地结合起来，引导注册会计师在财会监督工作中积极作为，规范会计师事务所的执业行为，提高执业质量，推动会计信息质量水平的不断提高。此外，要进一步加大处罚和曝光力度，提高造假制假者的违纪成本，切实维护监管的权威性、发挥监管的威慑力。同时，对已做出的处罚通过公告、通报、网络、媒体等方式对外公布，扩大监督成效，树立监管权威。

（安徽省财政厅　赵洋　黄海　吴越梦）

17.

利用关联交易调节利润

一、案例背景

A 集团公司作为 F 股份有限公司控股股东，在 F 股份有限公司经营不善、面临退市风险的情况下，违反企业会计准则相关要求，通过调整企业内部关联交易定价方式，人为调增 F 公司年度利润，以保持企业上市资格。

F 股份有限公司（以下简称 F 公司）是我国某领域领先的工程与技术服务专业公司，其主营业务主要来自控股股东 A 集团公司及关联企业 B 股份有限公司。某年 6 月，A 集团作为实际控制人，对 F 公司的前身 Z 股份有限公司进行重大资产重组，重组后与 F 有限公司及其子公司（以下简称 F 有限）成为同一控制下的企业，共同纳入 F 公司合并报表范围。彼时，Z 股份有限公司是已经连续两年亏损的上市企业，其合并报表存在重组当年扭亏转盈的压力。截至当年 6 月 30 日，F 公司本部利润表亏损超过 17.50 亿元，F 有限利润表净利润 10.66 亿元，F 公司合并利润表亏损 6.84 亿元。

财政部在组织开展年度会计监督检查工作中，通过调取审阅 F 公司主审会计师事务所审计工作底稿，发现了其存在问题的疑点线索，进一步启动了对 F 公司相关年度会计信息质量的专项检查，并延伸检查了其下属 C、D、E 等 3 家工程有限公司。

二、案例解析

（一）违规事实

A 集团公司在将 F 有限纳入 F 公司合并报表范围前，F 公司已连续两年亏损，且被检查年度上半年继续亏损 6.84 亿元，企业面临退市压力。在此种情况下，为保住 F 公司上市资格，A 集团公司在内部关联交易中，通过上调专业工程定额人工费的方式，增加 F 公司的合同收入，人为调节报表利润 7.34 亿元。

（二）违规手段

被检查年度的 7 月份，A 集团公司召开 F 公司上市促进会，要求集团下属 5 家分公司从当年 1 月 1 日起严格执行之前年度版本的工程定额，并且在当年与 F 有限的项目结算中，要按人工费上调 30% 全部执行到位。各地分公司与 F 有限的结算项目要按照新发布的被检查年度版本的工程定额，被追溯从当年 1 月 1 日起开始执行，即在之前年度版本工程定额的基础上再上调人工费 10%。按以上两项定额调整，确保 F 有限全年增效 8 亿元。

截至当年 6 月底，F 有限根据 B 股份有限公司的预计工作量和投资计划，已和 B 股份有限公司签订工程合同 504.20 亿元。其中：根据预计工作量和以签合同时执行的工程定额计价的年度合同 306.30 亿元；通过招投标程序签订的招投标合同 197.90 亿元。当年 9 月初，A 集团公司工程管理造价中心出具《关于 × × 专业工程定额人工费调整及影响投资情况的汇报》称，按照 A 集团公司 7 月底关于 F 公司上市促进会提高结算价格的标准，经测算 F 有限可增加合同收入 9.42 亿元，鉴于当时有部分地区分子公司处于亏损状态，核减 1.37 亿元至 8.05 亿元，可满足确保 F 有限增收 8 亿元的要求，其中定额合同增加收入 3.96 亿元，招投标合同增加收入 4.08 亿元。同时要求追加 B 股份有限公司投资计划 8.05 亿元。

经F公司按照实际工作量统计，被检查年度因提高结算价格增加已签合同收入7.34亿元，其中定额合同实际增加合同收入3.72亿元；招投标合同增加合同收入3.62亿元。F公司未在会计报表附注中披露该提高结算价格增加已签合同收入7.34亿元的事项。A集团公司以提高人工费结算标准的方式，确保F公司达到盈利标准，该方式明显不属于市场行为，其定价也不具有市场基础和独立性。F公司因提高结算价格而增加的73436万元合同收入不属于经营产生的收入，而是企业为了达到不让F公司退市的目的，利用关联交易实现增效8亿元的目标测算而得。上述行为属于利用关联交易达到调节报表利润的违规行为。

（三）处理结果

企业上述做法不符合《企业会计准则——基本准则》第十条“企业应当按照交易或者事项的经济特征确定会计要素。会计要素包括资产、负债、所有者权益、收入、费用和利润”，第十二条“企业应当以实际发生的交易或者事项为依据进行会计确认、计量和报告，如实反映符合确认和计量要求的各项会计要素及其他相关信息，保证会计信息真实可靠，内容完整”和《企业会计准则第14号——收入》第二条“收入是指企业在日常活动中形成的、会导致所有者权益增加的、与所有者投入资本无关的经济利益的总流入”的规定。根据《中华人民共和国会计法》及相关会计准则的规定，责成F公司认真加以整改，调整账务处理，完善会计基础工作。

（四）检查思路和方法

1. 发现线索，紧抓不放。针对企业存在重大资产重组事项，检查组要求企业提供事项相关材料。在材料中发现涉及关联交易定价问题线索，并与财务人员沟通，发现财务人员存在隐瞒表现。检查组一方面组织检查人员梳理现有材料中涉及的定价相应内容，另一方面继续与财务人员沟通，以期获得关键证据。

2. 改变方式，寻求突破。在与财务人员沟通过程中，财务人员迟迟未对相关事项表态，导致发现问题无法继续推进。检查组改变方式，找到负责定价的业务部门进行访谈，业务人员无意中透露定价事项存有一项董事会决议。检查组立刻向财务人员索取对应证据，并在业务部门定价原始工作材料中自行推演，最终摸清问题脉络。

三、案例启示

（一）违纪动机与原因

上述违纪行为动机有两点：一是企业核心利益驱动。F公司是已经连续两年亏损的上市企业，按照退市制度规定，连续三年亏损就要暂停上市，企业面临着巨大的退市压力。A集团公司利用关联交易人为增效8亿元的违规行为，具有明显的目的性，是为了维持企业上市资格采取的造假手段。二是企业管理层的自身政绩追求。企业管理人员尤其是主要负责人缺乏责任意识，一味追求企业业绩，掩盖企业不足。在政绩考核中，依托“扭亏为盈”的重大政绩为晋升提拔加分加码。

究其原因，主要有以下三点：一是企业法制观念淡薄。企业管理层尤其是主要负责人将法制观念、纪律意识抛在脑后，反映出企业负责人纪律规矩意识不强，法制观念淡化。二是内部管理不实不严。上述关联交易涉及企业众多，A集团公司作为实际控制人召开了专题会议，下发了专项文件。企业内控制度形同虚设，对会议决议、文件下发、交易执行均没有实现有效制约，反映出企业内部管理失效失责。三是监督管理缺位失位。违纪行为得以实施，与上级主管部门的监督缺失存在密切关系。目前，我国国有企业市场化改革持续推进，上级主管部门在“放权”的同时，监督管理职责存在弱化现象，对企业具体经营行为缺乏深入有效监管，为违规行为大开“方便之门”。

（二）教训与启示

1. 完善企业治理结构。一是要进一步对国有企业实行规范的公司制度改革。建立健全法人治理结构，深化市场机制改革，把企业内在的利益关系和股权结构理顺，才能从根本上规范企业行为。二是要进一步建立有效的激励、监督和制衡机制。遏制企业管理混乱、行为无序的问题，促进企业多元化发展。

2. 规范关联交易行为。利用关联交易获取利益的手段多种多样，隐蔽性强。本案例反映出的企业为了保障下属企业不因连年亏损导致摘牌，肆意使用关联交易人为调节利润就是最典型的代表。监管部门要进一步强化行为监管，督促企业在关联交易中严格做到行为合规、披露及时，对异常行为做到早发现、早监管、早遏制。建立清单制度，对于屡查屡犯的企业严厉惩处，形成震慑。

3. 健全法规制度体系。市场发展日新月异，法律法规制度要紧跟市场环境，及时更新规范，尤其是企业会计制度和会计准则。要强化会计监督抓手，加强顶层设计，督促制度落地。在企业交易行为中，以会计制度和会计准则为准绳，提高企业交易行为的规范性，保障企业信息披露的及时完整和真实透明。

（财政部北京监管局　刘湘伟　张沐）

18.

利用关联交易转移定价少缴税款

一、案例背景

G股份有限公司由原G集团以下属A公司和C集团的100%权益及部分房产出资，联合B集团公司于2008年设立，并于2009年在上海证券交易所正式挂牌上市交易。

D公司作为C集团境外独立运营的全资子公司，主要在境外某地区协助C集团与国际供货商设立在该地的代表处进行联络和沟通，承担C集团各类进口商品、境内产品的采购、储存和运输，负责境内外供货商的货款等资金结算工作，以及利用该境外地区资讯优势，收集境内外相关市场和商品的信息，加快C集团的国际化进程。

财政部某地监管局在对G股份有限公司主审会计师事务所某年度执业质量检查过程中发现，该公司审计底稿存在疑点问题较多，企业会计信息质量可能存在重大瑕疵。经报财政部备案批准，启动了对G股份有限公司前一年度会计信息质量的专项检查，并延伸检查其下属C集团和A公司两家子公司。检查发现，C集团两家全资子公司D公司与E公司存在大额关联交易定价不公允问题。该企业通过关联交易转移定价，将境内子公司利润向境外子公司转移，进行跨境避税。

二、案例解析

（一）违规事实

D 公司销售给 E 公司同类商品的毛利率，显著高于销售给 C 集团本部的毛利率，关联定价不符合公平、独立交易原则，对作为境内经营主体的 E 公司销售毛利率（销售成本）具有重大影响。同时，考虑到境外某地企业与境内企业所得税税率差异（D 公司 16.5%、E 公司 25%），上述事项对 C 集团合并报表所得税产生重大影响。按 D 公司对 C 集团本部销售毛利率测算，被检查年度 E 公司向 D 公司转移利润 4.45 亿元（按成本加成 7%、汇率 0.86 计算）。该事项影响 C 集团 2016 年度合并报表应纳所得税额少计缴 3785 万元。

（二）违规手段

D 公司作为 C 集团的业务代理机构，是支撑 C 集团免税业务发展的重要保障，但其定价规则和加价水平均由 C 集团本部制定，即在保证 C 集团本部批发收益基础上，根据有关商品供应商制定的建议零售价格，制定 C 集团本部的一级批发价格。而 D 公司销售给 E 公司的商品毛利率为 19%，显著高于销售给 C 集团本部 7% 的毛利率，虽然 D 公司对集团本部的销售商品类别存在不同，但 D 公司对集团本部、E 公司加价原则都是集团统一规定的加价率。考虑到 D 公司对集团本部及 E 公司提供的服务中发生的成本、费用基本一致，采用不同的加价率，在默认其对集团本部加价公允的情况下，其对 E 公司加价率显失公允。

从职能定位上看，D 公司实际为 C 集团的有关商品物流配送中心，并非真正意义上的独立商品贸易企业。被检查年度全年，D 公司营业收入 52.54 亿元，大部分为与 C 集团本部、E 公司的关联方交易收入，其中对 C 集团本部、E 公司销售金额分别为 15.86 亿元和 33.30 亿元，分别占 C 集团本部、E 公司有关商品采购进货量的 62% 和 97%。相比之下，D 公司当时仅配备员工

72 人，且大部分工作人员工资水平较低，人员配置及薪酬待遇与其最初职能定位相符，有关商品采购买手、销售定价等重要职能人员未予以配备，当年销售费用、管理费用等业务费用合计仅 8716 万元。

C 集团应 E 公司所在地省政府要求，经海关总署同意，将 E 公司经营的免税商品报关方式由 C 集团统一报关改由 E 公司独立报送，供货方式也由 C 集团本部供货变更为 D 公司直接向 E 公司供货。原供货模式下，D 公司按 7% 一级批发毛利率统一供货 C 集团，C 集团统一供货各免税店进行销售。调整供货模式后，仅 E 公司由 D 公司直接供货，一级批发毛利率调整为 19%，其余免税店供货模式不变。

上述关联定价行为明显不符合公平、独立的交易原则，对 E 公司销售毛利率（销售成本）具有重大影响。同时，考虑所得税税率差异，按 D 公司对 C 集团本部销售毛利率测算，被检查年度 E 公司向 D 公司转移利润 4.45 亿元，C 集团当年合并报表所得税少计缴 3785 万元。

（三）处理结果

G 股份有限公司及其下属企业的上述做法不符合《上海证券交易所上市公司关联交易实施指引》第三十一条“上市公司关联交易定价应当公允，参照下列原则执行：……（三）除实行政府定价或政府指导价外，交易事项有可比的独立第三方的市场价格或收费标准的，可以优先参考该价格或标准确定交易价格；（四）关联事项无可比的独立第三方市场价格的，交易定价可以参考关联方与独立于关联方的第三方发生非关联交易价格确定；（五）既无独立第三方的市场价格，也无独立的非关联交易价格可供参考的，可以合理的构成价格作为定价的依据，构成价格为合理成本费用加合理利润”的规定。根据《中华人民共和国会计法》及相关会计准则的规定，责成 G 股份有限公司认真加以整改，调整账务处理，补缴相关税款，完善会计基础工作。

（四）检查思路和方法

1. 突出问题导向，抽丝剥茧。在对企业主审会计师事务所开展执业质量检查时，发现G股份有限公司审计底稿问题较多且涉及面较广。检查组随即组织检查人员，对G股份有限公司整体会计信息质量开展全面检查，发现D公司销售给E公司的免税商品毛利率为19%，显著高于销售给C集团本部的毛利率。进一步查证D公司相应会计信息后，查实了C集团大额关联交易定价不公允，转移利润和跨境避税的违规行为。

2. 组织专家论证，逐一查实。针对检查事项涉及境外某地区这一特殊情况，为保证检查工作质效，检查组建立了专家论证机制，评估重大问题材料收集是否完备、问题是否具有普遍性、是否需要扩大检查样本量等。邀请部分会计师事务所专业人士直接参与，对检查问题逐一论证、查实，确保无差错、无遗漏。

3. 强化沟通协调，信息共享。一是做好检查组内部的沟通协调，定期上报工作简报，及时向检查领导小组报告。二是做好与被检查单位的沟通协调，切实注重自身执法形象建设。做到以理服人、以专业水平服人，建立和谐、顺畅、有效的监管关系。

三、案例启示

（一）违纪动机与原因

从本质上看，上述违纪行为的动机是企业利益驱动。跨境企业为达到利润最大化的目的，在税收筹划方面利用不同地区税率差异，将利润最大程度留到税负较低的国家或地区。随着国内企业国际化进程的加速，我国企业跨境业务将随之增加，但相对购销、服务、金融等类型交易业务仍缺少转让定价领域的税收规范。部分企业在追求自身利益最大化的同时“巧妙”规避国家税收监管，且该现象在国内进出口企业存在一定的普遍性。

究其原因，一是企业法治观念不强。在经营过程中，企业管理层尤其是主要负责人法治观念淡薄，钻法律制度“空子”，导致企业行为未按照税收相关法律制度执行。二是定价管理不规范。企业在定价过程中未严格执行内控程序，定价随意性较强，企业决策不受制约。三是部门监管不到位。跨境避税问题具有一定普遍性，监管单位尤其是税务部门对其甄别监管不到位，企业使用税率差异避税的情况屡禁不止。

（二）教训与启示

1. 完善法规制度体系。一是及时完善相关法规制度。在法规制度层面，逐步引入和借鉴其他国家和地区的做法，建立较为完备的跨国（境）税收征管体系。二是加强跨境监管力度。通过对国内大型跨国跨境企业开展定期抽查、督促自查等多种方式，规范企业行为。三是提升监管质效。联合财政、税务等多部门，对跨境企业开展“反避税”监管，在监管部门间实现线索互通、资源互通、人才互通，多管齐下形成监管合力。

2. 建立纳税评估体系。一是加强对企业关联交易涉及的转让定价原则和计算方法的管理，规范企业税款缴纳。二是加强对跨国（境）关联方交易的独立性及公允性评估。积极推进跨国（境）税收合作进而建立完善的纳税评估体系，逐步堵塞企业利用关联方之间不同所得税政策而转移定价的税收监管漏洞。

3. 强化多边合作机制。一是加快税收协定谈判。逐步完善与其他国家和地区的税收合作机制，推动建立纳税监管体系，通过国际税收协定，达成多边合作协议。二是促进反避税监管信息交流。进一步增强多边监管规则对接，提升监管执行力和有效性，力堵跨境企业避税通道。

（财政部北京监管局　刘湘伟　张沐）

19.

利用关联交易控制转让定价避税

一、案例背景

随着经济全球化不断加快，改革开放不断深入，我国作为全球重要经济体，吸引着越来越多的外商企业前来投资。为了牟取更多利润，一些外资企业利用中方对有形资产的购销和使用、无形资产的转让和使用、提供劳务、融通资金等国际市场信息取得不对称的劣势，通过在商品购销、劳务提供、技术转让等关联交易中控制转让价格，采取“高进低出”或“低进高出”等手段，违背关联交易独立、公允的原则，把应在境内子公司实现的利润转移到境外关联方，造成境内子公司亏损的假象，进而达到避税目的。

为全面履行政府市场监管职能，有效整顿和规范市场经济秩序，营造公平竞争的市场环境，2016 年财政部组织开展中介机构执法质量检查，对外资企业通过关联交易转让定价方式转移利润进行避税，在我国牟取不正当利益等违规行为进行严厉查处。

二、案例解析

（一）违规事实

案例一：倒挤关联交易商品采购转让价格，提高进口商品价格转移利润。

D公司系外资企业A集团公司在中国某市独家投资设立的有限公司，经营期限为15年，主要承担母公司A集团公司产品在我国的分销业务。作为分销商，D公司独立承担市场营销风险、存货管理风险、信用风险和外汇风险，具有市场开发、价格决策、采购运输、仓储管理等常规分销商功能。

检查发现，D公司从A集团公司采购商品的转让价格，是根据商品在我国实际销售取得的净销售价格（净销售价格 = 销售价格 - 关税 - 运费及仓储费用）扣除8%后倒挤形成的。如A产品在我国实际取得的净销售价格100元/吨，从A集团公司采购A产品的转让价格为92元/吨，即100×(1-8%)。此关联交易转让定价存在两方面的问题：一是倒挤货物采购价格定价模式不符合功能风险与利润相匹配的转让定价原则。作为常规经销商，D公司在中国市场销售A集团公司的商品，承担与之对等的商品采购风险、仓储风险、推广风险、财务风险、销售定价风险等经营风险。由于采用以倒挤进口商品采购价格制定转让价格的定价模式，使D公司只能获取净销售价格8%的固定收益，承担的营销风险与实际获得的收益水平严重脱节，造成D公司作为常规分销商，功能等同于承担单一销售风险的分销商。二是由于D公司分销业务获得的收益始终恒定为净销售收入的8%，使D公司分销业务大部分收益转移至A集团公司，导致D公司获得的收益不足以补偿常规经销商在经营活动中发生的实际成本费用，形成息税前利润连续亏损。

案例二：销售价格扣减预定固定费用，降低出口产品转让价格转移利润。

C公司系外资企业B公司在中国某省独家投资设立的有限公司，经营期限为50年。C公司在B公司的产业链中处于产品生产加工中间环节，主要从事安全系统装置产品的来料加工，不具备技术研发和市场营销等功能。C公司作为合约生产商，执行功能包括产品生产、品质管理、存货管理、销售运输、售后服务等，并相应承担生产加工风险和外汇汇率变动风险。

检查发现，外资企业B公司制定C公司向境外关联方销售产成品的转让价格，是在产成品实际销售价格基础上直接扣减预定的固定费用后确定，即产品销售转让价格 = 实际销售价格 - 预定的销售费用 - 预定的管理费用 - 预定的物流成本。如C公司销售给境外关联方A产品转让价格70元/件，是实际销售价格100元/件扣减预定的销售手续费20元/件、管理费用6元/件和物流成本4元/件等固定费用后的剩余部分。由于B公司制定的转让价格大幅度扣减了预定的固定费用，将市场价格变动风险直接转嫁到C公司，导致与合约生产商执行功能不相匹配，使C公司向B公司销售产成品取得的转让收入不足以覆盖产品生产成本费用，造成息税前利润亏损。

案例三：以不含税价格作为出口产品关联交易转让价格，转移利润避税。

C公司向境外关联方销售B产品，由于外资企业B公司制定的B产品关联交易转让价格为不含税价格，直接将增值税税款让渡给境外关联方，导致B产品出口关联交易息税前利润亏损。如B产品出口关联交易转让价格=产品生产成本费用×(1+管理费、销售费、财务费12%)。由于计算公式中产品生产成本费用、管理费、销售费、财务费等具有不含税属性，致使C公司取得的出口关联交易价款为不含税价款，必然缺少应有的增值税销项税额。C公司会计核算对B产品出口关联交易取得的转让价款进行价税分离后，确认的产品销售收入锐减17%，无法完全覆盖产品制造成本和经营管理等实际费用，造成息税前利润亏损。

案例四：母公司通过关联交易转让定价，在进出口两个环节重复提取技术使用费转移利润。

C公司向外资企业B公司进口原材料的关联交易转让价格=产品生产成本费用×（1+技术提成费7.5%）×（1+12%），该转让价格中已包含了B公司按产品生产成本费用的7.5%计算的技术提成费。但是，C公司使用该原材料加工生产的产品，按照B公司指定的境外第三方和确定的销售价格销售产品时，B公司又以净销售额（净销售额=总销售额-运输配送费用-包装费-保险费-税金和关税-双方同意的其他费用）为计算基数，按5%的比例直接从C公司的管理费用中提取技术使用费，使同一项技术在原材料进口和产品出口两个环节重复计提技术使用费，导致C公司利润水平下降。

案例五：向不具备技术研发功能的境外关联方采购原材料支付技术提成费。

外资企业B公司的研发活动，完全在本国技术研发中心进行，其他各子公司均不具备新产品、新技术研发功能。境内子公司 C 公司向某国关联方 T 公司采购原材料的转让价格，依然采用 B 公司制定的原材料转让价格，即产品生产成本费用 × （1 + 技术提成费 7.5%） × （1 + 12%）。导致 C 公司向不具备技术研发功能的关联方 T 公司支付技术提成费，造成产品成本增加，盈利能力下降。

案例六：境外母公司制定的委托新产品、新技术研发业务价格，不足以覆盖研发成本费用，保持应有的利润水平。

G 公司系外资企业 V 公司在中国某市独家投资设立的投资公司，经营期限为 50 年，主要从事在中国允许外商投资的领域进行投资，在中国境内设立科研开发中心，从事新产品及高新技术的研究开发、转让其研究开发成果，并提供相应的技术服务。G 公司作为单一合约研发商，执行功能不承担研发项目整体的研发决策、研发失败和挫折、市场开发等风险，也不享有研发项目最终成果权益。

检查发现，G 公司承担的 V 公司委托的新产品、新技术研发项目转让价格中，只包含研发期间所需的研发技术人员的薪酬、使用设备的折旧费等部分直接费用，未包含 G 公司为研发团队在研发过程中提供的房屋租赁费、水电气暖费、应分摊的综合管理费等直接费用和相关的间接费用，使 G 公司承接母公司研发业务取得的收入不足以补偿研发过程实际发生的成本费用，导致研发项目业务亏损，未保持合理的利润水平。

（二）处理情况

对上述关联交易中，不符合独立交易原则而造成企业减少应纳税所得额的问题，检查组根据《中华人民共和国企业所得税法》第六章关于“特别纳税调整”相关规定，责令企业按照独立、公允和保持同行业同期平均利润水平的交易原则，调整关联交易转让定价政策，并要求企业向税务部门提交有关《关联交易同期资料》，真实反映关联业务往来情况，根据税务部门依法核定的应纳税所得额进行特别纳税调整，补缴企业所得税。

（三）检查方法

检查组采取“一剖析、二诊断、三穿刺”方法，通过研判外商投资企业关联交易转让定价的独立性、公允性，结合转让定价具体内容，深入分析外商投资企业通过关联交易控制转让定价对境内子公司经济效益的影响。

一是剖析功能定位。通过研判境内子公司在外商投资企业集团科研、生产、营销各环节中所处的位置及其开展业务的性质，全面梳理其在关联交易业务中收入类型、资金的来龙去脉，判定境内公司在产业链中发挥的功能作用，为准确界定执行功能在经营活动中应承担的各种风险与利润相配比创造条件。

二是诊断功能风险。由于境内子公司在关联交易业务中获得的收益多少，取决于该公司在整个集团经济价值链中执行功能所承担的经营风险程度。因此，全面了解境内子公司在关联交易中执行功能所承担的具体风险，是判定外资企业制定的关联交易转让定价规则是否遵循“功能风险与利润相配比”原则的依据和基础。

三是穿刺交易流程。采取对关联交易业务流程进行透析核查方式，全面核查分析企业关联交易业务的实际收入组成、成本费用构成、收益形成，结合执行功能在业务活动中发挥的作用和承担的风险，对比分析关联交易转让定价的构成内容及计算方法，逐一研判关联交易转让定价规则是否遵循独立性、公允性、合理性原则；取得的转让收益，是否能够全面覆盖在交易过程中发生的成本费用，并保持合理的利润水平。

三、案例启示

一是全面实施关联企业间业务往来预定价的税收管理制度。在准确掌握外商投资企业核算方式、定价方式、股权情况和关联方情况等基础上，对企业及其关联方之间在有形资产的购销和使用、无形资产的转让和使用、提供劳务、融通资金等业务往来中，采取预先审定关联交易所适用的转让定价原则和计算方法，有效解决企业在未来年度关联交易的涉税问题，提升税务等监管部门反避税能力和监控水平。

二是研究制定判断转让定价转移利润避税的标准。现实中，由于外资企业在转让定价上占据主导优势，在集团内研发、生产、销售生产经营产业链各环节中利用关联交易转让定价转移利润避税的方式多样化，且手段极具隐蔽，建议根据《中华人民共和国企业所得税法》第四十一条关于“企业与其关联方之间的业务往来，不符合独立交易原则而减少企业或者其关联方应纳税收入或者所得额的，税务机关有权按照合理方法调整”的规定，从关联交易的独立性、公允性、保持合理的利润水平等要素出发，研究制定分行业平均利润水平，判断外资企业利用关联交易转让定价转移利润避税的标准。

三是加强反避税信息网络系统基础建设，建立关联交易涉税情况交流与反避税信息共享机制。增强税务部门反避税信息网络系统功能建设，使我国涉外企业能够通过税务反避税网络系统，及时收集与分析境外同行业商品价格信息变动趋势，拓宽境内企业掌握和了解关联交易可比信息来源，增强防范、控制与化解转让定价转移利润避税风险能力。建立各行业涉外经济监管部门横向联系机制，互通相关外资企业主营业务产品种类、产销规模、公允价格，以及在国际市场上的商品购销、劳务提供、技术转让等方面经营活动信息，为防范化解转让定价避税风险提供有针对性的先决条件。

（财政部甘肃监管局　李维勤）

20.

转移利润　偷逃税款

一、案例背景

A 公司是跨国公司注册在境内的子公司，在为境外市场销售的产品提供维修服务时，未就维修发生的成本向关联方收取相关补偿，而是直接计入本公司的“营业成本”，直接加大了税前成本的列支金额。在缴纳企业所得税时，未将上述维修成本进行纳税调整，导致少缴企业所得税。

A 公司是一家注册在某国的跨国企业 AA 公司在境内设立的全资子公司，主要从事 B 产品的销售（不含零售）、采购、本地市场营销以及售后服务等。A 公司 2×13 年营业收入 1000 亿元、营业成本 970 亿元、税前利润 21 亿元、净利润 15.6 亿元，A 公司的销售份额占 AA 公司全年销售额的 10%，境内市场对 AA 公司的全球战略影响重大。

A 公司除了为境内市场销售的 B 产品提供售后维修服务外，还为境外市场销售的 B 产品提供维修服务，如中国港澳台地区、新加坡等。其中，为香港销售 B 产品提供的维修服务占其境外产品维修服务的 80% 以上。A 公司不区分维修对象的销售地是在境内还是境外，发生的维修支出一律计入本公司当年的“营业成本”，但是上述境外维修对象的销售收入均计入境外销售公司，未纳入 A 公司的销售收入中，且 A 公司未就此类维修服务向境外销售公司收取任何报酬。

二、案例解析

（一）违规事实

检查组在对某国际“四大”会计师事务所开展执业质量检查时，延伸到A公司开展会计信息质量检查，在开展成本分析时发现其维修成本中包含了为境外市场（主要是中国香港）销售的B产品提供维修服务的支出。自2××9年起，A公司每年都会发生这类维修成本，经统计，五年来为境外市场销售产品提供的维修成本共计18.1亿元，其中2××9年约为0.1亿元、2×10年约为0.1亿元、2×11年约为0.6亿元、2×12年约为3.5亿元、2×13年约为13.8亿元。可以看到，随着B产品在全球范围内销售量的增长，A公司承担的境外维修费用呈现几何倍数的骤增，趋势非常明显。进一步检查发现，A公司对境外销售产品的维修成本，并没有向境外的关联公司收取任何补偿，也就是只计支出不计收入。同时，A公司将境外产品维修支出视同于境内市场的售后维修支出，直接计入“营业成本”，未在报表披露中进行区分，也未将这部分不属于境内销售的成本在企业所得税税前进行纳税调增，而是全额税前扣除，导致五年共计少缴企业所得税4.52亿元。

（二）企业的辩解

A公司对检查组指出的问题开始是不认可的，他们一再阐述两点：一是AA公司在全球范围内有整体的维修安排，不能只看A公司这一家，全球保修政策基本是相同的，因此将全部类似成本记在同一会计科目下，且商业成本基本上是为在境内实现中国用户体验满意度所做的投资，公司认为将保修成本列为相关营业成本是合理的。二是由于在香港销售的B产品有部分是在内地使用，对提高内地的销售收入做出了贡献，因此在境外销售而在内地维修的成本也应在所得税前扣除。

（三）违规定性

检查组指出A公司的处理有三处不当。

一是收入和成本不能匹配，违反了我国企业会计准则的规定。A公司将境外销售产品的维修支出计入“营业成本”，与自己公司的营业收入没有直接因果关系，这种会计处理方式违反了《企业会计准则——基本准则》第五条“企业应当对其本身发生的交易或者事项进行会计确认、计量和报告”和第三十五条“企业为生产产品、提供劳务等发生的可归属于产品成本、劳务成本等的费用，应当在确认产品销售收入、劳务收入等时，将已销售产品、已提供劳务的成本等计入当期损益”的规定。

二是税前列支不属于本公司的成本，违反了我国的所得税法规。《企业所得税法》第八条规定“企业实际发生的与取得收入有关的、合理的支出，包括成本、费用、税金、损失和其他支出，准予在计算应纳税所得额时扣除”。上述维修成本与A公司的营业收入无关，应当属于境外销售公司的成本，所以不应在计算应纳税所得额时扣除。

三是利用境内外税差，转移利润。香港当地的税收政策规定，注册在港公司的利得税（相当于境内的企业所得税）税率为16.5%，比境内25%的所得税税率低了近10个百分点，因此跨国公司普遍倾向于在境内公司列支各种支出，把利润转移到税率低的国家和地区，逃避纳税义务，严重影响境内税赋公平的投资环境，不利于内资企业参与市场竞争。

（四）检查处理

一是对本案例涉及的税收问题，检查组移交当地国家税务局进行处理，在监管局极力督办下，一个月内，A公司将4.52亿元所得税税款全额上缴，同时缴纳了6400余万元税收滞纳金。

二是对本案例涉及的会计问题，检查组已责成企业根据中国企业会计准则的规定进行调账处理，并在规定的时限内将处理结果报至监管局。

三是对本案例涉及的审计责任，财政部采纳监管局建议，对负有审计责任的两名签字注册会计师给予了行政警告处分，监管局对会计师事务所的首席合伙人、该项目质控负责人等进行了现场约谈，提醒会计师事务所及注册会计师注意执业风险。

（五）检查思路与方法

一是深挖细琢，精准打击。检查组根据以往检查经验对A公司营业成本的构成进行分析，维修成本虽然仅占总成本的3%，但是检查组并没有掉以轻心，把握每个细项内容，逐个复核业务合同，尤其是对那些难以理解的英文条款，逐条逐词分析，还专门向财政部会计司、税政司等部门咨询相关会计、税务的具体释义，对A公司提出的所谓全球商业安排、境外产品维修也促进了境内消费市场等说辞进行了有理有据的驳斥。

二是坚持原则，不惧压力。为了说服检查组，A公司所属跨国集团负责管理亚太地区的几个主要负责人组成国际团队，都来到当地进行解释，主动与检查组进行了多轮磋商，提出多种解决方案。检查组一再表明立场，无论何种类型的企业，如何执行公司全球战略，在中国境内经营都应当严格遵守中国的财税政策，任何国际压力都不能改变这一根本原则。

三是区分责任，处理得当。财会监督同时对事务所审计的执业质量和企业的会计信息质量开展监督，发现企业存在的重大问题，应当区分企业的会计责任和注册会计师的审计责任分别进行处理。本案例中，企业应当承担会计调账、税收补缴责任，考虑到该项业务尚未达到审计重要性水平，对注册会计师未能审慎执业给予了警告处分，强化责任意识。

三、案例启示

一是坚决维护国家利益，加强对外资企业的监督检查。中国巨大的市场、良好的投资环境吸引了大批外资企业在内地投资，特别是一些国际知名的跨国公司都在中国内地设有子公司。在财会核算方面，外资企业大多认为自身的会计工作和会计报表主要是对境外集团母公司负责，对遵守我国财经法律的意识较为淡薄。财政部门财会监督工作对外资、合资企业关注度有待加强，也正因如此，外资企业的会计信息质量以及由此延伸的财税政策执行方面的情况是加强对外资企业监督的一个重要切入点。当前，中美贸易争端还在胶着，美方对中方企业的制裁仍在持续，做好对在华美方企业的监督检查也是在维护我国的国家利益、为解决贸易争端贡献力量。

二是警惕跨国公司转移利润的各种操作。跨国公司转移利润的操作手法有多种，如利用品牌优势向内地子公司收取高额品牌使用费；利用技术优势掌握购销渠道，故意提高原材料或零部件的进口价格，压低出口销售价格等，归根结底主要是通过加大成本、费用的列支减少境内公司的利润，因此要重点检查内地子公司各项支出的商业实质，特别关注与境外关联公司间的业务往来。

三是抓好会计师事务所的审计质量。为 A 公司提供审计服务的是国际知名会计师事务所，其审计质量、内部管理等都具有较高的行业口碑。作为监管机构，我们认可国际事务所为中国内地的审计行业做出的贡献，但是在审计质量方面不能完全迷信“国际”光环，应实事求是、理性对待。部分年报审计师未能勤勉尽责，审计时沿用国外所制定的审计计划及程序，未根据我国法律法规的要求对公司经济业务实质进行深入分析，适时调整审计策略，对报表发表了错误的审计意见，此类情况是我们在监督中要重点关注的。

四是多部门应加强联合监管。A 公司每年缴纳的税收达数十亿元，在当地可被看作纳税“大户”，且 A 公司在报表中没有把为境外提供的维修服务成本单独列示，仅靠税务部门日常统计分析难以发现这一漏洞，本次若无会计监督专项检查直接深入公司现场查阅账簿，该行为逃避的巨额税款不知要积攒多少年才能追回。故各地监管局可积极强化与地方财政、税务、海关等监管部门的沟通合作，切实发挥就地优势，共享信息，共同打击偷逃税收的行为，维护公平守法的市场营商环境。

（财政部上海监管局　顾华晔　张杰）

21.

警惕销售费用成“注水肉”

一、案例背景

根据公开数据，2018 年 A 股 284 家药企的销售费用超过 2400 亿元，而研发费用约为 332.66 亿元，还不到销售费用的 1/7。从销售费用占营收比情况看，34 家 A 股上市药企超过了 50%，个别甚至超过了 70%。由此可见，中国药企重销售轻研发的问题十分突出，销售费用高企对国内药价虚高起到了一定程度的推波助澜作用。

为深入贯彻党中央、国务院决策部署，促进更加公平、更可持续的医疗保障体制建设，2019 年 7 月，根据财政部统一部署，财政部某监管局对 A 药业有限公司（以下简称 A 药业）开展了 2018 年度会计信息质量检查，以费用真实性作为检查重点，并对销售推广环节开展“穿透式”检查，力图揭示药价形成机制，为国家综合治理药价虚高、惩治医药腐败、解决人民群众“看病贵”问题提供第一手资料和有价值线索。

二、案例解析

（一）违规事实

检查发现，A 药业通过虚构交易事项套取现金，造成销售费用高企，并直接推动药品出厂价格虚高。

A 药业销售费用的资金流是：生产企业（A 药业）——“过票”企业（B 公司）——“过票”企业（C 分包商等）——企业股东个人账户——销售人员个人账户/药品销售企业——医院等相关部门人员。其本质是药品生产企业伙同下游药品销售企业，蓄意推高药品出厂单价，高开增值税发票并虚增营业收入（推广资金的来源），同时收入虚增部分以销售费用名义虚列（推广资金的形成），相关资金返还至药品销售企业或相关个人账户，并流向医院、医生、医药代表等（推广资金的去向），形成医药回扣，导致推高药品投标及中标价格，进而提高终端零售价格，最终由病患买单（推广资金的恶果）。

（二）检查思路

1. 发现疑点。2018 年，A 药业营业收入 13030 万元，销售费用 2307 万元，销售费用占营收比为 18%。其中，支付某省 B 健康创业园有限公司（以下简称 B 公司）“医药推广服务费”1827 万元，占当年销售费用的 79%。据了解，A 药业 2018 年的营业收入中 90% 以上是通过 B 公司代为推广实现的。

与某些医药企业动辄销售费用占营收比超过 50% 比起来，A 药业销售费用列支情况相对比较合理，但监管局检查组（以下简称检查组）在对 A 药业的主要产品从生产到销售各个环节的成本利润构成进行剖析时，发现存在诸多疑点。

一是药品定价存疑。A 药业销售额最大的产品是腺苷钴胺片，该产品 2018 年销售收入 3579 万元，占营业收入的 27%，单品毛利 2975 万元，占企业总毛利 4659 万元的 64%。2018 年，腺苷钴胺片按单盒药品板数不同分有三种包装，出厂指导价格分别为 5.5 元/盒（3 板装，折合 1.83 元/板）、19.5 元（5 板装，折合 3.9 元/板）和 35.99 元（8 板装，折合 4.5 元/板）。可以看出，该产品的单盒药品板数越多，折合每板药品的出厂指导价格就越高，违背了市场经济下“量大从优”的基本定价原则。与此对应的是，检查组实地走访当地药店了解到，A 药业生产的 5 板/盒的腺苷钴胺片在当地的市场零售价格是 6.2 元/盒，远低于出厂指导价格 19.5 元/盒。

二是客户取向存疑。A 药业前十大销售客户中，有五家客户均通过 B 公司向企业采购且仅采购了腺苷钴胺片，同时采购的全部都是 8 板/盒的包装，也就是单位药品出厂指导价格最高的包装，对产品性价比的逆向选择明显违背常理。

三是单品毛利存疑。A 药业对上述五家客户销售腺苷钴胺片的毛利为 2207 万元，毛利率为 85%，远超企业销售产品的整体毛利率 36%。

四是客户关系存疑。检查组通过查询上述五家客户的工商登记信息，发现相关企业股东相互控股，存在关联关系。

五是销售情况存疑。由于腺苷钴胺片出厂指导价格违背了“量大从优”原则，检查组对该产品的 2018 年销售台账进行了梳理。从表 1 可以看出，腺苷钴胺片的出厂销售情况较为异常：不同包装的产品之间，每板药品价格越高的产品销量越好，销售额越大；甚至同等包装的产品之间，售价表现也较为极端，且同样是价高者销量高。

表 1　　腺苷钴胺片出厂销售情况

品名	包装	出厂指导价格（含税）	出厂指导价格（折合不含税）	实际销售价格（不含税）	销售数量	销售收入
腺苷钴胺片	3 板/盒	5.5 元/盒	4.74 元/盒	4.7～5.6 元	382870 盒	1815598 元
				8.6～13 元	44400 盒	394800 元
	5 板/盒	19.5 元/盒	16.81 元/盒	5.6～6.5 元	13261 盒	80038 元
				16.7～20.7 元	403708 盒	7462121 元
	8 板/盒	35.99 元/盒	31.03 元/盒	29.5～33.8 元	841600 盒	26041363 元

经统计，A 药业 2018 年腺苷钴胺片销售收入 3579 万元，其中每板药品价格最高的 8 板/盒包装的销售收入 2604 万元，占比 72%。

2. 逐层穿透。针对上述疑点，检查组决定采取“穿透式”监管，对 B 公司开展延伸检查，重点关注 A 药业支出销售费用和 B 公司提供推广服务的真实性。

穿透第一层：B 公司于 2016 年 11 月在某市注册成立，2017 年正式开展业务，至 2019 年 4 月检查组进驻，已基本停止营业，公司注册地人去楼空。

应检查组要求，B 公司部分股东从安徽、浙江、福建等省赶往公司注册地，并提供了以前年度账册资料。

检查发现，B 公司于 2017 年在某市注册成立，2019 年已实际停止营业，2017 年至 2019 年 6 月，B 公司收取 A 药业“医药推广服务费”3134 万元，并未直接提供推广服务，而是按一定比例扣除手续费后，继续以“医药推广服务费”名义，将剩余资金支付给该市 C 信息咨询服务部（以下简称 C 分包商）等 26 家服务分包商。

检查组通过调阅相关分包商的税务信息发现，C 分包商等服务分包商陆续成立于 2017 ~ 2019 年，企业性质均为个体工商户；企业名称高度一致（均为该市医药信息咨询服务部）；工商注册地址全部一致，且与 B 公司注册地址相同；在税务部门备案联系电话全部一致，且与 B 公司联系电话相同；开具增值税发票的财务人员（开票人、复核人）全部相同，且都是 B 公司员工；开户行全部与 B 公司相同。

鉴于上述异常情况，为进一步落实 A 药业销售费用真实性，检查组决定继续穿透，延伸检查相关服务分包商。

穿透第二层：在主管税务机关的协助下，检查组约谈了部分分包商。相关人员均来自某省，自称从事医药推广，但无法提供推广药物的有关证据，对 B 公司转来资金的使用情况也是含糊其辞，不能自圆其说。

为进一步掌握资金去向，检查组调阅了相关分包商在该市开设银行账户的资金收支情况，发现分包商收到 B 公司的“医药推广服务费”后，迅速将资金转账至若干个人银行账户，部分转账对象的开户行在某省 A 县，个别转账对象的开户人与 A 药业股东陈 × ×姓名一致。

穿透第三层：在掌握服务分包商有可能将资金转至 A 药业股东陈 × ×个人银行账户这一线索后，检查组约谈了陈 × ×并对其展开心理攻势，令其最终主动交代 A 药业虚构交易事项、列支销售费用，经“过票”公司倒手后，资金返回股东及其直系亲属个人银行账户的违规事实。此外，陈 × ×还提供了相关资金流水台账，表示收到资金后再转账至药品销售人员和药品经销商指定个人，最终用于药品销售公关等费用支出。

2017年至2019年6月，A药业向B公司支付“医药推广服务费”3134万元，上述资金经多层“过票”公司缴税后返回至陈××控制的个人账户2957万元。之后，陈××通过个人账户共计向营销人员贺××等20人转账2957万元，其中向贺××转账2274万元。

穿透第四层：考虑到贺××账户接收转账金额巨大，检查组对贺××账户的实际控制人曹××（两人系母子关系）进行了财政检查询问。

曹××是某营销公司的法定代表人，该公司经营范围包括市场营销策划、商务咨询及医疗器械的销售等。曹××表示，其向A药业提供腺苷钴胺片在某市的药品推广服务，大致按照药品销售额的50%收取推广费，并将收到的绝大部分资金再支付给下游销售商以及支付医院有关费用，但相关支出无法提供证明材料。

三、案例启示

（一）问题成因

首先是企业主观原因。A药业是民营企业，企业控制人财经法规意识淡薄，同时由于企业设立在县域地区，难以吸引高素质的管理人员，导致通过虚列费用来消化公关费用。

其次是市场客观原因。企业向我们介绍，2013～2016年期间，A药业一直以自然销售为主，年销售额仅4000万元，面临破产倒闭的风险。2017年，A药业开始与B公司合作，由对方负责企业药品推广，当年销售收入9000万元，次年销售收入达13000万元，销售额年增长45%以上，实现了企业的预期目标。据了解，目前国内医药市场的现状是，药品生产企业想要扩大产品销售范围，往往需要医药代表进行药品性能、疗效的介绍推广，这是药品销售的必要条件，也是药品销售行业的潜规则。药品生产企业为了实现销售目标，往往对医药代表或销售企业言听计从，在费用列支上被动配合相关要求。

（二）检查思考

1. 加强对“过票”企业的监管。B 公司及 C 分包商等在根本上不具备药品推广的人员和能力，他们提供的“过票”服务是 A 药业套现的必要条件。经了解，相关分包商均开设在当地的健康产业园区，在不产生真实有效 GDP 的同时，还享受了园区的财税优惠政策，恰恰是这些优惠政策为企业从事“过票”创造了空间。一旦政策优惠期满，相关企业立刻停止经营并搜索税收“洼地”重新注册设立。建议税务部门在落实好“放管服”政策的同时，也要加大对这类“轻资产、单客户、短经营、快收支”企业的监管力度，防止不法分子钻政策空子。

2. 改变对医药行业检查模式。此次检查对象是药品生产企业，未涉及药品销售企业和零售终端，无法全面解答“剖析药品从生产到销售各个环节的成本利润构成，揭示药价形成机制”的命题。只有选取某 1 ~ 2 个典型企业，全链条跟踪药品的生产、推广、代理、销售以及终端消费等各个环节，梳理各环节的成本、利润构成，才能更加全面、真实揭示药价形成机制。

3. 药价虚高还需综合整治。A 药业 2017 年以来，通过虚列套现实现了扩大销量、扭亏为盈的目的；公开信息可以查阅到大量医药企业甚至行业龙头的销售费用占营业收入超过 50%，它们通过公关获利且未受到惩罚。企业是逐利的，当某种经营方式能实现利润，而这种方式虽然违规但不会受到惩处，或违规成本非常低的时候，要求企业靠道德良知去约束自身行为，显然是不现实的。治理药价是一项长期、艰巨、复杂的社会斗争，仅依靠会计监管是远远不够的，须努力打造综合整治机制，形成药价“不敢高、不能高、不想高”经营环境。

4. 对费用类科目要尽可能透过现象看本质。本次检查的一个特点是运用了“穿透式”监管。A 药业在账上列支销售费用时，形式上具备相关要件，但检查组考虑到各经营环节存在的疑点，决定对其销售费用进行延伸检查，在顺藤摸瓜之下才发现了虚构交易事项并套取资金的违规事实。

（财政部福建监管局　黄飞轮　刘景辉）

22.

列支成本费用转回员工个人账户支用

一、案例背景

2017年7月，财政部原某专员办对甲市AB园林股份有限公司（以下简称AB股份公司）开展了会计监督检查。AB股份公司是一家主要从事房地产、公共园林工程业务的大型民营股份制企业、上市公司，下设ZS、GZ、WH等10多家分公司，拥有员工2000多名。2016年合并报表显示，资产近80亿元，所有者权益40多亿元，营业收入近30亿元，税前利润1亿多元。检查发现，该公司在一年半左右的时间内，将已经作为成本费用列支的10557.69万元转回到公司的20名员工个人账户，其中有7049.90万元再转到公司副总裁的个人账户。

二、案例解析

（一）违规事实

检查发现，AB股份公司自2016年1月1日起至2017年7月31日，通过虚假业务合同，将已经作为成本费用列支的资金，包括付给一家公司的人工费和付给两家公司的工程分包款，总共10557.69万元转回到该公司的20名员工个人账户。其中GZ分公司总经理林LY和副总经理蒋TY个人账户收取转回资金后，再将部分资金转到集团副总裁林YW的个人账户，共计7049.90万元。对转入的资金，林YW等始终未按检查组要求提供全面完整、足以采信的资料以证明其资金去向和实际用途。同时对此事项，该公司财务部门和相应高管均表示原先并不知晓。

1. 员工个人账户资金收取情况。检查发现，从2016年1月1日到2017年7月31日，AB股份公司已列入成本支出，包括付给甲市TS人力资源公司的人工费，付给甲市TS园林工程公司、甲市YM园林工程公司的工程分包款，其中部分资金经过TS人力资源公司并扣除一定点数（基本为1.5%）后，又转回到AB股份公司部分员工个人账户中，金额累计10557.69万元。具体地，AB股份公司2016年、2017年付给TS人力资源公司的人工费，共有8933.03万元转回AB股份公司员工个人账户；2016年、2017年付给TS园林工程公司的工程分包款，共有1506.72万元经过TS人力资源公司后转回AB股份公司员工个人账户；2017年付给YM园林工程公司的工程分包款，有117.94万元经过TS人力资源公司后转回AB股份公司员工个人账户。

2016年和2017年，AB股份公司员工个人账户收取TS人力资源公司转回的资金，共涉及20人，其中收取金额最大的是GZ分公司总经理林LY，其个人账户收取转回资金7338.24万元；其他个人账户收取转回金额较大的，还包括ZS分公司副总经理潘某715.31万元，WH分公司工程副总监何某632.13万元，GZ分公司工程副总监黄某319.61万元，GZ分公司副总经理蒋TY 231.28万元，ZS分公司项目副总监钟某215.92万元等。林LY和蒋TY收取的款项，其中大部分又转入集团副总裁林YW的个人账户，其中林LY转入资金6933.07万元、蒋TY转入资金116.83万元，即林YW个人账户间接收取转回的资金，合计为7049.90万元。对员工个人账户收取转回资金的问题，AB股份公司有关部门和人员，包括财务部门和财务总监、董事会秘书、总经理、董事长等高管均表示个人账户使用个人银行卡等，由个人掌握，他们原先并不知晓。

财政部原某专员办将案件移送公安机关，公安机关予以立案后，检查组按公安机关要求在侦查早期配合对林YW的个人账户信息进行梳理，公安机关调取的信息资料显示，林YW在7家银行开立个人账户共15个，其中正常使用的账户10个；2015年10月至2018年10月期间，10个账户共收进资金26480.75万元，共划出资金26386.58万元，余额123.29万元；资金来源中，来自23名AB股份公司员工（不含林YW自己账户互转）个人账户划入的金额为12942.88万元。

2. 员工个人账户资金支用情况。由于财政部门无权直接检查个人账户，同时包括林YW、林LY等在内，绝大部分人以账户属于个人、涉及隐私为由，始终未提供银行完整流水等全面、完整的资料，因而检查组只能就各个收款人所配合提供的资料进行梳理、核计、汇总。由于缺乏银行完整流水，部分收款人尽管提供了相应单笔收付款银行回单，但却无法确认资金收、支之间的配比、对应关系；由于手段受限，尽管大部分收款人提供了资金支用证明资料，但部分支出无法判定其真实性并追查其最终的去向和用途。以下就各个收款人所提供的资料进行梳理。

（1）林LY收到资金支用情况。林LY个人账户收TS人力资源公司转入7338.24万元，一是转给林YW6933.07万元；二是转给公司3位员工，用于发放临时工工资，转款金额合计236.93万元；三是2017年1月26日，转账给GZ分公司员工87人，金额合计168.27万元，其中较高者蒋TY15万元、李某11万元、何某8.5万元等，余额－0.03万元。

（2）林YW收到资金支用情况。林YW个人账户间接收取转回的资金合计为7049.90万元，其提供资料说明其收到的资金已全部作为AB股份公司工程项目的工程款（4217.84万元）、人工费（1307.90万元）、材料款（812.47万元）、运输费等其他支出（36.86万元）等转给了158人，其中转款金额累计最大的前5名依次是：虢某771.18万元、江某647.87万元、刘某631.91万元、肖某509.87万元、洪某409.63万元，另外现金发放工人工资31.26万元。但是，在资金去向证明方面，林YW所提供资料称共转出570笔（次），其中仅31笔有银行盖了公章且有收款人明细的转款回单，22笔有银行正式转款回单但是没有收款人明细，另有211笔为网络截图形式，269

笔为可以随意编辑的 WORD 文档格式，还有 37 笔没有提供任何转款证明资料；此外，在支出用途资料方面，有 674.73 万元未提供任何具体资料。

案件移送并被公安机关立案后，根据侦查早期配合公安机关调取的信息资料，林 YW10 个个人账户在 2015 年 10 月至 2018 年 10 月期间，共收进资金 26480.75 万元，共划出资金 26386.58 万元，其中划转到 AB 股份公司员工个人账户的金额为 2075.32 万元，其余资金均划转到外部非 AB 股份公司人员账户，其中单人累计收取金额在 300 万元以上的总共有 14 人；收到林 YW 转去款项的人员中，有的又常常以几十万元、百万元等整数额转给其他个人收款方，有的在临近春节等期间大额提现，如其中一个收款人 2016 年 2 月 3 日、4 日收到林 YW 转去 123.86 万元、50 万元，依次于当日在柜台提现 100 万元、50 万元等。

（3）全部资金支用情况。AB 股份公司 20 名员工个人账户收到转回的资金累计 10557.69 万元，依照这些人检查期间所配合提供的资料，均是用于 AB 股份公司的工程项目，其中工程款支出 4858.51 万元、人工费支出 3039.62 万元、材料费支出 926.49 万元、临时工工资支出 753.38 万元、其他支出（运输费、服务费、归还垫款等）81.11 万元、转给 GZ 分公司员工 87 人 168.27 万元，另外没有提供任何用途资料的支出 674.73 万元，合计转出（使用）金额 10502.12 万元，收支余额 55.57 万元。

（二）处理结果

鉴于检查所发现问题主要涉及个人，但财政部门无权检查个人账户，并缺乏手段核实个人提供信息资料真伪，同时 AB 股份公司相关个人涉嫌触犯刑法相关规定，因此在向财政部请示后，2018 年 6 月 21 日，财政部某专员办向省公安厅发出了《涉嫌犯罪案件移送书》。省公安厅接文后转送甲市公安局办理。2018 年 8 月 17 日，甲市公安局经济犯罪侦查支队发回了《受案回执》。2018 年 10 月 17 日，甲市公安局向财政部原某专员办发来《立案告知书》，正式对林 YW 等人涉嫌职务侵占案予以立案侦查。

（三）检查思路与方法

1. 综合分析，锁定疑点。检查组在检查过程中边查证、边梳理、边分析，并对成本费用支出方面的三个异常疑点予以了高度关注。一是AB股份公司2016年、2017年付给TS人力资源公司的人工费，分别高达10437.04万元、5770.68万元，但经查询，该人力资源公司是一家2014年11月才成立的企业，注册资本50万元，经营范围并不包含提供劳务和施工承包等。如此没有实力的一个小微企业，为何能取得一年超过1亿元的业务收入？二是AB股份公司2016年付给TS园林工程公司工程分包款214.06万元，2017年支付的工程分包款陡增至1572万元，另外，2017年新增支付YM园林工程公司工程分包款158.72万元，因对名称中都有“TS”二字敏感，检查组进行了查询，结果发现这两家园林工程公司的注册资本分别只有30万元、50万元，并且与TS人力资源公司一样，股东均是梁某、姚某，疑似实际控制人为梁某。三是通过对AB股份公司向TS人力资源公司支付人工费入账资料的检查发现，两者虽然就不同工程项目签订了“施工任务书（劳务合作合同）”，但所附资料大都并不足以成为支付款项的支撑：如合同选定计价方式为总价包干时，所附附件没有工程预算书、工程量清单计价表等相关资料；合同选定计价方式为时工计价时，所附附件没有工作登记单、考勤登记表等应有资料。AB股份公司是上市公司，一年支付对方相应费用过亿元，正常情况下焉会如此粗糙潦草？综合相关疑点，检查组及时向单位请示报告。经报批后，财政部原某专员办决定对TS人力资源公司进行延伸检查。

2. 内查外调，厘清脉络。检查组在进点检查AB股份公司之时，即要求其提供一份公司2016年、2017年的员工花名册。延伸检查TS人力资源公司发现，其收取AB股份公司支付的部分款项后即将其中的大致98.5%转到相关个人账户，检查组旋即将收款人名单与员工花名册进行对碰，结果发现有20位收款人为AB股份公司的员工。同时，延伸检查还发现，AB股份公司2016年、2017年付给TS园林工程公司、YM园林工程公司的工程分包款，都转给了TS人力资源公司，其中部分资金扣除一定点数后，也转到了AB股份公司部分员工个人账户中。经过细致梳理，最终核实，AB 股份公司 2016 年、2017 年已作为成本费用列支的，包括付给 TS 人力资源公司的人工费和付给两家园林工程公司的工程分包款，累计 10557.69 万元转回到 AB 股份公司的 20 名员工个人账户中。在掌握基本情况的基础上，检查组及时约谈了公司管理层，严正要求其做好 20 名员工的工作，配合提供个人相关银行账户资料，说明资金去向和实际用途，由此进一步发现其中大部分资金又转到集团副总裁林 YW 的个人账户上，合计 7049.90 万元。

3. 及时移送，积极配合。面对问题主要涉及个人但又无权检查个人账户的现实，检查组及时向单位做了请示汇报，单位经向财政部请示后，及时启动了向公安机关移送案件的程序。2018 年 10 月 17 日，当地公安机关正式告知予以立案侦查。公安机关立案后，检查组按照要求，安排专人在其侦查前期积极配合做好相应工作。

三、案例启示

（一）违规动机与原因

AB 股份公司在不到两年时间内将已列支的成本费用超过亿元资金转回到公司员工个人账户支用，其中所涉及的违法问题尚不得而知，但巨额资金被套取到个人账户，其动机可能包括：一是偷逃个人所得税。我国个人所得税实行累进税率，收入越高，需要缴纳的个人所得税就越多。上市公司员工尤其是高管收入比较高，但通过虚列支出套取资金后再发放部分薪酬，特别是补贴、奖金等，便可以不缴、少缴个人所得税，增加实际收入所得。目前对诸如此类的违法违规行为打击力度不够，也使一些企业心存侥幸。林 LY 个人账户收到转回资金后，于 2017 年 1 月 26 日转给 GZ 分公司员工 87 人，金额不等，最高者 15 万元，合计 168.27 万元，可能属于前述情况。二是套取资金用于非法支出，比如商业贿赂等。工程建设领域的腐败问题历来为社会所诟病。AB 股份公司是从事房地产、公共园林工程业务的，转回到员工个人账户上的资金，再转出后有不少被大额提现，不排除有不少资金是用于行贿，包括商业贿赂等。三是套取资金，占为己有。

AB 股份公司出现前述突出问题，还有两个因素应引起重视：一是财务人员未起到监督把关作用。财务人员本应依照《会计法》等规定，恪尽职守，审核把关，监督提醒，但 AB 股份公司财务人员显然没有起到这个作用。二是外部监督没有跟上，监督失效。会计师事务所每年为 AB 股份公司出具审计报告，但由于多方面原因，没有发现存在的相应突出问题。行业监管部门比较关注上市公司的信息披露，比较重视日常和非现场监管，但对必要的现场深入检查，重视不够、触及不多；审计、财政等部门由于机构、人力等限制，每年抽查的企业数量有限，检查面有限——因前述因素，AB 股份公司多年未接受过相关政府监管部门的正式监督检查，形成监管真空。

（二）教训与启示

1. 切实加强对上市公司的财务监督检查。财政部门要依照《会计法》等规定，通过会计信息检查等方式，进一步加强对上市公司的财务监督检查。实践显示，目前企业财务舞弊的问题仍比较常见，尤其是成本费用支出失真、套取资金、偷逃个人所得税等问题仍比较突出，需要通过加强监督检查，加大查处力度，加以有效整治。

2. 进一步构建发挥企业内部会计监督作用的有效机制。AB 股份公司已列支的成本费用巨额资金转回到公司员工个人账户支用，财务部门、财务人员表示原先并不知晓。分析原因，一是真的不知晓。在这种情况下，鉴于列支费用的部分入账凭证所附资料不足以成为付款的支撑，则财务人员就存在严重失职；二是实际是知晓，则财务人员就是伙同作弊，狼狈为奸。虽然《会计法》规定各单位应当建立、健全单位内部会计监督制度，会计机构、会计人员应当发挥会计监督作用，但规定要求要真正落地，仍任重而道远。建议结合《会计法》修订等，研议会计人员任免、升迁、奖惩等由董事会决定而非企业经营管理层决定的规定的可行性，通过将会计机构、会计人员更加紧密地嵌入企业法人治理结构，构建更有利于发挥企业内部会计监督作用的有效机制，使会计机构、会计人员敢于监督、能够监督。

3. 进一步强化对社会中介机构审计的监督。AB股份公司近年来一直由一家较大的国内会计师事务所进行审计，但注册会计师并未对其成本费用列支方面的疑点予以关注，未发现相关问题。审计质量，既受会计师事务所内控、管理水平的影响，也与注册会计师的业务素质、执业操守密切相关。社会中介机构审计作为社会监督，非常重要，但其审计工作远没有社会所期盼的那样规范、完善和有效，审计质量仍有很大的提升空间。因而，要进一步强化对社会中介机构审计的监督，进一步明确相关方的审计法律责任，加大责任追究力度，同时努力净化审计执业环境，不断推进审计质量提升。

4. 深入推进工程建设领域反腐败和商业贿赂工作。党的十八大以来，反腐败工作取得巨大成就，但在工程建设等领域，仍有一些公职人员不收手，同时商业贿赂问题还比较突出，既破坏市场秩序和市场关系，也败坏行业风气和政风党风。因而，应以永远在路上的坚韧，继续深入推进工程建设领域反腐败和商业贿赂工作，加大监督，严肃查处，做到发现一起、严厉惩处一起。

5. 努力推动不同监管部门形成有效的监督合力。目前，对上市公司，主要由证监会行使行业监管职能，此外，财政部门进行会计监督、税务部门进行税收征管、审计部门进行审计监督、市场监管部门进行市场监管等。上市公司事关广大投资者切身利益，同时上市公司数量众多，涉及面广泛，因而上市公司需要监管好，但单靠一个部门，难以实现有效监管。为促进上市公司规范经营，杜绝舞弊行为，减少违法违规行为，需要加快建设形成有效的外部监督体系，进一步健全监管协作机制，不同监管部门之间既要切实履行好各自职责，发挥各自作用，又要做好协调配合，形成监督合力，提高监管成效。

（财政部广东监管局　罗俊义）

23.

虚列销售费用　会计信息失真

一、案例背景

LY 是一家市级国有控股制药企业，主要从事心脑血管疾病等慢性病缓控释制剂的研发、生产和销售。拥有阿司匹林肠溶片、格列齐特片等 17 种药品的生产许可。2018 年，该药企生产了 11 种药品，其中仅格列齐特片、兰维乐片、阿司匹林肠溶片 3 种药品的销售实现利润，其余药品销售均为亏损。几年前，该企业曾组建营销队伍，但销售额并不理想。

2018 年，LY 营业收入 9463.21 万元，较上年增加 3895.39 万元，增长 69.96%；净利润 138.23 万元，较上年增加 76.1 万元，增长 122%；三项期间费用合计 5314.45 万元，占当年收入的 56.16%。

2018 年三项费用中，销售费用 2532.86 万元，较上年增加 1666.39 万元，增幅达 192%。检查组查阅了全年的销售费用明细，发现其中包含大量的会议费、业务学术推广费、咨询费、市场调研费等，支付对象为中介咨询公司。在分析相关原始凭证的基础上，检查组对其咨询费、会议费的真实性产生了质疑，沿着资金流向，检查组顺藤摸瓜，直接延伸到向该药企提供咨询业务的咨询公司，进一步证实这些费用其实并非真实发生的销售推广、调研费用。该公司近年来销售费用逐年上升，销售费用与当期营业收入高度正相关，且销售费用中包含大量冠以咨询服务或会议服务名义的销售费用，存在虚构销售推广调研业务、销售费用不实、会计信息质量失真问题（见图1）。

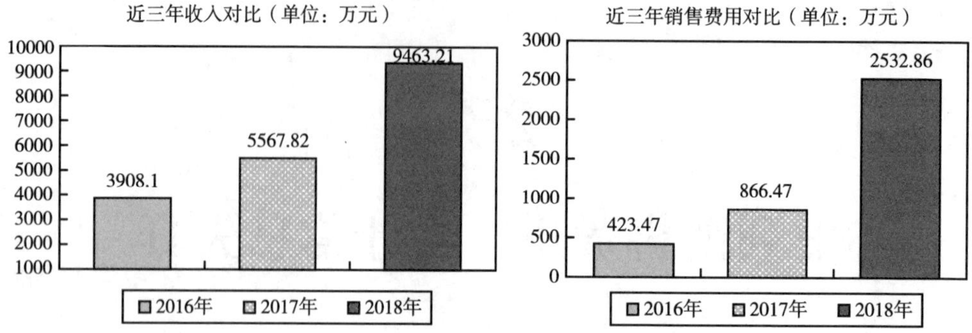

图1　LY近三年收入、销售费用数据

二、案例解析

（一）违规事实与手段

1. LY于2018年1月18日转账给A咨询中心34万元，用于支付该咨询中心在X省各地市所做的复方氨酚烷胺片、格列齐特片市场调研。检查人员实地到A咨询中心进行延伸调查取证，发现该咨询中心为个体工商户，注册地为某居民楼，已人去楼空，附近居民并不知道有该咨询中心。在当地有关部门的配合下，检查组联系到咨询中心的当事人。据当事人说明，2018年经人介绍和LY发生一笔咨询业务，协商咨询费用为34万元，该咨询中心将业务委托给某某个人办理。

A咨询中心在收到转账汇款的次日即提取现金32.5万元，并将其中30万元以现金方式支付第三方相关费用，至于是否真的做了市场调研并不清楚。

2. LY2018年支付B传媒有限公司会务费、咨询费共计152万元，其中会务费134万元、咨询费18万元。检查人员实地到B传媒有限公司外调查证，发现该公司为个人独资的有限责任公司，注册地在Q县C村。检查发现B传媒有限公司根据LY出具的情况说明，将药企支付的咨询和会议业务转包他人办理，实际上LY并未参加在有关地市的会议、推广活动。经查询该公司银行账户，其中148万元转账给第三方个人银行账户，用于支付相关费用。同时，检查人员对该公司为药企开展会务活动的D酒店（依据药企会计所附原始凭证，该笔会务费涉及金额12万元）进行了外调，酒店证明在相应时间段并无任何机构或个人在该酒店组织召开过有关药品研讨和药品推广会议。

根据外调结果及A咨询中心和B传媒有限公司的情况说明，两个机构收到咨询费后即将相关费用支付给第三方，且无法提供证明其为该药企提供咨询、会议代理服务的影像及实证资料，进一步证明了LY存在以咨询服务或会议服务名义支付大量资金用于违规营销的事实。事实上，LY并不在意咨询或会务活动是否开展，而是在意销售业绩，他们根据代理商的要求支付相关费用，支付依据是销售回款情况，目的是实现销售收入的增长。根据企业提供的统计表，上述两项咨询费或会议费占销售回款的比例约为20%。

LY2018年销售费用较2017年增加1666万元，增长192%，销售收入较2017年增加3895.39万元，增长69.96%。可以看出，LY销售费用的支出对于提高销售额确实起到了立竿见影的效果。

（二）处理结果

上述销售费用核算中的行为违反了《中华人民共和国会计法》第九条"各单位必须根据实际发生的经济业务事项进行会计核算，填制会计凭证，登记会计账簿，编制财务会计报告。任何单位不得以虚假的经济业务事项或者资料进行会计核算"的规定。财政部门依照《中华人民共和国会计法》第四十三条的规定，责令单位限期改正，并处以适当金额的罚款。

（三）检查思路方法

1. 紧扣重点，关注真实性。围绕核查销售费用真实性的目的，结合销售收入、咨询成果、会议签到等实证资料核实销售费用列支是否有充分依据，进一步核实费用列支的真实性和目的。

2. 深剖细挖，发现蛛丝马迹。检查组细致翻阅大量凭证及附件，将每一笔咨询费、会务费等销售费用进行了表格化列示，尤其对每笔咨询费用后附的市场调研报告中存在的疑点，会务活动费后附的会议召开时间、地点、参加人员等原始凭证中反映的信息进行了归集、罗列，质疑其业务发生的真实性。

3. 由内到外，完善证据链。从企业会计凭证发现的疑点出发，先选择外调可行、相对现实的省内咨询公司进行外调核实，取得外部证据，对从会计原始凭证中发现的疑点进一步佐证，再对药企相关人员进行财政检查询问，结合外调取证结果对企业相关责任人做询问笔录，获取药企销售费用的支付实情，完善证据链。

三、案例启示

（一）原因动机分析

一是药品销售高度依赖代理商。LY 所拥有的生产批文均是全国有多家生产的同质化普通药品，没有单独定价品种，缺乏市场竞争力。加之企业自身销售力量薄弱，在职 271 人中仅有 19 人从事销售推广工作。为了生存，企业只能高度依赖拥有更多销售渠道和资源的药品代理商来进行药品销售，并根据代理商的安排，通过咨询公司支付所谓的营销费用。如果不通过代理商联系渠道，企业生产的药品无法进入医院，即使挂网，具备了销售给医院的条件，进入医院后，销量也不能得到保证。

二是销售模式变革所致。自 2016 年起，随着“两票制”“营改增”以及药品销售合规化政策的实施，为了应付“两票制”，大量冠以“咨询管理服务”“信息科技”等名头的咨询公司出现，为制药企业制定出所谓的咨询、推广方案，为药品代理商开票提供了便利条件。上述 A、B 两家公司即属此类公司。根据这两家“影子公司”提供的资料，在 LY 签订协议并付费后，其并未开展相关业务，而是转包并将钱转给个人。鉴于这两家公司由代理商指定，其相互之间必定有千丝万缕的关系，隐蔽的财税风险、中间利益的灰色链条在规避“两票制”的同时，最终把风险传递给药企，导致药品成本中包含了大量不合理销售费用的水分。

三是药企的社会责任感缺失。在我们国家，任何一个企业不应该仅仅是逐利的经济体，而首先应当是一个承担社会责任的组织。药企生产的是关乎人民生命健康的特殊商品，医药企业的社会责任感，不仅仅是要生产出疗效好的药品，而且要千方百计维护好医药市场体系，生产出老百姓买得起、吃得起的放心药。如果企业只考虑自身的生存发展，只考虑利润，那么穿着外衣的营销费导致的虚高药价将会成为压垮企业的最后一根稻草。

（二）启示与思考

长期以来，国家一直致力于促进更加公平、更可持续的医疗保障体系建设，致力于解决人民群众“看病贵、吃药贵”的问题。但从实际情况来看，药企高企的销售费用直接加码于药品价格，导致了药价虚高，增加了患者的经济负担，降低了医保资金的使用效率。因此，遏制医药企业及销售环节的舞弊、作假行为，必须规范药企经营，构建风清气正的医药市场秩序，从源头上整治“药价虚高”问题，维护人民群众的切身利益。

一是深入推进医改，推动“4+7”带量采购和药品一致性评价政策全面实施，由药企直接对接医院和药店，不再通过药代这个中间环节，把药企相互竞争的重点拉回到药价、药品质量的正轨上来，实行优胜劣汰，减少药企不必要的销售费用，从而真正让更多安全有效、价廉质优的药品惠及于民，切实提升人民群众的幸福感、获得感。

二是推动药企转型，增强市场竞争力。医药企业传统的营销模式、老经验、惯用做法在国家医改政策的不断完善下已是穷途末路。加大药品研发投入、积极开展药品一致性评价，积极致力于将生产、管理走向正规化、精细化，实现真正转型，生产更多的质量有保证、价格合理的药品，从而步入良性发展道路，才是药企的唯一出路，否则药企的生存只能是四面楚歌。顺应改革发展趋势，医药企业应当升级药品的营销模式和营销手段，由靠关系、靠渠道向靠技术、靠专业推广的模式转变。另一方面要实现企业转型发展，要千方百计增加研发支出，不断提高研发费用的投入，增强企业自主创新能力，实现靠销售驱动向靠产品驱动转变。

三是持续强化监管，剑指医药贿赂。加强监管部门间的合作和协同，形成监督合力，持续强化对医药商业贿赂、带金销售等违规行为的整治。加强医药行业会计信息质量检查，对医药销售环节实施“穿透式”监管，进一步减少药品销售上的“灰色地带”。深入开展药企违规营销专项整治，同时加强药品在流通、招标、采购、医院临床使用等环节的监督治理，建立医药购销领域不良记录负面清单，加强对药企销售中违规违法行为的依法依规处理。

（山西省财政厅　李雄波　张晶）

24.

设立空壳公司　套取银行贷款

一、案例背景

J 金控实业公司于 2018 年 2 月成立，注册资本 1 亿元，经营范围主要包括产业投资、生态与资源项目开发投资、城镇基础设施投资、产业园开发投资、PPP 项目咨询服务、PPP 项目投资与管理、对其他行业的投资等。2019 年 10 月，J 金控实业公司与甲地方政府平台公司共同投资成立 A 公司，注册资本 1 亿元，其中：J 金控实业公司出资 5100 万元，甲地方政府平台公司出资 4900 万元。根据 A 公司财务账面反映，2019 年 11 月 29 日和 12 月 10 日 A 公司分四笔收到 J 金控实业公司和甲地方政府平台公司的出资款，银行回单注明转款用途为“缴纳资本金”。2019 年 12 月 9 日和 13 日，A 公司分别将上述资金转回 J 金控实业公司和甲地方政府平台公司，且除向银行融资外并无其他实质经营业务，致使 A 公司成为实质上的空壳公司。2019 年 12 月，A 公司以某景区改造工程项目的名义，获得 B 银行固定资产贷款 5 亿元，期限 5 年，年利率 6%，贷款由 J 金控实业公司和甲地方政府平台公司等提供担保。截至 2020 年 3 月，B 银行已向 A 公司发放 3 笔贷款共计 4 亿元。

二、案例解析

（一）违规事实

1. 套取银行贷款通过受托支付方式转给控股股东。A公司于贷款发放当日，通过受托支付方式分别转给三家施工单位，三家施工单位再陆续全部转给甲地方政府旧城改造开发有限公司。甲地方政府旧城改造开发有限公司随后按A公司两家股东的投资比例（51%和49%）分别转给J金控实业公司（通过其子公司转账）2.04亿元、甲地方政府平台公司1.96亿元。贷款利息由J金控实业公司和甲地方政府平台公司按投资比例承担。

2. 拆借贷款资金赚取利差。J金控实业公司将A公司转入的2.04亿元银行贷款资金中的1.96亿元拆借给地方财政或地方政府平台公司成立的项目公司使用，主要用于支付某土地整理开发项目拆迁款、某矿泉水项目借款、缴纳某文化体育产业中心项目商业用地部分土地竞拍款，拆借资金均按年利率12%收取资金占用费。截至2020年9月，J金控实业公司共收取资金占用费1115.53万元，同时支付A公司的银行贷款利息744.06万元。据此，J金控实业公司获得利差371.47万元。

（二）检查思路与方法

在发现上述违规事项的检查过程中，检查组通过对X金融控股公司的会计核算、投融资、资产质量等多方面情况进行全面检查，并对有关问题线索深入子公司及往来单位进行追溯和延伸检查。

1. 全面排查，关注异常行为。在对X金融控股公司进行检查前，充分收集整理金融行业及非银行金融机构检查的相关政策、X金融控股公司的背景材料，了解该公司的组织架构、营业范围、收入状况等相关信息，对主要工作方向及内容进行明确和细化。在对X金融控股公司进行检查过程中，对该公司的经营收入、资产负债情况、企业投资项目等进行全面排查。在检查到

X 金融控股公司子公司 J 金控实业公司时，发现 J 金控实业公司与一家企业的资金往来存在异常，进一步核实发现，与 J 金控实业公司往来的 A 公司为 J 金控实业公司与甲地方政府平台公司联合设立，J 金控实业公司于 2019 年 11 月至 12 月转给 A 公司 5100 万元充当注册资本金，而后 A 公司又于 2019 年 12 月将注册资本金转回 J 金控实业公司与甲地方政府平台公司。J 金控实业公司出资设立公司而后又立马抽回注册资本金的行为，引起了检查组的怀疑。

2. 深挖细查，厘清事实真相。对于 J 金控实业公司与 A 公司的问题线索，检查组重点突破，发现 A 公司除向银行融资外并无其他实质经营业务。围绕银行贷款资金流向进行追查，发现 A 公司在获取银行贷款当日通过受托支付方式将贷款转给三家施工单位，三家施工单位再陆续全部转给甲地方政府旧城改造开发有限公司，最后由甲地方政府旧城改造开发有限公司按 A 公司两家股东的投资比例分别转给 J 金控实业公司（通过其子公司转账）和甲地方政府平台公司使用。由于 A 公司注册资本金已全部转回给 J 金控实业公司和甲地方政府平台公司，因此，检查组继续追查转入 J 金控实业公司 2.04 亿元银行贷款资金使用情况，发现 A 公司将 1.96 亿元银行贷款资金主要用于拆借给地方财政或地方政府平台公司成立的项目公司使用。

3. 多方取证，完善证据链条。因检查涉及的 X 金融控股公司为地方大型企业，任何检查发现的问题对该公司经营都有一定影响。检查组严格按照有关检查规则的要求，依法开展检查，根据资金流向，分赴 J 金控实业公司及甲地，走访有关企业、厘清事实真相，保存有关凭证，确保发现的问题事实清楚、证据确凿、定性准确、依据充分。

三、案例启示

（一）违规动机与原因

1. 金融控股公司野蛮生长，盲目扩张业务。随着全球范围内金融企业综合化经营渐成趋势，2002年，部分集团公司获得国务院首批试点综合金融控股集团的批准，成为我国金融控股企业发展的开端。近年来，在我国金融改革大趋势的背景下，非金融企业参与金融行业的大门已经打开，特别是国家鼓励民营资本进入金融业。在这股潮流中，非金融企业投资控股多家类金融机构，成为事实上的金融控股公司的情况屡见不鲜。但在实践中也暴露了一些复杂的问题，如部分金融控股公司为了发展生存，不考虑业务的合法合规性，虚假注资、循环注资，盲目扩张金融业务。

2. 金融控股公司内部控制弱化，违规操作较易。部分金融控股公司长期存在内部控制弱化现象，这主要表现为“重业绩，轻管理”，在野蛮生存过程中内部控制制度无法跟上发展的步伐，导致出现一系列的问题。一是内控制度缺乏协调性。部分金融控股公司虽然建立了一套较为完善的内控制度，但操作性不强，与实际业务要求还存在一定差距，无法实现业务运作过程中环环相扣和相互监督制约的动态控制。二是财务控制制度适用性差。在财务管理方面，部分金融控股母公司及所有子公司适用同一套财务管理规定，未考虑子公司众多、涵盖领域广、涉及行业多，体制不尽相同，统一的财务管理规定并不能完全适合其所有子公司，在财务监督方面则同时存在监督不力的现象，对资金使用管理不严、审批不规范，容易造成公司财务混乱状况。三是风险控制制度有待完善。金融控股公司因其内部复杂的组织结构和高关联度的业务，面临着操作风险、经营风险等多种风险，在目前阶段，我国部分金融控股公司成立较晚，风险防范和控制机制还不够完善，存在诸多问题，如未建立风险控制制度或已建立但不够完善；未配置必要的常设管理机构或已配置但组织结构不健全，人员配备不足、职责划定不清等。四是内部审计监督的权威性和独立性有待提升。我国的金融控股公司虽大都设立了专门的审计监督部门，但管理者对内部审计的重要性认识不足，致使内部审计监督部门缺乏应有的权威性和独立性，内部审计部门的监督流于形式，没有起到应有的作用，导致内部控制的监督弱化。五是信息控制制度有待加强。我国金融控股公司虽已开始信息控制制度的建设，但离市场要求还存在一定差距。主要表现为没有建立起顺畅有效的信息采集机制，母公司不能及时有效地获取子公司的信息数据，即使获取了数据也存在失真等情况，导致母公司对子公司的经营状况等出现错判。

3. 外部监管不健全，提供可乘之机。外部监管是保证金融控股公司良性发展的有力保障。2020 年 9 月 13 日，中国人民银行发布《金融控股公司监督管理试行办法》（下文简称《管理办法》），《管理办法》于 2020 年 11 月 1 日起施行，在《管理办法》出台前，外部监管不健全、不完善，问题主要体现在以下几点：一是监管机构多且分散，难以形成一套完善的监管体系。部分金融控股公司，实控的金融机构主体较多，分布在全国各地，这些金融机构的监管机构也分布在各地且存在多个监管机构同时监管，金融机构之间的业务往来复杂且隐蔽，某一地区的单一监管机构很难发现隐藏在金融机构之间的复杂性金融风险。二是监管手段不足，难以应对新形势下的监管工作。监管机构一般只有几名至几十名工作人员，且多数人员日常从事行政工作，对新业务的知识储备不够、实践经验不足，监管能力的建设相对滞后；金融控股公司大多体量庞大，实控公司较多，资金往来频繁、数据量大、来源分散、格式多样，监管机构缺乏相应的信息技术人才，很难在监管工作中应用大数据技术，以往的人工查账手段很难适应新形势下的监管工作，不易发现隐藏在数据中的有用信息。

（二）启示与思考

1. 加强法制建设，制约盲目扩张。加强针对金融控股公司法规办法的制定，严格市场准入及相关资质、限定业务范围、明确实控人负面清单，有利于规范金融控股公司经营行为，限制违规操作，有效制约企业盲目扩张；强化对金融控股公司资本运用合规性及来源的真实性监管，防止违规融资、虚假注资、循环注资，有利于遏制金融控股公司规模过度膨胀。

2. 加强内控建设，筑牢风险防线。金融控股公司应当明晰股权架构、完善治理结构、优化业务流程，全面梳理原有内控制度，以进一步强化对权力运行的制约和监督、加强对资金的跟踪管理和项目审核管理为目标，建立一套完善且相互协调的动态内控制度体系，并根据变化不断完善内控制度。加强内控风险评估，发现潜在危险，并针对风险提出相应政策，进一步完善内控制度。加强内部监督，形成相互制约，构建规范的内部制衡机制，用好内部巡视巡察和审计，进一步完善制度，规范管理。

3. 加强全面监管，强化监管震慑。各监管机构应建立信息共享机制，打破信息壁垒，加强金融控股公司信息数据共享，降低各监管机构的信息获取成本，提高发现问题的能力。健全联合监管机制，成立领导小组，充分挖掘整合各监管机构优势，实现对金融控股公司的更加有效控制，针对问题线索，提出更加全面的意见和建议，提高监管水平。建立干部交流培训制度，各监管机构间建立干部交流挂职制度，交流监管经验，扩充业务知识储备，促进共同提升监管水平。大数据、云计算、人工智能等新技术已在金融领域得到广泛应用，加强对新技术的培训，提升监管水平，以科技力量推动监管创新。

（财政部江西监管局　邹兴荣）

25.

实际控制人侵占上市公司利益

一、案例背景

X 上市公司经营范围为生产、销售（限本企业自产）片剂、麻醉药品、药品类易制毒化学品，销售化工原料，包装材料等。Y 集团系国有企业，截至 2011 年 12 月 31 日，通过直接和间接持股方式持有 X 上市公司 33.38% 的股权，系 X 上市公司的控股股东、实际控制人。2011 年 6 月，财政部派出机构派出检查组对 X 上市公司进行会计信息质量检查时发现，Y 集团利用控股影响，通过畸价关联交易、非法资金往来、控制经营业务等多种手段，影响 X 上市公司的独立性，侵占其合法利益。根据《中华人民共和国会计法》及相关会计制度的规定，财政部派出机构依法对 X 上市公司下发了处理决定。针对关联方交易定价披露不实等问题，责令其限期整改，按照相关法律规定如实披露。上述问题，X 上市公司和 Y 集团已经整改。针对低价购货问题，Y 集团和 X 上市公司聘请中介机构出具价格咨询报告，上调“SLY”10 片/盒的结算价，在 2011 年度报告时将按照协议披露定价原则。针对无偿“借用”资金问题，2010 年底，X 上市公司将 D 公司的股权转让给 Y 集团，集资的主体、土地及房屋资产都在 Y 集团的资产范围内，从 2011 年起，D 公司不再属于 X 上市公司合并报表范围。2011 年 12 月底，Y 集团工会已将款项划回 X 上市公司。针对“广告业务及骨干产品销售”问题，X 上市公司已与 Y

集团在2011年9月分别签订了《产品销售委托协议书》以及《广告业务委托协议书》。

二、案例解析

（一）违规事实与手段

2005年至2010年，Y集团利用其对X上市公司的控股影响，通过多种途径，影响X上市公司独立性，转移其利润，侵占其合法利益，一是与X上市公司签订低价药品经销协议，转移X上市公司利润，侵占其合法利益至少1581.06万元；二是无偿“借用”X上市公司所属资金，侵占其合法利润至少1933万元；三是直接控制X上市公司广告业务及骨干产品的销售，以报销的形式向X上市公司转移大量销售费用，仅2010年度，Y集团销售总公司转入X上市公司的销售费用就高达5080万元。

1. 向X上市公司低价购货，侵占利润。2007年12月，Y集团与X上市公司签订药品“SLY”经销协议，约定以同期非关联方交易价约2/3的水平向其购买“SLY”用于销售。经检查组测算，考虑Y集团承担配比销售费用后，较非关联市场交易而言，2008～2010年，Y集团低价购货至少产生1581.06万元以上的关联交易利润，对X上市公司报表业绩产生重大影响。名义上，X上市公司利用Y集团的销售网络开拓了市场，采取了形式合法的契约，X上市公司披露其为市场定价方式，但交易实质已显失公允，严重违背对等交易原则，直接将X上市公司利润通过低价买进方式转移至Y集团。

2. 无偿“借用”X上市公司所属资金。D公司是X上市公司纳入合并范围的子公司。2005年7月，Y集团发布通知，将D公司所属某地块用于职工集资宿舍建设，并由Y集团工会代为收取集资款项。2005～2009年，在未经X上市公司股东大会许可前提下，Y集团工会将上述已收集资建房款14903万元中的大部分划转至Y集团无偿使用。按同期银行贷款基准利率测算，Y集团无偿使用D公司资金的行为至少侵占X上市公司利润1933万元。

3. 直接控制X上市公司广告业务及骨干产品销售。X上市公司所有药品电视广告合同的谈判、签订均由Y集团直接负责实施，广告费用的支付也受Y集团直接控制。同时，Y集团下属销售总公司也直接控制了X上市公司骨干产品的销售业务，为此，Y集团专门设立"X上市公司销售部"（其人员归属Y集团销售总公司行政管理），会计核算上单独建立"X上市公司股份有限公司"二级账，每月将报销凭证装订后会同报表报送X上市公司并表并账，X上市公司据此支付款项。仅2010年度，Y集团销售总公司转入X上市公司销售费用就高达5080万元，而X上市公司实际无法控制上述费用的发生与支付。

（二）检查思路与方法

在本次检查过程中，检查组综合运用查账、盘点、分析性复核、询问等检查方法，对会计核算流程、会计科目和报表进行了全面核查。

1. 关注关联方交易，判断定价合理性。检查组重点关注X上市公司的收入成本等重要会计科目，分析收入结构，聚焦重要客户及重要产品，获取商品价格清单。识别和梳理关联方关系及其交易，收集关联交易协议、发票等相关资料，分析关联交易是否具有商业实质，对比关联方交易定价与市场定价，判断关联交易定价是否公允。

2. 以风险为导向，关注重大投资事项。检查组查阅上市公司公告、股东会及董事会等会议纪要，着眼于X上市公司及其关联公司、实际控制人的重大投融资项目以及资金来源使用情况，核查大额资金支付情况。在察觉到支付疑点的情况下，保持高度警觉，紧抓资金流向主线，对相关事项进行深入分析与探讨，收集充分适当证据，厘清事项本质。

3. 关注成本费用，分析费用的合理性。检查组在检查过程中重视上市公司费用成本的组成结构及其合理性，运用数据分析，结合业务情况，深挖数据疑点，同时通过检查记账凭证、采购合同等原始凭证，联系收入存在的问题，做出准确判断，积极行动，延伸检查至销售部，对延伸检查过程中发现的情况进行深入分析，仔细研判，落实问题，查找原因。

三、案例启示

（一）违规动机与原因

1. 经济利益驱使，法律意识淡薄。Y 集团低价购货、无偿“借用”X 上市公司资金、控制 X 上市公司广告业务及骨干产品销售，其根本目的是利用低买高卖转移利润，通过无偿“借用”资金降低资金使用成本，通过控制广告业务及骨干产品销售来为 Y 集团牟取利益。这些行为严重违法违规，暴露出 Y 集团及 X 上市公司法治氛围不足，部分管理人员相关法律知识薄弱、守法意识淡薄、职业道德缺失等问题。

2. 股权结构不合理，治理机制不健全。股权结构，简单来说，是指不同性质的股份在总股本中所占比例及其相互关系。治理机制则是一个公司的“神经系统”，是一整套系统的制度设计安排及其贯彻实施问题，它决定了公司发展方向和业绩的各参与方之间的关系。我国资本市场中，控股股东侵占上市公司行为普遍存在的根源主要在于实际控制人未将上市公司视为独立法人主体，不健全的治理机制为实际控制人凭借其控股地位攫取相关者的正当利益提供了可能性。实际控制人往往通过控制董事会、管理层对上市公司实施控制安排，而中小股东缺少参与公司治理的途径，与大股东之间存在明显的信息不对称，即使能够投票也无法对各项经营决策产生影响，很难在公司治理中发挥对控股股东的制衡作用。在缺乏制度约束的情况下，实际控制人把上市公司视为自身可利用的资源，肆意操纵，任性攫取，侵占自然也就成为了控股股东的当然选择。

3. 违规成本过低，监管和约束力度不够。一是我国会计法、证券法对相关违法事实的惩罚力度不够。实际控制人占用上市公司资金的行为，多数未履行必要的决策程序和信息披露义务，因此，一般以信息披露违法违规进行处罚，较少涉及刑事处罚和民事赔偿。相比侵占所获的大额利益，违法违规成本过低。二是第三方审计机构可能难以发现侵占行为。上市公司通常组织架构庞杂、业务规模广泛、关联关系错综复杂，而实际控制人侵占上市公司的方式又极其隐蔽，且渠道多样、手段复杂，侵占行为又往往隐藏在各种看似合理的关联交易、会计操纵手法下，这就对注册会计师等中介机构的审计工作带来了严峻挑战，第三方审计机构以风险为导向的审计工作也许并不能发现和揭露控股股东的侵占行为。三是从政府监管看，证监会负责上市公司的信息披露监管，在对未履行信息披露义务的上市公司进行监管和处罚时，往往会忽略对其控股股东或实际控制人的监督与处理，相关问责机制缺失，始作俑者逃脱制裁，政府监督无法起到应有的威慑作用。

（二）教训与启示

控股股东侵占上市公司利益，直接后果就是上市公司持续经营能力下滑，经济利益被逐渐“掏空”，甚至经营失败而被终止上市，中小投资者权益受到严重损害，控股股东也处于唇亡齿寒的境地。为规避上述风险，建议从以下三方面着手：

1. 优化股权结构，完善公司治理结构。股权结构是公司治理的基础，并在相当程度上起着决定性作用。优化股权结构意味着要改变上市公司“一股独大”、高度集权的情况，为中小股东在公司治理中争取话语权，改善其“用脚投票”的“理性选择”，切实发挥其对实际控制人的制衡作用。公司治理结构则是公司正常运转的重要基础，合理的公司治理结构应能有效遏制实际控制人的“掏空”行为。因此，上市公司应着重完善治理结构，建立归属清晰、权责明确、保护严格、流转顺畅的现代企业制度和内部控制制度；选聘高素质人员担任董事，完善人才储备，提高董事会的履职能力，推进董事会规范运作；进一步完善独立董事制度，保证独立董事的独立性；明确经理执行层的职责，加强监事会的监督，切实形成权力机构、决策机构、监督机构和经营管理层之间有效制衡的机制。

2. 加大法律宣传惩治力度。一是监管部门应加强法律宣传力度，营造良好的法治氛围，增强上市公司及其实际控制人等被监督对象的法律意识，提升法治观念，提高法律素养，防止其触碰法律红线，坚守法律底线。二是上市公司内部要加强对职工的财经法规教育，丰富其专业知识，提升职工的专业胜任能力，加强内部控制体系建设，强化内部监督，建立长效监督机制，防控化解重大风险。三是要严厉打击违法违规行为，加大对违法违规问题的处理处罚力度，提高违法违规成本，严格落实主体责任，遏制违法违规事件的发生。

3. 健全规章制度，加强外部监督。一是进一步健全上市公司关联交易信息披露制度，压实上市公司关联交易信息披露的主体责任，充分发挥信息披露制度对实际控制人关联交易行为的监督作用。二是在准确把握实际控制人侵占行为特点和趋势的基础上，做好事前预防工作，进一步细化各种处罚条款。三是加强政府监督等外部监督。在三位一体监督体系下，政府监督和社会监督构成外部监督的重要部分。社会监督特别是注册会计师等中介机构应保持独立性，委派具有丰富经验、专业胜任能力强的团队执行上市公司审计业务，在审计过程中保持应有的职业怀疑，客观公允地发表审计意见。政府监督特别是财政部门和证券监督部门应进一步提高监管效率，积极识别和防控风险，严格按照相关法律法规要求开展监督检查，对发现的问题苗头，应及时追踪，坚决一查到底，严肃监督检查问责机制，对责任主体要依法追究责任，严肃处理。

（财政部重庆监管局　胡俊　唐运菊　喻冬梅）

26.

上市公司利用并购业务虚构业绩

一、案例背景

近年来，我国上市公司高溢价并购、交易双方进行业绩对赌的行为屡有发生，但等到对赌期结束后被并购企业又出现业绩“塌方”、上市公司大幅资产减值的情况。上市公司并购领域不断出现“荒唐”交易。通过调研发现，部分上市公司实控人利用企业并购大搞“违规资本运作”“虚构业绩”，扰乱资本市场秩序，侵害中小投资者利益。

二、案例解析

（一）研究思路与方法

资本市场的乱象都会通过会计信息反映出来，一些违法资本运作的程序都离不开会计师事务所的审计和资产评估机构的资产评估。财政部门作为会计、审计、资产评估的行政主管部门，对上市公司并购业务乱象有监督职责和监管优势。调研组从财会监督的角度入手，分两阶段开展了分析研究工作。

一是选取某评估机构的项目进行专题研究。根据财政部对某资产评估公司执业质量检查工作部署，检查人员对该公司出具评估报告的项目并购情况进行研究，调阅了2010～2019年出具的所有资产评估报告的项目清单，根据评估目的、收费金额、评估类型等信息，筛选出所有涉及上市公司并购业务、评估增值幅度大的项目予以重点关注，对重点关注项目逐一调阅评估工作底稿，并与项目经理进行深入沟通，了解并购业务的背景和过程，获取了大量并购项目信息。

二是针对某地区上市公司并购情况开展普遍调查。调研组向某地区具有证券业务资格的26家会计师事务所（或分所）发放了并购业务调查表，整理出2017～2019年度具有并购业务的上市公司具体情况，经过筛选，调研组对8家会计师事务所的15家上市公司客户的并购业务进行重点审阅调查，并将15家上市公司分成三组分别开展调研，通过“巨潮资讯网”检索相关审计报告、并购公告、问询函等重要披露信息，了解上市公司并购业务总体情况、评估增值情况、业绩对赌实现情况，是否存在上市公司实控人利用并购业务掏空上市公司转移资产的情况等。对有关疑点进行重点研究后，收集整理出了项目的执业注师联系表，各个小组分别与会计师事务所项目经理进行直接问询沟通。考虑疫情期间的特殊性，调研组制定了“底稿调阅通知书”，向部分会计师事务所进行审计底稿调阅，以深入了解项目并购的具体情况和有关细节，分析是否存在虚构业绩的并购行为发生。

（二）案例研究发现问题

通过大量实证案例的分析和调研发现，上市公司大股东或实控人利用控制权在并购交易中将上市公司的利益向外转移和输送，且此类交易隐蔽性强，交易过程设计复杂，实控人与被并购方的关系难以查证。

1. 对某资产评估公司调研发现的问题。在对某资产评估公司检查工作中发现，上市公司并购业务存在大量评估增值过高、高溢价收购、利益输送和转移等问题线索。例如，上市公司PXHQ资源股份有限公司2018年发行2.2亿股份及支付现金4亿元，间接取得了非洲某金矿的控制权，调查发现，该金矿的实控人与上市公司实控人是一致行动人，通过该交易，上市公司实控人及一致行动人从上市公司拿走4亿元现金同时获得该上市公司2.2亿股增发股份；上市公司 CX 资源开发股份有限公司与 SRJG 矿业有限公司的实控人是同一人，2012 年上市公司 CX 公司以 1.04 亿元高溢价收购 SRJG 矿业有限公司 70% 股权（该矿业公司净资产经评估后增值 3200%），2017 年该上市公司对收购形成的股权投资进行了大幅资产减值；上市公司 BQL 借壳上市后，不到五年市值蒸发 800 多亿元，亏损率超九成，原实控人庄某套现失联，2020 年 4 月该公司进入退市整理期……通过上述案例研究可以发现，资本市场的一些上市公司实控人通过并购业务掏空上市公司、获取暴利的行为成为多发、频发事件，且操作手法娴熟、惩戒风险小、利益巨大。其模式主要具有以下几个特点。

（1）上市公司与被并购公司实控人是同一人或一致行动人，其并购业务实际是基于不实业绩的高价收购行为。上市公司实控人通过代理人或者其他隐蔽关系人新设或控制一家被收购公司，实控人通过金融机构等渠道筹集资金，将被并购公司业绩和现金流做得“非常好看”，再利用其在上市公司中的强势地位，聘请会计师事务所和资产评估机构为被并购公司业绩背书，被并购公司净资产的评估价值成几十倍甚至上百倍增长，上市公司实控人再利用控制权，用上市公司资产（一般是现金和股份）购买业绩虚高的被并购公司，将上市公司利益转移给被并购公司的股东，实现套现和资产转移。此类操作手法在资本市场已经被广泛使用，成为“割韭菜”的一把利刃。

（2）收购交易中会签署对赌协议或者业绩承诺协议，但这些协议和承诺到最后往往“徒有虚名”。在上市公司收购预期很好的“题材”公司（近些年较多出现文化、游戏、医疗、销售、高科技等轻资产公司）后，在对赌期内往往能完成业绩，待对赌期结束或者上市公司实控人成功套现出逃后，再进行业绩“洗澡”，被并购公司出现大幅亏损，上市公司不得不进行商誉和资产的大幅减值。以证监会处罚的 BQL 为例，BQL 借壳上市时签署的业绩承诺在对赌期间内超额完成业绩，但是到 2017 年被查时，监管机构发现上市公司 BQL 的业务合同存在造假，估值虚增，之后公司业绩一落千丈，表明之前对赌期的业绩并不是实际存在的。

（3）故意将交易过程复杂化以掩盖交易实质。上市公司为了达到转移利益的目的，会设计复杂的交易流程，拉长交易链条，牵扯众多交易主体，以掩盖交易的实质和目的，让监管部门和中小股东、公众难以弄清交易的真实内容。如WTKJ股份有限公司以2018年12月31日为交易基准日，通过发行股份及支付现金方式进行重大资产重组，以300多亿元的估值对价实现对AAS半导体有限公司的控制权。涉及的主体就包括7个公司主体，时间从2015年拉长到2018年，期间多次反复收购股权。

（4）业绩塌方后往往出现大幅的商誉减值引起股价大跌，中小股民利益受损。业绩造假和维持需要耗费成本，且需要各方配合，一旦上市公司实控人的目的达到，不再需要业绩的“遮羞布”，就开始施展“无底线、无节操”的行为。如某游戏公司因在2014～2016年大举投资并购，积累了65.35亿元的商誉，2018年商誉减值48亿元，引起当年业绩亏损高达75亿元，是其市值1.8倍，令人瞠目结舌。大幅商誉减值或资产减值后，往往造成上市公司当年业绩巨额亏损，引起股价大跌，中小股民利益遭受巨大损失。

（5）处罚不力助长了业绩造假歪风。造假欺诈行为的受益人往往是上市公司实控人以及背后关联的被收购公司的股东，而监管部门的处罚往往不在点上：一是对象错误。将处罚对象瞄准在上市公司身上，让本被控制人掏空的上市公司雪上加霜，中小股民利益一损再损，而得利的实控人要么没受到制裁，要么无法处罚（逃到海外）。二是力度不够。相较于动辄上亿元甚至几十亿元的利益，上市公司实控人的收益比风险大太多（在BQL的处罚决定书中对于实控人庄某的处罚仅仅是给予警告，罚款60万元，而相较于其通过控制上市公司攫取的上十亿元的利益，60万元不值得一提）。

2. 对某上市公司案例分析发现的问题。某地区上市公司抽查的样本情况总体较好，15家上市公司并购业务主要围绕核心业务延伸上下游产业链或对外投资，但也发现少量项目存在问题和疑点。

调研组通过查阅公开资料，调阅多家上市公司底稿，发现部分上市公司在并购业务、担保、重大对外投资等方面的疑点线索。例如，上市公司TYN股份有限公司实控人在收购YGDZ有限责任公司过程中，经过资产评估，被并购的YGDZ公司净资产溢价超过400%，且净资产账面价值的真实性存在疑点（评估基准日前股东注资0.73亿元，且之前年度连续亏损，净资产是负数），而通过两次股权收购，最终业绩对赌是TYN公司实控人自己与自己对赌，实现了资产的成倍增长，且帮助YGDZ公司成功借壳上市，原股东套现离场；上市公司TRSY公司实控人2015年开始收购一系列游戏公司，透支了上市公司现金流，且业绩对赌没完成，被并购公司对上市公司的业绩补偿不到位，导致上市公司2018年产生巨额商誉减值，业绩大幅亏损，同时实控人还用上市公司对外进行担保，导致面临巨额诉讼损失，实控人的操作使上市公司面临退市，而在这些操作过程中，实控人是否已经获取重大个人利益是一个疑问。

（三）并购业务财务造假的影响

1. 中小股民利益流失。上市公司实控人在完成套现后，为躲避追责，往往会将所得资产转移至境外，导致股民利益流失海外。例如，ZAX股份有限公司在2015年6月～2016年8月期间的收购股权交易，就是通过高溢价收购国外公司的股权，致使42.95亿元资本流向国外，使广大中小股民的利益无法再追回。

2. 中介机构公信力受损。上市公司的业绩造假最终都通过财务信息披露来反映，财务造假粉饰业绩的欺诈行为导致投资者对财务信息的真实性产生不可靠、不可信的心理阴影，影响会计师事务所、资产评估机构执业的公信力，不利于审计、评估行业的长远发展和做大做强。

3. 投资者信心受挫。近年来，每次出现上市公司大幅亏损，都伴随着大额商誉减值，如“扇贝跑路”、债务违约等因业绩造假而导致的暴雷，“资本玩家”通过违法资本运作欺骗监管机构、欺诈中小股民，攫取巨额利益，这些事件打击了投资者信心，导致中小股民利益受损，对资本市场持续健康发展带来负面影响。

三、案例启示

上市公司并购业务财务造假的惯用手段是虚增被并购公司的估值，而业绩是拉高估值的基础。因此，要打击违法资本运作的造假行为，关键是要让被并购企业的业绩造假行为无所遁形。财政部门以加强会计师事务所执业质量监管为抓手，通过要求年报审计师出具并购业务的业绩鉴证报告，能够有效制约上市公司实控人业绩造假行为。

（一）建立业绩鉴证报告机制

财政部门可以要求各会计师事务所在年报审计中，年报审计师应就被并购企业在对赌期内的业绩真实性单独出具鉴证报告，以有效约束上市公司并购业务业绩造假行为，提高监管的针对性、及时性、有效性。上市公司实控人要完成“虚构业绩、溢价并购、业绩粉饰（完成对赌）、套现跑路、业绩滑坡”这几个操作步骤，必然要经过资产评估机构拉高估值出具评估报告、会计师事务所审计背书这些关键环节。缺少中介机构的背书就无法打通资本市场关节。而财政部门作为会计、审计、资产评估行业的主管部门，负责企业的会计信息质量、会计师事务所和资产评估机构执业质量的具体监督检查，从中介机构入手切入监管存在优势，可以以业绩鉴证报告为抓手，破解当前上市公司并购业务业绩造假的行为。

具体机制是：会计师事务所在审计存在业绩对赌并购事项的上市公司年报时，在出具年报审计报告的同时必须再单独出具一份该上市公司的并购业务业绩鉴证报告，就被并购公司业绩真实性进行鉴证，提供审计意见。该报告要报送给相关监管部门，并要求上市公司及时披露。如果今后发现上市公司存在业绩滑坡“爆雷”，监管部门可以尽早介入、跟进监管，分情况及时处理：如果业绩真实而因市场变化导致“爆雷”，不予追究；如果会计师、注册会计师、资产评估师联合造假导致后期业绩“爆雷”，则应严惩重罚，严肃追究上市公司会计信息造假的相关人员会计责任，同时追究注册会计师的审计责任、资产评估师的虚假报告责任。

（二）业绩鉴证报告的重要作用

业绩鉴证报告的作用体现在以下几个方面：一是有利于对并购造假行为

形成威慑力。监管部门通过业绩鉴证报告机制向市场发出信息，表明对业绩造假并购套现行为已经予以专门关注，增加对资本市场造假行为的威慑力，并提醒注册会计师、资产评估师提高执业风险意识，防止造假歪风愈演愈烈。二是有利于提高发现并购造假行为的概率。上市公司实控人要通过被收购公司业绩造假再实现并购套现，需要注册会计师（审计师）、资产评估师出具意见进行背书，而注册会计师、资产评估师要考虑协助造假粉饰报表的行为是否会被年报审计师发现，如果年报审计师发现造假，并在“业绩鉴证报告”中向监管部门报告，则该造假行为能及时被发现，造假存在较大风险；如果年报审计师不报告造假行为，仍然出具无异议的业绩鉴证报告，后期一旦业绩“爆雷”，年报审计师要承担重大追责风险。同时，对于业绩造假的上市公司，“爆雷”后可以以此追究上市公司责任，从根源上杜绝实控人利用这种手段掏空上市公司。三是有利于强化审计评估行业公信力。业绩鉴证报告有利于提高执业的独立性，让社会审计发挥独立的、实质性作用，一旦业绩造假，上市公司实控人很可能找不到业绩造假并购事项的审计师、资产评估师和年报审计师，或者需要付出高昂的审计费、评估费，而审计费、评估费一旦超出市场正常行情，本身也成为造假的一个暴露点。四是有利于提高监督检查的效率。通过会计师事务所年报审计师的业绩鉴证报告制度，让监管部门能精准掌握资本市场并购业务情况，提高监督检查的针对性。特别是财政部门在开展财会监督工作中，将业绩鉴证报告机制作为抓手，能将有限的力量聚焦在重点、痛点上，有利于财政部门在财会监督工作中提升主导地位，强化主责担当，发挥主要作用。

（财政部湖南监管局　李鼎　蒋亮华）

27.

以同业代付模式违规将巨额信贷资产转移出表

一、案例背景

2011 年，随着国家金融宏观调控的进一步加强，市场流动性趋于紧张。一方面，各金融机构纷纷收缩贷款规模，强化贷存比管理，以适应国家宏观金融政策调整；另一方面，各金融企业依然强调对分支机构的业绩考核。与此同时，银行在国际贸易和国内贸易背景下开展的“同业代付”业务发展较快，业务体量迅速扩大，引起了有关部门高度警惕。

在此背景下，财政部监督检查局审时度势，组织各地专员办对 Z 银行总行及各地分行开展联动检查，重点关注银行信贷资产核算情况。其中，某地专员办根据分工承担对 Z 银行某省分行（以下简称该行）的检查任务。检查组进场后根据监督检查局的工作提示，从监管指标、考核指标入手进行对比分析，发现该行一方面面临存贷比的严格控制，另一方面又要为经营业绩而完成各项考核指标。在双重压力下，一项既能规避贷款规模控制，又能增加经营业绩的“同业代付”业务浮出水面。

检查组发现该行为逃避信贷规模（存贷比）控制，从 2011 年 1 月起至 2012 年 3 月，通过同业代付的所谓“创新”模式，累计将 228 亿元巨额信贷资产转移出表的严重违规行为。经过分析，这类业务的实质是将他行拆入资金投向本行票据贴现、贸易融资等信贷业务，并在信贷资产风险及收益无实质性转移的情况下，以出资形式混淆业务实质，转移信贷资产归属。上述违规行为直接导致该行会计核算不准确、业务流程不规范、风险管理不到位等问题，对正常的社会经济秩序产生较大不良影响。有关监管部门高度重视，专门发文严肃纠正上述违规行为。

二、案例解析

（一）初露端倪

检查组在对该行2011年度资产负债表分析时发现两大疑点，一是该行2011年末存贷比已十分接近当时的监管红线，存在转移信贷资产压降存贷比的潜在动力；二是截至2011年年末，该行拆出资金余额为246亿元，而拆入资金余额仅为0.5亿元，两者相差巨大，不符合商业银行通常的同业资金运营规律，但经多方面问询，该行风险部、公司部、国际结算部等部门均向检查组保证不存在其他拆入资金业务。

对此，检查组毫不放松，继续从具体业务入手开展核查。通过调取相关原始凭证，确认上述0.5亿元资金系Y市分行从X银行S分行拆入，转入该行账号为××××999×××××的临时账户，同日该资金又从上述账户转入该行企业客户的贷款账户作为贷款发放，该笔贷款计入Y市分行表内“发放贷款及垫款”科目。从上述单笔业务流程看，该行的操作并无异常，均为规范流程。

通过进一步追查原始凭证后的一份附件，即该行与X银行S分行签订的共计30亿元授信额度的《委托代付总协议》引起了检查组的高度重视。特别是协议约定了30亿元的授信额度却只使用0.5亿元的情况不符合一般商业逻辑。检查组的疑问逐步加大。为查清该行是否存在隐瞒其他拆入资金问题，检查组决定从Y市分行入手，全面核查Y市分行账号为××××999×××××的账户流水，以确定上述账户中同业资金往来的真实情况。

（二）抽丝剥茧

经检查该账户全部流水发现，Y市分行下属多个支行，在2011年1月至2012年3月期间，通过该账户分别从六家银行机构以“同业代付”业务名义共拆入资金10.69亿元，并分别用于向企业提供票据贴现2.77亿元、贸易融资（信用证和保理项下）7.92亿元，上述资金的拆入及融出均未入账反映，同时少计资产和负债。

为进一步确认相关业务的收益归属，核实是否存在私设“小金库”等更严重的财会违规问题，检查组迅速对利润表中的相关手续费及佣金科目进行排摸，最终确认该行将这类业务的资金利息差，作为手续费收入全额在利润表反映。同时，该行通过贷款安排费、受托管理对公贷款服务费、代理同业国内结算业务、上门服务费、福费廷手续费等多个中间业务收入科目分散核算相关收入，从而避免相关收入在某个科目集中反映，进而暴露违规行为。

在事实面前，该行终于向检查组承认，为规避贷款规模控制，全行未入账反映的“同业代付”业务累计发生额为228亿元；截至2011年年末，余额为167亿元；截至2012年5月31日，余额为20亿元。至此，该行违规以“同业代付”业务将巨额表内贷款转移出表的问题全面暴露。

（三）水落石出

事实上，“同业代付”业务是指申请人（客户）向银行（委托行）提出融资申请，银行委托同业银行（受托行也即代付行）办理代付的业务模式。根据收益及风险承担情况，存在两种情况。第一种情况是委托行进行业务撮合不承担信用风险，委托行、代付行和客户签订三方协议，资金最终由代付行直接支付给客户，收取利息并承担相应的信用风险，委托行仅收取手续费。在这种情况下，委托行应将这类“同业代付”业务作为表外业务核算。第二种情况下，委托行分别和客户签订融资合同、和代付行签订代付协议（实质为资金拆借合同），资金先由代付行支付给委托行，再由委托行支付给客户。这种情况下，委托行获取相关业务收益并承担信用风险，代付行仅承担委托行的资金拆借风险。因此，这类“同业代付”业务应在委托行表内作为信贷业务核算。

而该行的实际操作如下：对于贴现业务，该行各分支行与贴现申请人签订贴现合同，同时与代付行签订委托同业代付合同，代付行将资金支付给该行各分支行，该行各分支行在同日再作为贴现资金支付给贴现申请人；对于贸易项下融资（国内信用证或保理业务），该行各分支行与委托代付申请人签订贸易融资合同，再与代付行签订委托同业代付合同，代付行将资金支付该行各分支行，该行各分支行在同日将资金直接支付给融资人。此外，该行将上述业务取得的借款利息收入抵扣支付给代付行的利息支出后，以手续费名义计入手续费及佣金收入。

上述业务实际由两个独立子业务构成，一方面是委托行与客户之间的融资业务（包括贴息、贸易融资等），根据相关业务合同及资金走向判断，该行虽然作为委托行但与一般融资业务并无不同，事实上承担了客户借款的信用风险；另一方面是委托行与受托行的资金拆借业务，根据相关代付协议条款，明确委托行承担合同义务在约定还款日无条件向受托行偿还代付本金和利息，即委托行直接承担拆入资金的偿付义务，与客户是否偿还借款无关。根据风险承担情况判断，该行应当根据按照《企业会计准则——基本准则》和《企业会计准则第 22 号——金融工具确认和计量》的有关规定，将与客户的融资交易作为发放贷款处理，并将受托行出资作为拆入资金处理，从而真实准确地反映交易实质。

三、案例启示

（一）事件影响

风险管理是银行业金融机构永恒的主题，银行为一己之私而将巨额贷款业务放在账外核算、管理，其带来的风险和危害是十分严重的。

一是逃避贷款规模管理，严重影响国家金融宏观调控的有效性。2011

年，国家为调整宏观经济政策，先后六次上调存款准备金率，三次上调存贷款基准利率，力求通过降低信贷规模控制通货膨胀。在如此金融宏观调控的背景下，该行为逃避日趋严格的贷存比管理而违规账外发放贷款，既破坏了金融市场秩序，也严重影响了国家宏观金融政策的调控效果。

二是账外核算贷款，造成内外部管控失效。从上述业务的操作情况来看，该行各分支机构都在自行开展表外“同业代付”业务，分行层面无法直接、全面地对下属机构开展的这些业务进行有效监管，特别是对业务的真实性、贷款的风险状况以及可能引发的个人道德风险都缺乏足够的监管手段和措施。从监管角度看，因银行瞒报业务数据，使监管机构获得的银行数据失真，导致监管失效。

三是违反《企业会计准则》，会计信息严重失真。该行对于“同业代付”业务的一系列会计处理，违反了《企业会计准则》有关权责的规定，导致会计信息严重失真，未能全面真实客观反映该行资产负债状况。首先，该行少计了2011年年末金融资产（“同业代付”项下的融出资金）和金融负债（委托代付协议下的拆入资金）各169亿元，占到该时点该行总资产的2.8%。其次，该行将“同业代付”业务项下的利息收支差额计入手续费及佣金收入，少计了2011年度利息收入8.26亿元，少计利息支出7.39亿元，多计中间业务收入0.87亿元。第三，该行少缴营业税及附加4004万元，少计2011年末拨备1.67亿元。综合上述情况，该行由于“同业代付”业务核算问题导致2011年度会计信息严重失真。

（二）监管启示

一是紧盯行业性创新业务。案例实践中，检查组根据监督检查局围绕金融创新开展检查的指示精神，发现并查处了这一重大违规案例。事实上，金融行业的业务本质是围绕融资开展的。因此，万变不离其宗，金融行业所谓的新业务、新模式、新产品，很多是为了规避某些监管规定制度的限制，而被迫采取的“伪创新”。同时，为了刻意满足监管要求，金融机构在业务操作过程中很可能出现一些以形式掩盖实质的典型财会违规行为，这也正是财会监督工作需要持续关注并予以严肃处理的重点领域。正如本案例中，该行故意忽略“同业代付”业务实际包括资金拆入和发放贷款两个环节，将两项事实上的表内业务通过会计处理成为仅收取手续费的表外业务，掩盖了银行机构在其中应承担的信用风险损失。

二是关注内外压力差异的影响。案例实践中，检查组围绕银行内部考核指标和外部监管要求这对矛盾做文章，抓住了银行机构违规通过“同业代付”业务将信贷资产转移出表的问题症结所在，即为了完成考核指标，获取对应的经济利益，牵住了问题的牛鼻子，进而顺藤摸瓜，发现了该行整体违规行为。这一案例充分说明通过分析内部考核指标和外部监管要求的差异，能够准确判断机构开展相关业务的主要目的和出发点，对进一步查实问题线索具有较强的指示提示作用。

三是秉持充分的怀疑态度。案例实践中，检查组从数据分析结果出发，追查发现了一笔正常的业务处理。一般而言，正常的检查流程就到此结束了，但检查组反其道而行之，秉持充分的怀疑态度，继续挖掘正常业务背后的故事，并最终查实存在的隐藏问题。这一案例充分说明财会监督工作需要秉持充分的怀疑态度，对于获取的线索信息要质疑其中的业务逻辑，抽丝剥茧，从细节入手形成完整证据链条，以证实相关情况的真实合理性。

（财政部上海监管局　顾华晔　刘佳）

28.

多个账户长期未纳入法定账簿核算

一、案例背景

S公司是由A集团公司独家发起设立的国有控股股份有限公司，同时拥有香港联合交易所和上海证券交易所两地上市资格，其主营业务在行业内处于领先地位。

在财政部组织开展的年度会计监督专项检查工作中，检查组在审阅该企业主审会计师事务所审计底稿时，发现S公司在会计核算方面存在若干重大疑点，随即启动了对该公司的会计信息质量专项检查程序，重点就其设立账外账户等事项进行了检查。检查发现，该公司长期设立具备“小金库”性质的账外账户，未纳入法定账簿核算，严重违反财经纪律。

二、案例解析

（一）违规事实

截至检查年度年末，S公司表外反映19个账户的银行存款余额3.9亿元。经检查，这些账户均为检查年度及以前年度形成，由S公司下属14个单位开立并使用，账户内资金未纳入企业财务账簿内反映。在财政部以前年度组织的专项检查中，曾对该企业的类似问题进行过处理，但该企业屡查屡犯，严重违反财经纪律。

（二）账户存管情况

截至检查年度年末，S公司账外账户余额资金规模共计3.9亿元。这些账户存在时间长，资金来源广泛，支出项目繁多，经全面梳理发现可分为五大类：

1. 代管账户1个。主要用于核算S公司的一家子公司为其另一子公司日常代收代付的款项，截至检查年度年末，账户余额19318万元。经了解，仅检查年度当年，该账户的资金流水就高达16亿元以上，支出内容除支付待转养老金、设备材料款外，还列支大量奖金、个人福利、食堂开支、春节困难慰问金、某地子公司春晚开支等费用。

2. 集资建房及房改类账户5个。包括1家子公司房改领导小组、1家分公司住房管理委员会、1个灾后城镇居民住房重建资金专户等账户。上述账户用于核算员工缴纳的购房款、公共维修基金和政府拨付灾后住房补助等金额，截至检查年度年末，上述账户余额5328万元。

3. 食堂账户5个。包括S公司一家子公司和另一家子公司下属的4家子公司的职工食堂账户。截至检查年度年末，上述账户余额2274万元。

4. 企业年金及社保账户4个。主要由离职退休企业员工的个人账户和在职员工补充医疗保险账户构成，涉及S公司某分公司的企业年金管理中心账户，某子公司的医疗保险账户以及另外一家子公司的社会保险账户等。截至检查年度年末，上述账户余额12502万元。

5. 长期闲置账户4个。涉及S公司本部、某子公司集资建房管理委员会、下属销售集团有限公司某地分公司等三个会计主体。截至检查年度年末，上述账户余额92万元。

（三）检查思路与方法

1. 检查与事务所执业质量相结合，注重年报审阅。关注审计年报的说明事项，结合审阅发现的关键线索和关键点，确定重点检查的会计科目、会计事项，提高检查效率。

2. 针对事务所已识别未并表账户，突出问题导向。重点与企业核实情况，索取近期银行流水，了解资金规模、资金流向；了解账户长期未并表的原因。

（四）处理结果

S公司上述行为违反了《中华人民共和国会计法》第三条“各单位必须依法设置会计账簿，并保证其真实、完整”、第四条“单位负责人对本单位的会计工作和会计资料的真实性、完整性负责”和第十六条“各单位发生的各项经济业务事项应当在依法设置的会计账簿上统一登记、核算，不得违反本法和国家统一的会计制度的规定私设会计账簿登记、核算”的规定，根据《中华人民共和国会计法》及相关会计准则的规定，相关监管局已对企业下发处理决定，责成S公司认真加以整改，调整账务处理，加强内控管理。

三、案例启示

（一）违规动机与原因

“小金库”是各种经济违法乱纪问题的温床，危害极大。多年来，党中央、国务院三令五申要求清理整顿账外账，取缔“小金库”，取得了明显成效，但仍未完全根除。主要原因是部分企业财经法纪观念淡薄，为了资金使用方便，规避资金监管，置法律、法规于不顾。同时，也反映出企业内控机制缺乏，以及有关部门监管不严。

1. 法律观念淡薄，内控存在漏洞。一是企业内部缺乏应有的法律知识和法治观念。主要领导忽视财务制度、财经纪律的严肃性和强制性。二是内控制度缺乏有效监督机制，岗位分工不能形成相互牵制。三是财会人员专业水平有限且缺乏敬业精神，导致企业会计基础工作薄弱，留下账簿管理不善的隐患。

2. 银行监管不力，源头把关不严。金融机构为了拉储户、多存款、完任务，不顾金融法规和结算纪律，怂恿企业多头开户、多头结算，为企业违规大量使用现金提供了可乘之机，也为单位设置账外账打开了方便之门。

3. 持续监管强度不够，监管措施乏力。前几年相关部门对“小金库”的严管取得较大的成效，“小金库”现象销声匿迹，导致近年来监管部门对“小金库”关注不够，放松了警惕。某些企业感觉风声已过，产生侥幸心理，促使一些单位和部门违反财经纪律继续保留表外账户。

（二）教训与启示

1. 主管部门要加强对所属企业财经纪律管理。一是从全面从严治党的高度，深入开展财经纪律教育。压实企业主要负责人的主体责任，增强纪律意识，强化内部控制，加大检查考核力度，将企业遵守财经纪律情况纳入干部年度考核范围，完善奖惩机制。二是强化制度约束和系统堵漏。适时开展企事业单位账户管理自查和检查，排查问题、分析成因、梳理政策，避免政策盲区、政出多头、政策不落地等情况，清理并纠正账户违规问题。

2. 建立完善监管体系。一是监管部门要贯彻落实财会监督责任。充分发挥纪检监察、财政、审计、金融机构、社会中介的监管合力，强化多方监管，及时预警、建议和纠偏，提升监管质效。二是发挥银行源头把控作用。严格账户开立与使用，对不执行、变通执行、错误执行政策的银行，由中国人民银行进行督导和处罚。三是发挥企事业单位部门管理作用。督促下属各级单位提高认识、学习政策、规范行为。

3. 进一步加大惩处力度。对“小金库”等严重违反财经纪律的问题从严从重处罚问责。进一步强化处理处罚措施的有效性和震慑性，要“发现一起，处罚一起，通报一起”。将处罚结果向社会公开曝光，形成持续高压态势，坚决消灭滋生腐败的“温床”，确保账户管理的规范化和长效化。

（财政部北京监管局　刘湘伟　张沐）

29.

境外上市公司利用制度监管盲区偷逃巨额税收

一、案例背景

境外上市公司 X 为规避境内监管部门对境外集团的监管，未将已在境外财务报表中披露并确认的股权置换收益在境内经营实体确认，导致境内实体少计巨额长期股权投资收益，少缴巨额企业所得税。值得深思的是，此项投资收益 X 公司实际已在境外报表中予以披露和确认，但由于境内传统的监管模式，给予了此类协议控制结构（VIE 结构）的境外上市公司“钻空子”的机会。

X 公司注册地为开曼群岛，主要从事互联网平台业务，通过搭建 VIE 结构在境外上市，主要经营地位于境内。X 公司在境内未设立管理部门，而是通过其在境外设立的特殊目的公司在境内设立外商独资企业，最终以协议形式控制数家一级子公司作为其实际经营实体的方式开展经营活动。

X 公司下属香港子公司持有原境外上市的 R 集团 15% 股权。20 × × 年，境内上市公司 S 向 R 集团所有股东发出私有化要约，以实现对其的私有化交易，其中通过换股方式向 X 公司收购其持有的 R 集团 15% 股权。X 公司通过以下步骤实现股权转让：

第一步，签订协议。20 × × 年年底，S 公司与 X 公司的境内子公司 XJ 签署协议，约定以16元/股的价格向XJ公司发行1.05亿股股份。对应的R集团交易价格为每股18美元（约合人民币114元），等价置换R集团1440万股股份。此时，R集团股权尚未由X公司香港子公司转让至境内子公司持有。

第二步，增资。X公司香港子公司以增资换股形式，按照协议换股价16元/股向XJ公司增资17亿元，将R集团股权转让至境内。

第三步，交割。R集团于协议签订的第二年退市。双方股权交割于退市当年年底完成，交割当日S公司股价为24元/股。

第四步，计量。X公司在对境外披露的合并财务报告中，根据换入资产即S公司交割时的股价作为公允价值，确认S公司投资成本25亿元，联营公司收益14亿元，并根据其中因S公司交割时与签订协议时价格差异产生的收益计提15%（适用高新企业优惠税率）的应交企业所得税1亿元。但XJ公司按中国企业会计准则编制的财务报告中，仍以协议价，即以换出资产R集团股权的账面价值17亿元（16元/股），确认持有S公司的长期股权投资成本，未反映交割价与协议价之间的溢价收益，更未计提应交所得税。

二、案例解析

（一）违规问题

对于所发现的内外报表会计处理不一致问题，检查组进行了深入研究和追查，最终认定按照《企业会计准则第7号——非货币性资产交换》和《财政部 国家税务总局关于非货币性资产投资企业所得税政策问题的通知》（财税〔2014〕116号）的规定，XJ公司应当按照X公司的合并层面处理方式确认并计缴所得税。同时，在对税务处理问题进一步深挖下，企业除未就投资收益进行纳税申报外，确认投资收益后，根据《高新技术企业认定管理办法》“近一年高新技术产品（服务）收入占企业同期总收入的比例不低于60%”的规定，XJ公司将不能达到高新技术企业认定条件，应选择25%的企业所得税税率计提企业所得税，因此，合计少缴企业所得税2亿元。

企业辩称，换股交易中仅涉及资产交换，未给企业带来任何现金收益，不存在投资收益，也不需缴纳企业所得税。理由：一是换入资产成本的公允价值应以协议约定的价格作为计量基础，是独立财务公司采用市场法对R集团股权评估后得出的公允合理的价格，因此，未产生转让所得；二是交割日股价与协议价之间的股价变动是持有S公司股权产生的公允价值变动损益，应属于未来处置S公司股权的投资收益，需待处置后再计算确认所得；三是虽然公司在合并层面Tax payable科目确认了1亿元，但该计提的税务准备并不等同于其对该项税务准备缴纳时间做出任何承诺、预计或披露，仅是对S公司股价变动产生的未实现收益9亿元的应交企业所得税最佳估计数。但对于为何同一事项存在两种处理方式，企业始终难以自圆其说。

（二）问题认定

针对企业的辩解，检查组一一进行了驳斥。

第一，对于上市公司，股价是普遍公认和最优先使用的公允价值，代表了公平公正情况下资产的市场价值。签订协议至交割期已相差1年，R集团的股权价值已经发生变化，协议价格不能代表股权交割日的资产公允价值。对于应选择换入资产还是换出资产的公允价值，根据《企业会计准则第7号——非货币性资产交换》“换入资产和换出资产公允价值均能够可靠计量的，应当以换出资产的公允价值作为确定换入资产成本的基础，但有确凿证据表明换入资产的公允价值更加可靠的除外”的规定，考虑到换出资产R集团在交割日时已退市，同时换入资产S公司为上市公司，其股价符合“换入资产的公允价值更加可靠”的例外情况，因此，应当以交割日S公司的股价作为投资成本计量基础。事实上，X公司合并层面已对S公司投资成本按其交割日股价进行计量，可以认为企业已经认同了该股权的公允价值为交割日股价，公司的合并层面不应与下属子公司的判断存在不一致。

第二，《企业会计准则第7号——非货币性资产交换》对于非货币性资产交换的计量方式明确规定：“应当以公允价值和应支付的相关税费作为换入资产的成本，公允价值与换出资产账面价值的差额计入当期损益”，且此项内容两国准则不存在差异。再从所得税处理来看，根据财税〔2014〕116号规定：“企业以非货币性资产对外投资，应于投资协议生效并办理股权登记手续时，确认非货币性资产转让收入的实现”，即换出股权的纳税义务发生时间和资产价值确认应为股权交割登记日，并非未来处置S公司资产时。

第三，如按企业所称，协议期至交割日的变动属于S公司公允价值变动损益，根据我国税法规定不存在纳税义务，那么企业在无法预知未来处置时间及当时价格的情况下无法得出企业所称的应交税金最佳估计数。可见，企业的辩解理由是站不住脚的。

最终检查组认定X公司在重大股权置换交易中未确认置换形成的股权溢价部分，少计长期股权投资收益8亿元，导致少缴企业所得税2亿元。移交地方国家税务局进行处理。

三、案例启示

（一）原因剖析

表面上，本案例是由于企业对于非货币性资产交换存在认知误区，仍然停留在只有发生现金流入才负有缴纳义务的认知上。但究其根本，是境外上市公司对于境内财税法规的遵守意识淡漠、VIE的特殊结构导致监管存在一定盲点造成的。

从核算方式看，互联网业务本身是无形的，X公司内部以业务板块进行管理，境外也仅需披露合并报表，因此法人实体之间均为“虚设”、界限模糊，所有核算并非由单体子公司自下而上层层合并，而是仅在合并层面直接进行，所有期后调整也均以集团为单位，企业从未考虑过将相关调整在单体公司落实和分拆。

从配备力量看，X公司聘请的高端会计人才集中在合并团队，并由国际“四大”会计师事务所进行审计，但对境内报表却缺乏应有的重视，会计人员专业水平偏低且审计时仅聘请小型会计师事务所“走过场”，因此容易造成合并报表认真做、单体报表随便做的情况。另外，从X公司的内部管理模式看，境内外两个会计团队的沟通机制并未建立，合并团队未及时将在合并层面所做的会计处理告知境内团队，也是造成问题发生的原因之一。

从外部监管看，企业主要监管压力来自境外。由于VIE结构是通过设立境外企业（境外特殊目的公司）以一系列控制协议的方式对境内公司实施控制，进而在会计确认层面将境内公司纳入境外特殊目的公司的合并报表范围，这些境外公司下属的法人实体之间大部分没有股权关系，境内也未设置法人实体的管理部门，导致境内监管部门面对的众多子公司的会计信息分散割裂，缺乏对于其境内所有公司全貌的了解，无法对其进行全方位的监管，影响监管方向和力度。

（二）启示与思考

1. 关注非货币性资产交易会计和税收处理方式。近年来，互联网行业企业在资本力量促成下行业内并购整合加速，并购中大多倾向于采用“现金+换股”方式，以最大限度减少对现金的需求。但并购方案一般较少考虑税法中对企业合并适用特殊税收处理的相关收购、现金支付比例要求，企业通常会认为是拿资产换资产，并不存在增值，因此带来税收风险。建议监管层面应将此类交易的会计及税收处理方式作为重点，加强政策指导与宣传，确保并购行为能够按照境内的法规政策规范核算、合法缴税。

2. 治理境外上市公司的境内单体报表失真问题。境外上市公司的境内会计信息质量相对较低、境内外报表信息脱节的问题应引起重视。境外上市公司一般在合并层面按照当地会计准则要求进行调整，但往往因为分摊工作量大等原因不在具体公司落实，导致在境内外准则不存在差异的事项上双方的会计信息处理却存在重大差异，难以反映企业真实信息，也未能给税收征管提供有效信息。因此，对于VIE结构的境外上市公司的监管，需要行业主管部门、税务、财政、证监会、外汇管理局等相关部门协同合作，尤其是财政、税务机关要加大对该类企业的关注度，增加检查和日常监管频次，宣传中国的法律法规要求，敦促其按照境内的法规政策规范经营、合法缴税，消除境内外会计信息的人为差异。

3. 积极探索新业态的监管方式。互联网等新经济行业所提供的服务不受地理位置的限制，企业管理、实际运维、技术研发、服务器设置均可以分布在不同的地域，导致生产经营地虚化、以集团为单位开展业务、内部法人主体间的界限完全淡化。而我国传统经济监管模式仍是以生产经营地、机构所在地等具体物理地址，以法人实体为监管单位，行政监管效果难以保障。面对新经济发展与传统监管方式的不适应之处，监管部门需打破传统观念，扩大监管视野，提高整体监管效能，准确识别行业潜在风险和监管盲点。

（财政部上海监管局　高伟明　顾华晔　周玉敏）

30.

违规租赁黄金获取高额利息

一、案例背景

商业银行通过违规租赁黄金增加融资规模，不仅给自身带来了较大的经营风险，而且严重影响了国家对金融形势的判断，不利于金融宏观调控政策的落实。

2014 年，财政部派出检查组对 A 银行进行会计监督检查及调查，发现 A 银行近年来黄金租赁业务发展迅速，融资规模逐年攀升。通过进一步检查发现，2013 ~ 2014 年，A 银行通过黄金租赁变相发放贷款近 55 亿元，违规办理租赁黄金业务涉及金额近 5 亿元，向其他商业银行拆借数吨黄金进行融资，利用行内贵金属处黄金违规套利 27 亿多元，并通过信托投资公司存放同业获取高额存款利息。

二、案例解析

（一）违规手段

1. 通过黄金租赁绕规模发放贷款。A 银行以“黄金租赁 + 大宗交易 + 远期套保”的方式把资金贷给企业，具体做法是：银行与贷款企业在同一时点将黄金租赁给企业，又将黄金等额购回，并与企业进行价格、数量一致的黄金远期交易。从表面上看，做了黄金租赁、黄金大宗交易和黄金远期交易三笔会计业务处理，但实际上黄金丝毫未动、融出的只是资金。商业银行以这种虚假会计处理方式掩盖其绕规模贷款的实质，最终达到贷款的目的。A 银行在 2013 年以“网下撮合，网上交易”的方式，在 20 余吨黄金未动的情况下，通过某黄金交易所（以下简称金交所）将近 55 亿元资金替换成黄金租赁形式，变相发放贷款给数十家企业。

2. 借助金交所平台违规租赁黄金。在没有对租赁黄金的客户是否属“用金”企业以及用量需求等基本信息进行调查了解的情况下，A 银行借助金交所平台进行黄金租赁业务，使黄金租赁业务成为企业融资的“通道”。A 银行给 S 公司（注册资本仅 10 万元，主营珠宝饰品、黄金饰品）租赁黄金 600 余千克，S 公司将所租黄金进行变现，资金高达 1.7 亿元；给钢铁集团公司、电器公司等多家非涉金企业办理黄金租赁业务，涉及资金 3 亿多元。

3. 银行之间利用黄金租赁相互融资。商业银行之间资金拆借（同业拆借）是指金融机构之间进行短期、临时性头寸调剂，属短期资金融通的行为，有的还需债券等做抵押。由于商业银行之间黄金租赁（黄金拆借）具有期限长（可以长达一年，甚至更长）、门槛低（无须抵押）的特点，逐渐成为商业银行之间锁定的新融资模式，无形中增加了资金市场的流动量，不利于国家宏观调控政策的执行。2013 ~ 2014 年，A 银行向其他商业银行拆借黄金数千千克进行融资。

4. 黄金租赁成为内部资金调剂的工具。2013 年，A 银行将其金融市场部负责自营业务的贵金属处与负责代客业务的非固定收益处两个不具备黄金交易主体资格的内设机构作为交易主体，通过“黄金拆借 + 远期套保 + 大宗交易”的虚拟交易调拨自营业务和代客理财资金的方式，使贵金属处将近 11 吨实物用黄金以套利名义拆借给非固定收益处，同时又将其买回。非固定收益处将套取的 27 亿多元资金通过信托投资公司存放同业，获取高额存款利息。

（二）违规特点

一是隐蔽性强。A 银行做了黄金租赁、黄金大宗交易和黄金远期交易三笔会计业务处理，以虚假的会计处理方式掩盖其绕规模贷款的实质，且操作模式具有一定的复杂性，所需监管技术水平较高，仅从财务报表方面较难发现违规线索。

二是违规手段多样。A 银行通过黄金租赁绕规模发放贷款、借助金交所平台违规租赁黄金、银行之间利用黄金租赁融资、行内使用黄金套利拆借套取资金等多种方式违规获利。

三是违规金额大。仅一年多时间，A 银行通过违规手段涉及金额达数十亿元，金额巨大。

（三）检查思路与方法

1. 账面查疑。在检查 A 银行时，发现 A 银行与多家公司存在黄金租赁和黄金赎回业务往来、与多家非涉金企业存在租赁业务往来，同时行内黄金租赁相关业务往来也存在交易异常。

2. 重点突破。对存在交易异常的企业与 A 银行的所有交易往来进行重点调查，发现 A 银行存在赎回企业黄金等违规操作行为。

3. 关注企业租赁黄金后黄金走向。通过调查参与黄金租赁企业的资金、实物黄金流向，发现部分企业通过将黄金卖回银行形式套取贷款、部分企业将黄金变卖套现，最终确定 A 银行违规租赁黄金的事实。

三、案例启示

（一）违规动机与原因

1. 相关法律法规依据不完善。截至 2014 年，关于黄金租赁业务的授信调查、租赁黄金使用等相关规定和监管要求尚没有系统、成文的法规制度，致使 A 银行在黄金租赁业务开展过程中以黄金租赁业务为“幌子”，违反商业银行贷款相关法规要求绕规模给企业发放贷款。

2. 职能部门监管职责不明晰。虽然《中华人民共和国金银管理条例》规定管理金银的主管机关为人民银行，但其主要职责是负责国家金银储备、金银的收购与配售、管理和检查金银市场等，没有明确对金银租赁业务合规性的监管职责和要求；按照国家赋予原银监会的相关职责，银监会可以依照法律、行政法规制定并发布对银行业金融机构及其业务活动监督管理的规章、规则，但对黄金租赁业务是否属于银监会监管范围没有明确；截至 2014 年，对黄金租赁业务的企业准入名单由金交所审核批准，但金交所是不以营利为目的、实行自律性管理的法人，实际上是黄金交易市场的平台，对租赁黄金如何使用等深层次问题也没有监管职责。对包括黄金租赁在内的贵金属租赁业务的监督机构不明晰，成为当下黄金租赁业务开展不规范的重要原因之一。

3. 黄金租赁业务监管不到位。尽管近年来商业银行黄金租赁业务呈现逐年上升趋势，但这项业务开展过程中的违规违纪问题难以反映。调查发现，由于“黄金租赁 + 大宗交易 + 远期套保”的黄金租赁业务操作模式具有一定的复杂性，所需监管技术水平较高，且要花费相当的人力和时间，致使监管部门对这项业务的监管或未涉及或涉及不深。截至 2014 年，黄金租赁业务的开展主要依靠银行内部控制制度自律管理，然而调阅 A 银行的内部审计资料发现，对黄金租赁业务的审计基本上处于“真空地带”。

4. 绩效考核指标设定不科学。在市场竞争十分激烈的情境下，银行为抢占市场均制定了严苛的绩效考核指标任务，且经营业绩与部门和员工的收入紧密挂钩。A 银行相关部门为完成指标考核任务，在监管部门对租赁黄金以及黄金变现资金使用没有硬性规定、信贷规模受控制的情况下，以黄金租赁业务为“幌子”绕规模给企业发放贷款。而作为商业银行金融创新业务之一的黄金租赁业务，因其融资成本年综合费用率一般低于银行 6% 的贷款基准利率，且手续简便、隐蔽性强，备受银行和企业的青睐，成为银企合作违规的新方向。

（二）启示与思考

本案例涉及金额巨大，暴露出管理制度、职能部门监管和银行内部监管方面等还存在一定滞后性。为规范商业银行金融创新业务市场、防范金融风险，针对本案例反映的问题，提出以下建议：

1. 适应发展要求，完善现有制度。国家相关部门近年来在信贷管理制度建设上做了大量卓有成效的工作，制定了一系列授信指引、各种贷款管理办法，为管好、用好商业银行信贷资金夯实了制度基础。但随着商业银行金融创新业务的不断发展，现有办法对黄金租赁等金融创新业务没有涵盖，难以解决实际工作中出现的新情况、新问题，以至于商业银行在金融创新业务中出现不少问题。建议相关职能监管部门尽快修订和完善相关制度，将黄金租赁业务的授信调查、租金使用等纳入监管范围，或将黄金租赁业务比照流动资金贷款管理办法进行管理，堵塞监管漏洞。

2. 明晰部门职责，强化监督指导。一是进一步明晰各职能部门的监管责任。建议对黄金交易的监督应由金交所负责；对黄金的储备应明确由人民银行落实；银监部门应担负起对黄金租赁业务的监督责任。二是进一步加强黄金租赁的监管工作。职能部门应督促并监管商业银行重点开展黄金租赁的租前授信调查、租“金”企业相关贸易真实性调查、租赁黄金实物和租赁黄金变现资金等方面的检查，规范商业操作流程，确保资金安全。三是进一步规范金融创新业务发展。指导金融创新业务的规范化发展，以服务实体经济的发展，提升金融资产使用效益。

3. 严格内控管理，防范金融风险。作为金融创新的黄金租赁业务因其金融风险不亚于贷款风险，商业银行理应从风险防范的角度在内控上做足“功课”。从对黄金租赁企业延伸调查的情况来看，由于商业银行的黄金租赁合同文本没有约束企业租赁黄金用途、要求企业提供贸易合同等内容，导致企业租赁的黄金大部分变现后的用途没有得到监控，资金流向的潜在风险较大。因此，建议商业银行树立可持续发展的理念，从风险控制的角度，制定科学的指标考核体系，加强对黄金租赁等创新业务全过程的监控，确保风险防控落到实处。

（财政部江西监管局　刘幼娜）

31.

不具备资格违规放贷

一、案例背景

2020 年，为防范化解重大风险，财政部组织各地监管局开展了对地方政府投融资平台公司或地方金融控股集团公司的会计信息检查工作，检查内容包括会计核算、投融资、资产质量三大方面情况。G 监管局负责检查 Y 金融控股集团有限公司（以下简称 Y 金控集团），检查组依照有所侧重的原则，将检查重点聚焦于类金融板块企业，其中包括 Z 金融投资控股集团有限公司（以下简称 Z 金投公司）。

Y 金控集团是甲市整合市属金融产业的平台，经营领域包括主金融、类金融、基金、平台、实业等板块，纳入合并财务报表范围的子公司 10 多家。Z 金投公司由 Y 金控集团和某级政府共同出资成立，为其子公司之一，注册资本 20 多亿元，业务范围涵盖投资、基金、商业保理、资产管理等领域，2019 年度总负债 12 亿多元，所有者权益 26 亿多元。检查发现 Z 金投公司不具备经营贷款业务资格，却利用向银行借款的资金等经营直接放贷业务，成为信贷资金“二道贩子”，推高市场主体融资成本，并且违规向房地产企业发放相关贷款，放贷风险管控不到位。

二、案例解析

（一）违规事实

1. 不具备经营贷款业务资格而经营直接放贷业务。Z 金投公司并非金融机构，不具备经营贷款业务资格。其在自身从银行取得大量信贷资金的情况下（2019 年末尚未到期 9 家银行借款合计 10.79 亿元），和其他企业、个人签订借贷合同并发放贷款，形成了经常性直接放贷业务。其中，2019 年年中已结清项目 5 个，涉及 4 户企业、1 个个人，共 5 笔贷款，合计 9.62 亿元；年末正常存续项目 3 个，涉及 3 户企业，共 5 笔贷款，合计 3.83 亿元；已出现逾期或违约项目 3 个，涉及 3 户企业，共 3 笔贷款，合计 0.83 亿元；因不能按期归还贷款而进行了展期的项目 1 个，涉及 1 户企业，1 笔贷款，金额 8 亿元。Z 金投公司的前述行为违反了《贷款通则》关于“贷款人必须经中国人民银行批准经营贷款业务，持有中国人民银行颁发的《金融机构法人许可证》或《金融机构营业许可证》，并经工商行政管理部门核准登记”的规定，违反了《银保监会　公安部　市场监管总局　人民银行关于规范民间借贷行为 维护经济金融秩序有关事项的通知》（银保监发〔2018〕10 号）关于“未经有权机关依法批准，任何单位和个人不得设立从事或者主要从事发放贷款业务的机构或以发放贷款为日常业务活动”的规定，违反了《最高人民法院关于审理民间借贷案件适用法律若干问题的规定》（法释〔2015〕18 号，法释〔2020〕6 号修改）关于“具有下列情形之一的，人民法院应当认定民间借贷合同无效：（一）套取金融机构贷款转贷的……（三）未依法取得放贷资格的出借人，以营利为目的向社会不特定对象提供借款的”规定。同时，由于是违规业务，因而既未向相关监管部门报备，也未上传至央行征信系统，脱离了监管。

2. 违规向房地产企业发放相关贷款。Z 金投公司不仅违规经营直接放贷业务，而且还因此突破了某些限制性信贷政策。2017～2019 年，其先后向房地产企业发放贷款 4 笔，累计金额 16.59 亿元。其中，2017 年向 A 房地产公司放贷 1.79 亿元，用于其偿还到期贷款和支付工程款；向 B 房地产公司投放 1.8 亿元，用于其某大厦开发建设；2018 年向 C 房地产公司放贷 5 亿元，用于其补充流动资金；2019 年向 D 公司放贷 8 亿元，用于其下属房地产子公司缴交土地出让金。Z 金投公司的前述行为，不符合国家有关“严禁对不符合信贷政策规定的房地产开发企业或开发项目发放房地产开发贷款”“防范信贷资金违规进入房地产市场”“严禁向房地产开发企业发放流动资金贷款”“不得向房地产开发企业发放用于缴交土地出让价款的贷款”等政策规定。此外，Z 金投公司 2018 年还通过信托公司集合资金投资方式，参与 DY 信托 TN 项目 1 亿元、JR 项目 1.98 亿元，项目档案显示参与时均知道资金最终投向房地产项目。

3. 成为信贷资金“二道贩子”，推高市场主体融资成本。Z 金投公司向银行借款，利率水平在 4% ~5% 之间，但其利用自有资金和信贷资金给其他企业融资，利率水平则基本推高到 10% 以上，绝大部分在 12% ~16% 之间。Z 金投公司成为银行信贷资金“二道贩子”，推高市场主体融资利率水平，与中央有关降低市场主体融资成本、切实解决企业融资贵问题的方针不符。

4. 对外放贷未采用流动资金测算和受托支付等风险管控手段。Z 金投公司违规从事的直接放贷业务，不少项目没有按照贷款管理制度要求严格做好相应管理。如流动资金贷款项目，在贷前都缺少流动资金测算步骤，对流动资金贷款额与借款人的实际资金缺口是否匹配也没有关注与测算；尽管借款合同中并列有“直接支付”（即借款人自主支付）与“受托支付”（即贷款人受托支付）两种可供选择的支付方式，部分项目也完全可以选取“受托支付”方式，但借款合同基本选取“直接支付”而不是“受托支付”。Z 金投公司的前述行为不符合《流动资金贷款管理暂行办法》关于“贷款人应合理测算借款人营运资金需求，审慎确定借款人的流动资金授信总额及具体贷款的额度，不得超过借款人的实际需求发放流动资金贷款”“具有以下情形之一的流动资金贷款，原则上应采用贷款人受托支付方式：（一）与借款人新建立信贷业务关系且借款人信用状况一般；（二）支付对象明确且单笔支付金额较大；（三）贷款人认定的其他情形”的规定，不符合《固定资产贷款管理暂行办法》关于“单笔金额超过项目总投资5%或超过500万元人民币的贷款资金支付，应采用贷款人受托支付方式”的规定。

（二）检查思路与方法

1. 有所侧重，找准方向。考虑过往各个政府监管部门监督检查关注多寡等多方面因素，检查组决定依照有所侧重的原则，将检查重点聚焦于Y金控集团自身及其下属类金融板块企业，如金融投资公司、小额贷款公司、融资租赁公司、私募基金公司、网络金融公司、典当行公司等，其中包括了Z金投公司。确定这一方向的目的，是意图通过对类金融板块企业的检查，发现、揭示日常各个政府监管部门较少关注的领域，其可能存在的一些普遍性、倾向性、典型性问题和风险。

2. 业务入手，抓住重点。对Z金投公司的检查，检查组紧紧围绕其业务开展情况，进行全面了解和深入分析，并在此基础上，发现异常、不符合政策法规规定以及会计核算要求的相关事项。在业务方面，Z金投公司有两个异常点引起了检查组的关注：一是作为金融投资公司，其资金来源除了自有资金外，还有数额不小的银行信贷资金，2019年年末银行借款余额尚有10.79亿元；二是作为金融投资公司，其业务除了股权投资、委托贷款、认购债券、信托、保理等之外，还有不少向不特定对象的直接放贷业务。贷款业务岂能谁都可以经营？检查组决定将其直接放贷业务作为检查重点。

3. 紧扣法规，深查细究。Z金投公司涉及的直接放贷业务，政策性强，不仅关涉相关行政审批规定、违规的经常性直接放贷业务与合法民间借贷的区分，还关涉国家在不同行业、领域的信贷政策规定。检查组紧紧围绕国家相关政策法规，细细梳理，并将具体规定与Z金投公司的具体情况相互比照，深查细究，查清了其直接放贷业务违反国家政策和相关法规规定的主要情况。

三、案例启示

（一）违规动机与原因

1. 经营业绩驱动。Y 金控集团原一直由甲市国资部门履行出资人职责，国资部门比较重视所监管企业的经营业绩考核评价，每年下达业绩考评指标。Z 金投公司由 Y 金控集团和某级政府共同出资成立，作为 Y 金控集团类金融板块中近年盈利状况较好的少数企业之一，其经营业绩为集团所倚重，压得比较紧；某级政府近年财力紧张，也亟盼尽早收回投资、获得最大收益。同时对于企业经管层来说，只有业绩好才可能获得更高的薪资回报。这些因素，成为 Z 金投公司的经营业绩压力和目标。在此驱动下，Z 金投公司违规从事了利率大都在 10% 以上的直接放贷业务，甚至大量向银行借款以做大经营业绩，赚取巨额利差，成为了信贷资金“二道贩子”。

2. 法纪意识淡薄。在检查过程中，检查组明显感到，不管是 Y 金控集团经管层，还是 Z 金投公司经管层，都法治观念淡薄，财经纪律意识不强。对于违规从事经常性直接放贷业务以及违反国家有关信贷政策等问题，从集团到公司的经管层，最大的反应都是“这些作为问题，会极大影响公司今后的经营发展”，没有认识到相关违规经营行为违反了财经纪律，扰乱了金融秩序。还有的高管甚至认为，Z 金投公司不是金融机构，不受相关金融法规的约束。从集团到公司都有法律部门，但其工作只停留在为公司的经营行为找合理依据上，对公司的违规经营问题视而不见，从未提出任何异议。

3. 外部监管缺失。在主金融板块，银行、保险、证券等金融机构有对应的银保监会、证监会等监管机构实施监管，形成了完善的监管体系。但地方金融控股集团公司及其下属的类金融板块企业，则存在监管机构不明确、职责不清晰、有效外部监管缺失等突出问题。在集团公司层面，Y 金控集团近 5 年共接受过 6 次检查，但没有金融监管部门对其开展过检查。Z 金投公司多年来不仅从未接受过相关金融监管部门的检查，其所有业务也都无须向相关监管部门报备，脱离了监管。

（二）教训与启示

1. 进一步完善对地方金融控股集团公司及其下属企业的激励约束机制。地方金融控股集团公司及其下属企业，特别是类金融板块企业，性质特殊，对其考核评价不能只看经营业绩，而要看是否有违规经营、是否存在经营风险。相关部门可出台相关指导性意见，指导地方做好业绩考评，修正偏差，改进工作，形成正确的指引、督导。

2. 深入组织地方金融控股集团公司及其下属企业开展财经法纪学习教育活动。通过切实加强财经法纪学习教育，深入广泛地开展相关活动，有效解决法治观念淡薄、财经纪律意识不强等现实问题，促使这些企业牢固树立法治观念，切实做到按财经法规制度办事。相关部门可联合制发专门文件，部署地方金融控股集团公司等开展财经法纪学习教育活动。紧紧抓住公司经管层这一关键少数，使其学法、知规、守纪，做到依法经营。

3. 切实加强对地方金融控股集团公司及其下属企业的有效监管。一是要进一步完善面向地方金融控股集团公司及其下属企业的监管法规规定，明确人民银行、银保监会、地方金融监管部门的职责分工，明确地方金融控股集团公司和类金融板块企业的业务范围和业务报备等相应制度要求，为有效监管奠定良好基础。二是要高度重视地方金融控股集团公司和类金融板块企业相关业务、财务问题隐藏着较大的金融风险，必须加大监督检查力度，切实有效加强监管。相关部门可考虑联合开展专项治理，发文要求相关企业进行自查自纠、自行规范，在此基础上开展深入专项检查。三是不同监管部门之间、中央与地方监管部门之间既要切实履行好各自职责，发挥各自作用，又要做好协调配合，形成监管合力，提高监管成效。

（财政部广东监管局　罗俊义）

32.

违规融资、退股及分红

一、案例背景

B 公司系 A 公司的子公司，于 2016 年 2 月成立，注册资本 20 亿元，其中 3 家民营股东持股合计 37%。2019 年 7 月，民营企业 L 集团以 86122 万元（初始投资 68000 万元）的价格受让原 3 家民营股东 34% 股权（受让后，3 家民营股东各保留 1% 的股权），成为 B 公司第二大股东。2020 年财政部派出检查组对 A 公司开展企业会计信息质量检查。检查发现，A 公司及所属子公司 B 公司在其民营持股股东 L 集团股权退出时，违反公司议事决策程序，违规为股权受让企业购买本公司股权提供融资，违规“分红”3223.52 万元。

二、案例解析

（一）违规事实

2020 年 6 月，A 公司和 B 公司避开公司股东会、董事会议事决策程序和“三重一大”决策制度规定，共同向 B 公司股权受让公司 X 投资集团出具“分红”承诺函，帮助 L 集团出让其持股不到一年的 34% 所有股权。2020 年 7 月，B 公司通过子公司 J 供应链公司（未经国务院银行业监督管理机构批准从事银行业金融机构的业务）为 X 投资集团的全资子公司 X 国新资管提供融资 4 亿元（后将其中 2 亿元债权转让给 B 公司），并虚构 4 亿元借款合同作为融资标的物。2020 年 7 月，L 集团按账面未分配利润计算应分配 439.86 万元，而实际分得 3663.38 万元，多分配 3223.52 万元。

上述问题不符合《企业内部控制基本规范》《关于进一步推进国有企业贯彻落实“三重一大”决策制度的意见》《银行业监督管理法》以及《公司法》等相关规定。针对上述检查发现的问题，财政部检查组向 A 公司和 B 公司及时进行了通报，要求两家公司对照问题积极进行整改。A 公司和 B 公司高度重视、立行立改，检查工作结束后及时完善相关内控制度及利润分配程序，并向 X 国新资管收回违规发放的 4 亿元融资款。

（二）违规手段

1. 违规操作向受让人提供分红承诺。在 L 集团入股时间不到 1 年，提出转让股权要求后，B 公司主动找到国有企业 X 投资集团，要求 X 投资集团受让 L 集团持有本公司 34% 的全部股权。为了能让 X 投资集团顺利受让 L 集团股权，A 公司和 B 公司避开公司股东会、董事会议事决策程序和“三重一大”决策制度规定，于 2020 年 6 月共同向 X 投资集团出具承诺函。承诺 X 投资集团成为 B 公司股东后，五年内 B 公司给 X 投资集团每年现金分红不低于 6000 万元，若当年现金分红低于 6000 万元，则差额部分由 A 公司以无息借款的方式无条件借给 X 投资集团，直至 B 公司将股东分红差额补足为止。

2. 为企业违规提供融资入股本公司股权。2020 年 7 月，B 公司以 X 投资集团与子公司 X 国新资管之间虚构的 4 亿元借款合同作为标的物，通过子公司 J 供应链公司为 X 国新资管提供融资 4 亿元，用于收购 L 集团持有的 B 公司 34% 的股权。

3. 为民营持股股东退出股权违规分红。2020 年 7 月，L 集团股权退出之前，B 公司专门召开临时股东大会，决议通过 2020 年上半年股东利润分配 10774.66 万元方案（B 公司 2020 年 6 月 30 日财务报表显示，未分配利润余额 1293.7 万元），而本次利润分配方案没有经过董事会会议决议，导致未分

配利润为 -9480.97 万元（B 公司按合并报表数据分配所致），L 集团多分配 3223.52 万元。

（三）违规特点

1. 破坏法人治理的基本规则。A 公司和 B 公司在 L 集团持股不到一年时帮助其转让股权，并避开公司股东会、董事会议事决策程序和“三重一大”决策制度规定，共同向 X 投资集团出具承诺函，要求 X 投资集团受让 L 集团所有股权。从上述承诺及战略合作时间看，B 公司违反了“地方资产公司持股股东持有的股份两年内不得转让”的规定，同时增加了 A 公司的现金给付义务，破坏了法人治理的基本规则。

2. 入股资金来源不真实。J 供应链公司以 X 投资集团虚构的 4 亿元借款合同作为标的物为 X 国新资管提供融资 4 亿元，用于收购 L 集团持有的 B 公司股权，违反了入股资金来源需真实合法的相关要求。

3. 违规分配利润。L 集团从入股至退出正好一年时间，从其受让股权到出让股权的价格上看不存在溢价问题，但期间参与分红合计获得收益 8192.87 万元。2020 年 7 月，按账面未分配利润计算，L 集团应分配 439.86 万元，而实际分得 3663.38 万元，多分配 3223.52 万元。

（四）检查思路与方法

1. 深挖细查，加强实地走访。检查中除调取相关会计凭证外，还仔细查阅了被检查单位的各类会议纪要、重点发文、收发文系统及相关合同等，并通过内查外调多方核实疑点线索。经检查发现，A 公司文件签批程序在公司用印申请登记本及正常 OA 系统中均未查到相关流程，说明 A 公司存在刻意隐瞒对外承诺事实。该承诺仅分管和主管领导签批就对外出具，违反“三重一大”集体决策制度。

2. 强化联动，拓展检查深度。检查组根据 A 公司的业务形态及关联性、资产规模及收支等情况分成三个检查小组，在 A 公司开展业务检查的同时，组织人员深入下属公司，对发现的疑点问题及时共享、共同分析。发现了 A

公司为L集团股权退出进行违规操作，并向受让人X投资集团提供分红承诺等违规问题。

3. 注重延伸，开展跟踪检查。对A公司投资的子公司进行延伸检查其是否存在违规经营的问题，发现下属J供应链公司存在超经营范围收购债权问题。相关材料反映，J供应链公司收购X国新资管债权4亿元。经进一步现场核查发现，X国新资管的债权为X国新资管与X投资集团签订的4亿元借款合同（约定利率10%，但未按合同执行，双方往来款中均未进行账务核算），债权人和债务人为全资子母公司关系（X投资集团为母公司）。X投资集团有调动X国新资管资金的能力且该能力持续存在，上述借款合同实际可由X投资集团控制，X投资集团向X国新资管借款签订的合同不具有商业实质，事实上，X国新资管收到融资资金后又转给X投资集团。因此，J供应链公司收购X国新资管债权实为违规融资行为，其目的是为X投资集团受让L集团持有母公司B公司股权提供资金支持。

三、案例启示

（一）违规动机与原因

1. 对市场前景预期不统一。L集团加入B公司后，对当地金融资管经营、风险及未来前景的判断与B公司经营层产生很大分歧，使其持股时间不到一年便提出转让股权要求。因此，B公司帮助其找到X投资集团受让L集团所持全部股权。

2. 内部控制制度执行不到位。X投资集团在受让民营企业L集团持有B公司股权时，A公司、B公司对X投资集团成为B公司股东后做出分红承诺，该重大事项未执行“三重一大”集体决策程序。

3. 股权转让涉及金额较大。由于此次股权转让涉及金额较大，虽经B公司协调，X投资集团仍存在4亿元的资金缺口，于是B公司通过子公司J供应链公司违规为X国新资管提供融资4亿元。

4. 避免股权溢价收益缴纳相关税费。L 集团从 2019 年 7 月 30 日入股至 2020 年 7 月 29 日退出，正好持股一年时间。从其受让股权到出让股权的价格上看，不存在溢价问题，但是期间参与 2019 年度分红 4529. 49 万元和 2020 年 7 月分红 3663. 38 万元，合计获得收益 8192. 87 万元，避免了股权溢价收益缴纳相关税费问题，最终导致企业违规分红 3223. 52 万元。

（二）启示与思考

本案例由于对金融控股公司风险管理的欠缺，导致了企业违规分红的严重后果，给进一步加强对金融控股公司的日常监管带来了启示与思考。

1. 强化政策执行和财务管理，推动企业健康发展。进一步深入学习和全面贯彻《会计法》《企业内部控制基本规范》《关于进一步推进国有企业贯彻落实“三重一大”决策制度的意见》等法规政策精神，将会计核算和监督管理贯穿于企业经营发展的全过程之中。正确处理强化合规经营与促进业务发展、加强内控管理与防范经营风险的关系，切实建立健全内控约束与风险防范长效机制，推动企业健康、稳步、持续发展。

2. 加大培训力度，提升财会人员业务水平和综合素质。一是进一步加强财会人员的法律法规培训，提高贯彻执行财经纪律、法规制度的自觉性和主动性，提升管理水平；二是加强财务会计人员政策业务技能培训，提高财会队伍整体素质和财会监管能力，确保会计信息质量的真实性、准确性和完整性；三是要加强内审、内控人员的培训力度，充分发挥内审、内控部门的职能作用，建立联动机制，前移风险关口。

3. 加强外部监管，最大限度地防范化解经营风险。相关监管部门应进一步加强对金融资金管理企业会计信息质量检查，对于发现的问题要认真督促企业及时进行整改。对检查发现的严重违法违纪问题应按照相关规定严肃查处，同时对相关责任人员追究相关责任，形成震慑作用，达到规范经营管理、防范风险的目的。

（财政部江西监管局　刘幼娜）

33.

利用政府购买协议违规融资

一、案例背景

为深入贯彻中央经济工作会议和全国财政会议精神，服务防范化解重大风险攻坚战，通过会计信息质量检查，加强对地方政府投融资性质企业的会计监督，充分发挥会计监督服务经济社会大局的作用。根据《财政部关于组织各地监管局开展2020年企业会计信息检查工作的通知》（财办预〔2020〕106号）要求，财政部某监管局对BZ市A平台公司进行了检查，该公司为了融资需求，在地方政府及其所属部门的配合下，以政府购买服务名义，通过捆绑政府信用向商业银行等金融机构进行融资，此举不但损害了政府公信力，也造成地方政府隐性债务的风险积聚。

政府购买服务，是指通过发挥市场机制作用，把政府直接提供的一部分公共服务事项以及政府履职所需服务事项，按照一定的方式和程序，交由具备条件的社会力量和事业单位承担，并由政府根据合同约定向其支付费用，政府购买服务需要按照《中华人民共和国政府采购法》确定的服务范围实施。

2017年5月，《财政部关于坚决制止地方政府以政府购买服务名义违法违规融资的通知》（财预〔2017〕87号）出台后，各地对以政府购买服务名义违规融资的行为进行了全面清理整顿，但依然有一些漏网之鱼没有被发现。通过2020年会计信息质量检查，本着穿透到底、查有实据的要求，我们深入细致地分析核实了被检查单位的各项债务材料，在确定线索后直插项目现场，确认项目的“四至”范围以及实际建设情况，最终确定A公司两个项目存在利用政府购买服务违规融资的事实。

二、案例解析

（一）利用政府购买服务协议违规融资

项目一：2016年9月，BZ市国土资源储备发展中心（以下简称土储中心）与A公司签订《2016年土地综合整治项目政府购买服务协议》，按照协议约定，土储中心需在2016～2025年支付A公司服务价款24亿元。2016年和2017年，A公司以上述购买服务协议为抵押，分两次与A银行签订《固定资产贷款合同》，共计贷款16亿元，并均于当月提款（其中2016年5亿元，2017年11亿元）。截至2020年10月底，尚有贷款余额10.28亿元。

项目二：2016年9月，BZ市政府与A公司签订《XG塔和BQK西侧土地一级开发项目政府购买服务协议》，按照协议约定，市政府需在2017～2024年支付A公司服务价款26.10亿元。2016年11月，A公司以上述购买服务协议为抵押，与B银行签订《委托贷款借款合同》，贷款金额5亿元，2016年12月完成全部提款。截至2020年10月底，尚有贷款余额2亿元。

2017年5月，《财政部关于坚决制止地方政府以政府购买服务名义违法违规融资的通知》（财预〔2017〕87号）下发后，BZ市政府及土储中心分别与A公司于2017年9月签订政府购买服务解除协议书，2020年11月13日，上述贷款余额完成清偿。

（二）融资贷款资金未按合同约定内容使用

项目一：BZ市2016年土地综合整治项目共涉及6个地块。经实地查看，其中5个已完成或基本完成项目开发，1个地块已完成地面附属物清理和土地平整。经核实，上述6块土地并非由A公司进行土地一级开发收储。A公司关于该项目的16亿元银行贷款，除0.89亿元用于自身贷款的还本付息外，剩余15.11亿元被挪作他用，其中偿还7家银行的流动资金贷款还本付息4.11亿元，用于HH书舍、停车场等自主经营性项目建设9亿元，用于本项目范围以外的公益性项目建设2亿元。

项目二：经实地查看，BZ市XG塔和BQK西侧土地一级开发项目至今未进行土地征迁，约定的政府购买服务内容并未实施。A公司关于该项目的5亿元银行贷款，除2.43亿元用于贷款还本付息之外，剩余2.57亿元用于公司向A、B银行的流动资金贷款还本付息。

三、案例启示

（一）违规原因与动机分析

1. 融资成本低、手续简化是企业违规融资的主要动力。融资难、融资贵问题是困扰企业经营的一大难题，而企业以政府购买服务协议向银行等金融机构融资，既能以政府信用做担保，又能够有效降低融资成本。以案例中的融资为例，A公司分别向A银行和B银行贷款16亿元和5亿元（期限均为8年），年利率为4.9%和4.75%。而依靠企业自身信用评级运用信托基金、中期票据等融资工具进行融资，融资的年利率在8%以上。同时由于有政府信用作为担保，银行等金融机构也放松贷款审核条件、简化放款手续。因此，企业更愿意将政府购买服务协议进行包装，以此向银行等金融机构进行融资。

2. 贷款银行贷后管理松懈，为企业挪用资金大开方便之门。贷后管理目前仍然是信贷管理的薄弱环节，“重贷轻管，管理不到位”现象依然存在，放款后经办行失去资金控制权，银企信息不对等，监管难度大，信贷人员消极应对，贷后管理成“事后管理”，使银行等金融机构在贷款发放后缺乏对贷款资金用途的控制和掌握，给了企业挪用资金可乘之机。

3. 企业维持自身发展运营的需要。部分承接政府公益性项目建设的企业，市场化运营程度较低，自身缺乏有效的盈利渠道，需要对外融资来维持在向市场化运营转型期间的资金链正常运转，扩充自身资本实力，拓展销售市场并扩大经营规模，满足自身盈利需要，并进一步追逐更高的收益。

（二）影响分析

1. 易于产生道德风险。签订政府购买服务协议，以政府信用为担保向银行融资，原本是为了加快政府购买服务事项的实施，但企业为追求自身收益最大化，具有挪用贷款资金的动机，而银行等金融机构对贷后资金使用缺乏监管动力，给企业挪用贷款资金提供了可乘之机，使以政府购买服务名义融资产生道德风险，贷款资金被挪用，最终造成政府购买服务事项低效运转，政府信用被严重透支。

2. 极易造成偿债风险。由于政府购买服务的支付期一般长达 10 年及以上，而经过包装的政府购买服务协议中的支付事项根本没有纳入预算安排，同时政府的支付责任产生于企业履行政府购买服务内容，如果企业对服务内容履约能力不足或者根本未履行，将导致政府支付事项不能履行，企业也无法按时偿还贷款，从而产生偿债风险。

3. 缺少风险缓释空间。政府购买服务的资金一般覆盖项目全部投资，服务承接方基本没有实际出资额，自身缺乏偿债能力，以政府购买服务名义向银行贷款，如果发生违约风险，容易倒逼地方政府财政进行兜底。以政府购买服务名义违规融资，实际上是为地方政府变相举债，所涉及的融资项目投资规模一旦过大，容易超出地方财力可承受范围，进而引发地方债务风险。

（三）启示与思考

1. 严格规范平台公司融资行为。继续推动融资平台公司尽快转型为市场化运营的国有企业，依法合规开展市场化融资。建议金融机构严格规范融资管理，切实加强风险识别和防范，落实企业举债准入条件，按商业化原则履行相关程序，审慎评估举债人财务能力和还款来源。

2. 严格执行政府购买服务实施范围规定。政府购买服务内容应当严格限制在政府职责范围内且适合采取市场化方式提供、社会力量能够承担的服务事项。建议加强政府购买服务信息公开，继续坚决制止以政府购买服务名义违法违规融资的行为。

3. 强化债务监管工作合力。充分发挥与银行等金融机构的联合监测和防控机制，持续深入开展地方融资平台公司举债信息与银行共享比对工作，强化地方融资平台公司在融资市场上的风险识别、推送、确认。建议地方政府加快整合财政、人民银行、银保监会、证监会等部门的地方政府债务监管合作，在重大债务监管事项上，保持经常联系磋商和债务信息共享，加快推动形成监管合力。

（财政部安徽监管局　吴江晨　齐美富）

34.

利用信托投资输送经济利益

一、案例背景

2013年5月至9月，财政部组织某专员办对A银行该省分行开展2012年度金融企业会计信息质量检查时，发现A银行总行有关人员在利用理财资金投资该省某市B平台公司（以下简称B公司）项目信托计划126亿元过程中，存在损害国家利益向C律师事务所输送3.34亿元巨大经济利益的嫌疑，该专员办及时将检查发现的情况上报财政部，并配合财政部开展工作，最终财政部将相关检查情况移交中国银监会处理，后被移交中纪委处理，中纪委将案件移交高法。

二、案例解析

（一）违规事实

B公司为了获取A银行总行信托贷款资金，在支付信托合同约定的利息、信托报酬之外，又与C律师事务所签订“融资法律服务操作协议”，并以“融资顾问费”的名义支付给第三方C律师事务所3.34亿元巨额资金，实质就是中介费，形成利益输送。

2009年，B公司为解决融资困难，在D信托公司推荐下由C律师事务所介绍认识A银行总行金融市场部人士。通过协商，商定通过D信托公司设立单一信托计划，由A银行总行理财资金来投资该信托计划，解决B公司的融资问题。实质上就是A银行总行通过信托平台向融资单位发放贷款（年利率7%），D信托公司只负责提供产品和业务通道，并收取一定比例的手续费，不承担管理责任。

根据上述操作方式，D信托公司与B公司于2009年3月、2009年12月、2012年10月，分三期签署了三份总金额为126亿元的受益权信托合同。A银行总行用理财资金投资上述信托受益权，成为单一的投资人和受益人。

但在上述三份信托合同签订的同时，C律师事务所又与B公司签订了与融资项目对应的三份《融资法律服务操作协议》，约定在融资资金到位后，B公司分别按每年融资余额的1%、0.7%、0.35%支付上述三笔“融资法律顾问费”计35724万元，截至2012年11月底实际支付33414万元，上述款项全部汇入北京市C律师事务所。

（二）违规特点

1. A银行总行有关部门逆程序操作该项业务。根据A银行财产（权利）收益权理财业务投资规程，一般此类业务应由银行基层行进行贷（投）前尽职调查、出具尽职调查报告。再按项目审批权限上报省行、总行有关部门，由总行相关部门在履行相关审核、审批程序后，经投资审查委员会通过付诸实施。而B公司的第一期40亿元融资项目并未按此程序操作，而是直接由A银行总行与B公司洽谈，项目的尽职调查报告也是由A银行总行完成，项目所在地的某市分行竟然对项目具体情况毫不知情，后来由总行指定被动接受作为资金监管行。此外，A银行总行对该项目未按贷款流程，而是采取内部签报的方式在部门之间进行会签，再报总行领导签字，从而使该项目许多隐情得以遮掩。

2. A银行将应纳入银行大账的投行收入输出给第三者。根据检查组对该省内其他多个A银行总行理财资金投资的信托项目检查，A银行均与融资项目单位签订了融资顾问协议，并将收取的融资顾问费等收入计入中间业务收入，唯独B公司项目（一期、二期96亿元融资）A银行没有与项目单位签订融资顾问协议，最终将相关利益输送给关系人C律师事务所。

3. C律师事务所未提供实质性法律服务，所收取的33414万元实际上是融资介绍费。根据A银行、D信托公司相关内部制度规定，银行在办理理财资金投资、B公司在制定信托受益权计划时，按内部控制流程均由内部法律事务部门出具意见。经对B公司检查，该公司除提供与C律师事务所签订的三份《融资法律服务操作协议》和融资法律意见书外，C律师事务所并没有提供实质性法律服务。A银行总行有关人员自己也承认，A银行有自己的法律合规部，所有的信托项目并不需要外单位提供“法律服务”。所以，C律师事务所按年融资额的一定比例收取的巨额“融资法律顾问费”实际上就是以其名义收取的融资介绍费。

（三）处理结果

由于该案件涉案金额巨大，违纪性质十分严重，已涉嫌犯罪，财政部将其移交中纪委处理，中纪委将案件移交高法。三年后，律师事务所、平台公司、金融企业部门负责人均受到刑事处罚。

（四）检查思路与方法

1. 约谈公司关键人员，确定检查重点。2013年10月29日，检查组约谈B公司董事会主席张某，据他介绍，B公司此项目与之所以能够与A银行总行谈成，核心人物是C律师事务所负责人陈某。正是经C律师事务所合伙人陈某介绍，他们才认识了A银行总行金融市场部的副总经理马某，A银行总行参与此项业务的人员主要是金融市场部的副总经理马某、处长邓某以及刘某等人。B公司张某承认，信托受益权的设计主要是与A银行总行商谈，但C律师事务所对B公司做了提示；支付给C律师事务所的费用是陈某提出的，起初要得更高，达到1%～2%。而B公司同意这样做的理由很简单：一方面是为了能够获得资金，另一方面资金总成本控制在9%的目标之内。

取得了B公司关键人员的供述之后，检查人员将检查重点放在了延伸调查A银行总行上。

2. 内查外调，取得突破进展。检查人员在财政部指导帮助下两次进驻A银行总行进行调查，并与相关人员谈话，调取会议纪要等，最终抽丝剥茧，基本查清了事情真相。

（1）A银行总行有关人员刻意回避利益输送的第三方。2013年10月21日，检查人员第一次进驻A银行总行召集财务会计、资产管理、机构业务、信用投资等6个部门见面会，提供的“关于××项目投资情况的报告”强调该信托项目“前两笔由D信托公司推荐至我行办理”，整个过程中有关当事人对“C律师事务所”只字不提。2013年12月3日第二次进驻，当检查人员单刀直入故意提及C律师事务所及法人代表陈某时，A银行总行有关当事人更是讳莫如深。连具体负责该项目的金融市场部副总经理马某也坚称不知道C律师事务所的事，不认识陈某，还辩解说以为“陈某是B公司带来的律师”等。其言辞不仅与该部处长邓某“是来过一个律师，自己一个人来的，只是交换过名片，就去找我们马总了”证词相左，更与B公司张某提供的谈话记录大相径庭。

（2）A银行总行内部人员对该信托项目有关问题说法自相矛盾。其一，对于由谁来完成40亿元信托项目的尽职调查说法矛盾。第一次进驻时，A银行总行金融市场部副总经理马某介绍该项目是由D信托公司推荐（实际最初是由另一家信托公司推荐），项目的尽职调查是由A银行某分行完成的。第二次进驻时他又改口强调该项目是由总行带着某分行一起做的；而其下属金融市场部刘某承认，该项目是由总行直接发起的，该分行当时不知情，没有参与调查，项目的尽职调查报告也是由A银行总行完成的，事实也是如此。其二，在该项目产品定价、论证审定上也存在诸多矛盾。金融市场部副总经理马某反映，B公司的人是D信托公司的王某带过来的，他们不是单独接触，是同部门其他员工一起接触的。该项目第一期定价也是由他们团队商定，共开过三到五次部门会议，参与人员有马某、邓某、刘某、黄某等。价格由部内会议决定，但没有定价流程，商谈是团队参与，团队开会定下来后，再向上报，但价格商谈没有书面痕迹。而该部邓某处长则持相反意见，作为项目的主要经办处负责人，她称“个人没有接触 B 公司，项目也没有推荐到我这里，如果是推荐给我处其他职工，也应该会跟我汇报，我也没有接到过汇报”，对于产品定价则称“B 公司的项目价格没有跟我谈，我也不清楚跟谁谈，我觉得就是跟我们的马总谈的”。同时，她反复强调，对该项目第一期商谈的过程，她参与得比较少，她和刘某还是比较被动的，主要是马总安排相关任务下来，在 2009 年 3 月之前她没有接触过 B 公司方面的相关人员等。

（3）A 银行总行放弃该项目应得收入以及在利率设定上难以自圆其说。一是根据检查组对该省内等其他多个 A 银行总行理财资金投资的信托项目检查，银行均与融资项目单位签订了融资顾问协议，并将收取的融资顾问费等收入计入中间业务收入，唯独 B 公司一期 40 亿元、二期 50 亿元的信托项目（第三期 36 亿元由 A 银行某分行收取了 4500 万元融资顾问费），A 银行没有与项目单位签订融资顾问协议收取任何费用，而相关利益为关系人 C 律师事务所所得。二是在利率的设定上令人费解。2008 年 9 月 2 日，B 公司以“关于××项目……几点意见”报 A 银行总行金融市场部，“关于理财产品结构方案：我们希望该项目总规模 30 亿～40 亿元，期限 4 年，强调要求该项目的融资总成本最好控制在年均 9% 以内”。2008 年 10 月 6 日，A 银行总行金融市场部给 B 公司回复的几点建议中，“关于理财产品结构方案：由于目前理财产品市场预期收益较高，考虑到客户收益、费用及相关的各项税费后，可实现的融资成本为一两年以内和两年以上融资成本最低分别为 9.5% 和 10%”。2009 年 1 月 4 日，A 银行总行金融市场部“关于理财资金投资 B 公司 BT 项目应收账款收益权财产信托的请示”签报显示信托收益为两年期限 7.5%。2009 年 3 月 16 日，正式签订的信托合同未直接列明利率，根据信托合同信托收入及信托利益计算，两年期 20 亿元信托年利率 7.40%，四年期 20 亿元信托年利率 7.95%。短短的 3 个月时间，利率变化竟然如此之大。对此，A 银行总行有关人员解释为，2008 年年底央行多次下调基准利率，市场利率处于下行通道，B 公司此类项目逐步成为信托公司、银行信贷部门争夺的主要目标客户……实在有些牵强附会，难以自圆其说。实际上，B 公司在

"40亿元信托项目"之外，于2009年3月16日（正是信托合同签订日）又暗度陈仓与C律师事务所签订《融资法律服务操作协议》，其第三条第一款注明：收费按实际融资额每年1%的标准，应支付给C律师事务所融资法律顾问费1.2亿元。其行为是与A银行总行相配合，时间节点环环相扣，实施巨额利益输送。

三、案例启示

（一）违规动机与原因

案犯与银行总行相关工作人员相互勾结，骗取融资顾问费，向第三方输送巨大经济利益，除了利益驱动是造成相关人员铤而走险的动机之外，从银行内部管理和外部监管方面看，出现此类案件，原因也是多方面的。

1. 对创新业务银行内部程序形同虚设。银行内部对传统的贷款业务流程有关规定和政策比较明确清晰，但对新的创新业务也是摸着石头过河，当年以"应收账款债权"作为信托产品业务刚刚开展，没有相关政策规定约束，业务审批流程也不明晰，都是边开展边摸索。加上理财资金池不对接固定项目，很容易产生违规漏洞，部分"有心人"也很容易利用漏洞牟取不当利益。过去如此，现在依然存在类似问题。

2. 对创新业务缺乏有效的外部监管。对银行监管部门来说，一般根据现行法律规定对银行业务进行监管，而2009年，对以"应收账款债权"信托产品这种创新业务的监管是滞后的。银行监管部门面对新的业务，从未遇到过，更谈不上有效监管。由于对创新业务缺乏有效的外部监管，造成相关人员利用所谓创新业务钻政策的空子，以"融资顾问费"名义为个人或少数人牟取不正当利益。

（二）教训与启示

1. 银行应加强创新业务的内部风险管理，完善内部控制制度。对银行业来说，加强风险管理是永恒的课题。针对创新业务，商业银行应加强风险管理，建立覆盖业务全流程的风险控制模式是当务之急。须建立责任权利对等、分工明确、内容完善的岗位责任制，完善内部控制制度。银行机构应加大内部审计与稽核处罚力度，强化内部制度执行能力，真正发挥制度的规范和约束作用，才能确保银行从业人员按章操作，防范道德风险。

2. 金融监管部门必须与时俱进，提高监管成效。为切实防范金融风险，金融监管部门必须与时俱进，不断创新监督检查的理念和方式方法，提高监管成效。一是创新监管手段，强化日常动态监管；二是财政部、人民银行、银保监会等监管部门应建立监管联席会议机制，定期通报监管情况和发现的问题，建立金融监管数据库，实现资源共享，形成监管合力；三是加大金融监管的处理处罚力度，扩大监管震慑效应，定期将检查结果对外公告，强化社会舆论监督。

（财政部江苏监管局　张文彬　金克宁）

35.

企业财务管理混乱　会计信息失真

一、案例背景

A 公司是 2008 年 5 月由某省人民政府、XD 公司、HD 公司、DT 公司、SH 公司、HH 公司共同投资设立的，注册资本 30 亿元。公司成立后经过几次增资转股，2015 年注册资本为 35.33 亿元，股东为 YY 公司（持股 48.58%）、XD 公司（持股 25.9%）、HD 公司（持股 8.49%）、LY 公司（持股 8.49%）和 SH 公司（持股 8.54%）。

A 公司属铁路运输企业，承担某能源开发基地煤炭运输，境内发电、化工等企业的原材料和产品的运输，与我国重要铁路干线相连，发挥了该省煤炭外运的作用。公司实际控制人为 YY 公司，公司经营范围包括铁路开发建设和经营管理，仓储和物流，机电和车辆维修，酒店管理，酒店、住宿、餐饮经营，农副产品种植、加工、销售。

2016 年，按照财政部工作安排，财政部某监管局派出检查组，对 A 公司 2015 年度会计信息质量进行了检查。检查发现，企业存在个人所得税长期申报未缴纳、管理费用未据实核算、违规将利息费用资本化增加利润、报表合并不准确、信息披露不完整、向不同使用人提供不同报表等会计信息质量问题。

二、案例解析

（一）违规事实

1. 下属子公司B将代扣的个人所得税1584.92万元长期挂账不申报缴纳。B公司成立于1993年，是一家上市公司，2011年公司进行了重组，A公司为该公司重组方。B公司作为A公司的控股子公司，被纳入2015年合并报表范围。检查发现，B公司2001年分配流通股分红款6739.67万元，并代扣个人所得税1684.92万元。上述分红款已在2001年全部支付，并代缴了100万元个人所得税，其余1584.92万元代扣的个人所得税挂账且未向主管税务机关申报缴纳。截至检查日，上述1584.92万元税款仍然挂账且未申报缴纳。未申报原因是：2001年8月，B公司财务造假事件爆发，导致资金链断裂，无法缴纳剩余的代扣个人所得税。2005年，该省人民政府召开专题会议研究B公司问题并形成会议纪要，“对于B公司的有关税收问题，只要不违反国家有关法律法规，在该省权限范围内，能减免的尽量减免，能缓征的尽量缓征，能挂账的尽量挂账。在这样的原则下，具体事宜由税务部门办理”。根据该会议精神，B公司对2001年分红代扣代缴的税款进行了挂账处理，该笔账一挂就长达15年。

2. 管理费用未据实核算。检查发现，A公司在其子公司C发生招待费、住宿费、会议费等支出35.72万元，双方均未在账面反映，导致A公司少计管理费用——业务招待费35.72万元，C公司少计营业收入35.72万元，该笔收入未正常申报纳税。

3. 通过利息费用资本化调节企业利润。A公司将已转入固定资产的建设项目利息费用资本化，导致少计财务费用142.08万元，影响企业利润。

4. 合并报表不准确。A公司对纳入合并财务报表范围内母子公司之间的内部交易事项抵销不完整，导致多计营业收入714.44万元，多计营业成本676.09万元，多计利润38.35万元，同时多计存货38.35万元，使合并报表数据严重失真。

5. 挪用基建贷款用于对外投资，且未对或有投资损失进行披露。2010年，A公司根据该省政府要求，对TZY公司进行股权投资3.5亿元。由于企业资金不足，便以YYHKQ项目和NDDFTL项目建设为由向国家开发银行申请贷款，企业收到贷款资金1.7亿元后便投入TZY公司。期间受到审计署检查，因未按原贷款用途使用资金，违规将贷款用于投资，另外1.8亿元贷款国家开发银行未放款，致使1.8亿元投资未到位。TZY公司在对2011年度和2012年度利润进行分配时，将A公司应分配的股利375.07万元全部用于弥补资本金未到位的贷款利息（截至2014年7月31日，利息测算4381.43万元，弥补后仍应补偿贷款利息4006.35万元），A公司未在2015年年报中对上述投资不到位情况及其对公司可能造成的影响事项进行充分披露。

6. 向不同报表使用人报送不同财务数据报表。一是A公司2015年对外报送的财务报表信息不一致。其对国资委、证监会是按会计师事务所出具的审计报告数据进行报送，对税务部门以企业账面数据进行报送。二是A公司本部和其PP分公司2015年度会计报表与事务所审计的报表，年初、年末数据存在差异，企业未按事务所出具的调整事项进行全部调整。三是子公司D和E 2015年度未按照事务所审计事项调整账面数据，在向税务部门上报报表时以企业账面数据填报，对国资委、证监会上报报表时以事务所审计调整数据填报，账面数据、审计报表数据存在差异。

（二）检查思路与方法

1. 注重分析，紧扣疑点，抓好企业检查分析工作。A公司属铁路运输业，是一家地方国有控股企业，并拥有3家全资及控股子公司，其中一家子公司B是上市公司。检查组针对企业的组织架构和公司业务板块，首先了解公司的管理模式和内控制度，选择母公司作为首查对象，采取扫描式检查方法，将企业的重大经济事项列为重点，派专人进行检查落实。如对该企业投资不到位问题，检查人员通过调阅以前年度相关资料，查清投资不到位的具体原因，了解到政府干预导致违规问题，真实反映企业情况。其次针对母公司与子公司的业务情况，分析可能存在的问题，作为检查重点。如针对子公司C业务特点，查找母公司在该公司的消费支出情况，发现双方均未入账问题。

2. 延伸外部，落实责任，内外结合查证重大事项。检查中发现B公司有1584.92万元代扣的个人所得税挂账未向主管税务机关申报问题，并且该税款已挂账十几年，企业财务人员的解释是地方政府让其缓缴。为了查明问题的真实原因，检查组走访了主管税务机关，查清了该笔税款企业不申报缴纳的真实情况，明确了对于该税款，地方各部门无权审批超过3个月的缓征的规定。

3. 抓住关键，多管齐下，查清企业利润核算不实问题。追求利润最大化是企业的根本目标，紧盯利润，从利润倒推会计核算，成为检查组的重要检查内容。检查以收入利得和费用损益为两条主线，对A公司的利润进行复核，并重点关注了合并报表是否准确，关联交易是否同时记账。检查组通过调阅合并报表、记账凭证、明细账等资料，发现了A公司少计管理费用、将已转入固定资产的建设项目利息费用资本化导致少计财务费用、母子公司之间内部交易事项抵销不完整多计营业收入等虚增利润的行为。

三、案例启示

（一）违规动机与原因

1. 政府主导行为，是企业不依法履行纳税义务和税务部门不依法履行征收责任的主要原因。对于A公司的子公司C将2001年流通股分红代扣的个人所得税1584.92万元长期挂账不申报缴纳的问题。A公司认为有地方政府的会议纪要，不申报纳税的责任不在企业，税务部门也以政府会议纪要为依据不按规定征税。

2. 政府行政命令，行政干预过度。政府行政命令使企业违规使用贷款资金，造成企业背负贷款资金负担，并形成投资不到位的违约风险。由于A公司是地方政府控股的企业，对TZY公司的投资是由该省人民政府做的决定，企业无法抗拒，只能采取违规行为履行政府意愿。对企业而言，不仅有违规行为，同时还背负1.7亿元的贷款利息，但自身无力解决，深感无奈。

3. 企业管理人员法治意识薄弱，管理不到位。对于A公司在子公司C发生的招待费、会议费等支出，双方均不在账面反映的问题，A公司领导认为，子公司C是一家酒店，由于其经营状况不佳，A公司将相关消费业务都安排在子公司C，一方面是给子公司C承揽业务，另一方面能少缴纳税款。对于A公司年底没有按照事务所出具的审计报告进行账务调整，导致对不同的报表使用者出具不同的报表数据问题，原因是该公司财务负责人调换，财务管理不到位。

（二）启示与思考

1. 加快推进国有资本授权经营体制改革。从本案例可以看出，A公司个人所得税长期申报未缴纳、挪用基建贷款用于投资等重大问题的背后，都有政府行政干预的影子，政府主导是问题产生的根本原因。因此，建议推动各级出资人代表机构加快转变职能和履职方式，切实减少政府对国有企业的行政干预；按照“权利以出资为限、监管以法定为据”的要求，重点管好国有资本布局、规范资本运作、提高资本回报、维护资本安全；履职实施清单管理，制定出台出资人代表机构监管权力责任清单，清单以外事项由企业依法自主决策，清单以内事项要大幅减少审批或事前备案，将依法应由企业自主经营决策的事项归位于企业；强化出资人事中事后监督监管，该放的放权到位，该管的管住管好。

2. 加强对地方国有企业的监管。从近几年的会计信息质量检查情况看，上市公司及中央企业的会计信息质量较好，企业管理人员及财务人员的法治意识、业务水平都比较高。相对而言，地方国有企业管理人员、财务人员的法治意识比较淡薄，业务水平也比较薄弱，再加上受地方政府干预或保护的影响，企业的会计信息质量较低。企业一些重大问题，地方监督检查部门即使检查发现了，也因为受政府的影响不反映或不处理，导致企业违规问题长期不能纠正，致使企业管理人员、财务人员法治意识淡薄，国家的财税法规得不到认真贯彻落实。因此，建议财政部在今后安排部署会计信息质量检查时，落实属地监管原则，扩大对地方国有企业的检查范围，进一步加强对地方国有企业的财务监管。

3. 加强税收征管，加大对企业偷逃税的处理处罚力度。根据A公司的子公司B代扣个人所得税长期挂账不申报缴纳这一问题，从侧面反映出企业所得税汇算清缴监管工作有待进一步完善，企业在汇算清缴环节的自主性过大，而税务部门在税收政策执行上也存在自由裁量权过大、执法不严格的问题。因此，建议税务机关加强税收征管能力建设，维护执法的独立性，严格执法；同时，加大对企业偷逃税的处理处罚力度，严格按照税收法规进行处理处罚，增加违纪成本，营造“不敢偷税、不能偷税、不想偷税”的良好纳税环境。

（财政部宁夏监管局　张瑞英）

36.

准则执行不规范　计提减值太随意

一、案例背景

甲电器公司成立于1984年，主要从事冰箱、空调、洗衣机和热水器等家电产品的生产、制造和销售，是一家在上海证券交易所和香港联合交易所同时上市的A+H股公司，处于行业龙头地位。该公司按照国际会计准则理事会公布的国际财务报告准则及香港公司条例的披露规定编制综合财务报表。

2012年度，该公司非流动资产22亿元，流动资产160亿元，流动负债109亿元，非流动负债14亿元，权益58亿元。收入556亿元，销售成本466亿元，年内全面收益总额17亿元。

2013年，财政部派出检查组对甲电器公司部分会计信息进行核实，并对该公司年度会计信息质量进行了检查。检查发现，该公司对会计估计运用缺乏控制，计提存货跌价准备、资产减值准备较为随意，内部控制管理存在一定的不足，导致企业利润核算不准确，会计信息失真。

二、案例解析

（一）违规事实

甲电器公司未严格执行《企业会计准则》，存在随意计提存货跌价准备和资产减值准备等行为。2012 年，该公司对某家电销售公司不良品全额计提存货跌价准备，其中包含了大量的合格商品，导致多计提存货跌价准备 5644 万元；部分销售公司库存商品可变现净值低于成本，该公司却未计提存货跌价准备。是否计提减值准备是基于资产的实际状况和市场情况进行判断的，甲电器公司随意计算处理不同子公司间和不同商品的跌价准备，使事实与账面数据混淆，会计信息未能反映出资产真实价值。

（二）违规内容与手段

1. 期末不良品多计提存货跌价准备 5644 万元。甲电器公司 2012 年度对某家电销售公司期末不良品 7093 万元全额计提了存货跌价准备。通过检查销售公司不良品退回处置流程和不良品期后转销情况发现，销售公司的不良品都以原价返厂，销售公司不良品不存在减值迹象，无计提存货跌价准备的基础和依据，导致多计提存货跌价准备 5644 万元。

2. 正品库存少计提存货跌价准备 1319 万元。甲电器公司 3 家销售公司的期末正品库存，存在可变现净值低于账面成本的迹象，但该公司未对此进行处理，未就可变现净值低的部分计提相应的存货跌价准备。经对期末存货成本、期后售价、返利、相关销售费用检查核实并重新测算，3 家销售公司的 2012 年期末正品库存少计提存货跌价准备 1319 万元。

3. 期末不良品减值 2583 万元核算不当。甲电器公司收到相关销售公司退回的不良品，根据历史经验数据预估损失直接抵减期末库存原值，计入当期营业成本，并冲减存货，期末减值未采用计提存货跌价准备的方式，期末不良品减值损失预估计入主营业务成本金额共计 2583 万元。

4. 未对报废资产计提减值准备 254 万元。甲电器公司的配重块生产线（注塑）已经报废，但公司未对此进行任何会计处理，期末未计提减值准备，也未进行固定资产清理，导致期末少计提固定资产减值准备 254 万元。

（三）处理结果

甲电器公司随意计提或未计提存货跌价准备或资产减值行为，不符合

《企业会计准则——基本准则》第十二条、《企业会计准则第1号——存货》第十五条、第十六条等有关规定。考虑到市场波动变化和存货生产质量问题，公司应按照企业会计准则的规定，合理计提减值准备，使会计信息更真实、准确地反映公司资产和经营状况。甲电器公司对于不同子公司或者不同货物，随意计提或者不计提减值准备，对内部而言不能准确反映产品的质量和销售情况，对外不能真实反映公司经营全貌，既误导了管理层决策，也影响了外部投资者使用财务会计报告。

针对检查发现的问题，财政部依法下发处理决定。依据《中华人民共和国会计法》第二十五条规定，责成甲电器公司调整账务处理，补缴相关税款，认真加以整改，健全内部控制管理，提升财务核算水平。

（四）检查思路与方法

1. 查前调查。从互联网、事务所等各种渠道搜集上市公司公告、产品构成、经营状况和其他相关信息。有针对性地派出现场调研组，深入开展查前调研，既与公司管理层、各部门各地区负责人沟通，争取获得支持和配合，又现场查看生产、物流、门面、财务核算等，了解公司特点和内部治理架构；同时按业务板块和收入利润来源渠道等了解公司详细情况。

2. 非现场检查分析。针对会计师事务所提交的审计工作底稿和相关资料、查前调研获取的有效信息，并与会计师事务所审计人员访谈，获取审计过程中发现的重点和疑点问题。在此基础上，针对审计有关资料和信息，组织人员开展非现场检查分析，注重对分析结果进行归纳和总结，将非现场分析结果转化为现场检查的重点领域和分工安排。

3. 重点突破。紧抓工作重点，力争有的放矢地开展工作。以收集分析的疑点为重点，按会计科目分工，把待核查任务落实到位；从产品生产、加工、销售、物流进行穿透式检查，重点查看各环节真实情况以及会计信息处理；根据业务特点和渠道分组，纵横交错，互有重点地进行检查，交叉验证信息。

4. 双管齐下。开展对企业会计信息质量和事务所审计执业质量检查，同时利用相关原始资料进行比对，及时发现问题或疑点；针对会计或审计检查发现的问题线索，相互利用并进行外部延伸，获取更充分的检查信息，同时界定会计责任和审计责任，事半功倍，还能起到互补的作用，在思想上瓦解被检查单位的软磨硬拖，防范被检查单位相互沟通、应对检查，从实质上推进检查工作。

三、案例启示

（一）违规动机与原因

1. 法治意识淡薄。虽然法律法规和准则制度都有明确的要求，但企业管理层或者会计人员未能牢固树立法治意识，未严格遵守准则制度规定。会计人员一般认为，只要自身没有主观恶意、没有主动造假或违规处理会计信息，就不会产生问题，因此在实际操作上存在一定的随意性。在内部控制缺失或者不到位的情况下，会计核算产生的错误未能被及时发现和纠正，导致会计处理错误，会计信息失真。

2. 政策规定原则性较强。《企业会计准则第 1 号——存货》规定，资产负债表日，存货应当按照成本与可变现净值孰低计量。以前减记存货价值的影响因素已经消失的，减记的金额应当予以恢复，并在原已计提的存货跌价准备金额内转回，转回的金额计入当期损益。《企业会计准则》具有较强的指导性，如此设计的目的就是让更多的企业根据自身实际进行会计处理，更准确地反映企业经营状况，且企业横向之间具有可比性。但企业存在可操作和调节空间，执行时不同主体之间存在差异，尤其当企业内部控制不严、会计人员水平不一时，就容易出现执行上的差异或者差错。

3. 日常监管缺失。甲电器公司作为 A 股和 H 股两地上市的公司，规模大、业务广、链条长，是地方经济的重要支柱和纳税大户。该类型公司在日常经营中，地方政府和部门多以参观、调研名义接触企业、处理问题，没有开展会计等方面监督检查。与之类似的国有企业及地方分支机构，由于存在“行政级别”，基层政府或部门也无法开展相应的实质性监督检查。财政部、证监会等中央部门每年度监督检查数量有限，覆盖面不高，使这部分公司长期游离于有效监管之外，缺乏对法律规范和准则执行的敬畏之心。

4. 处罚力度不足。对资产进行减值测试和计提减值存在较大的自由裁量权，企业可操作空间较大，因此在执行准则制度时较为随意。按照《中华人民共和国会计法》的相关规定，给予企业顶格罚款也只有5万元，处罚力度不足，对企业缺乏威慑力。针对企业会计估计的随意操作，如果不能有效加以引导或者处罚威慑，就会变相导致企业相互攀比利用该制度，形成不良风气蔓延态势。新形势下，既要加大对准则制度执行的解释和引导，也要适当提高处理处罚限额，将处罚与违法行为和违法金额挂钩，强化制度严格执行，促进《企业会计准则》执行的规范统一。

（二）教训与启示

1. 加强企业法制教育，规范法律法规和制度执行。首先，加强对《中华人民共和国会计法》和《企业会计准则》等法律法规和准则制度的宣传、指导和贯彻落实。治理层或管理层是企业运营的总指挥，促进企业治理层和管理层牢固树立法治意识，提升其责任主体意识，有利于建立完善企业内部会计核算体系，有利于财税、会计法律法规和准则制度的规范落实；其次，加强企业会计等重点岗位人员法制化和专业化教育，督促财务会计人员严格执行各项法律法规，树牢职业操守，提高业务水平，在保证企业严格遵守法律规定的基础上，切实提升企业会计信息质量。

2. 督促加强内部控制建设，引导企业规范管理。本案例中，甲电器公司并非为了粉饰报表而随意调节存货跌价准备和资产减值，因此不存在严重的违法行为。但此现象一定程度上反映出该企业内部控制制度不规范和执行不严格。如果遇到经营风险或者管理层人为调控，在内部控制不强的情况下，极易产生会计违法违规行为。应加强对企业内控体系建设引导和规范，督促企业严格执行内部控制制度，通过内部控制和内部审计，防范化解企业违法违规风险。同时，利用外部力量加强对企业内部控制情况的审计，评价企业内部控制设计和控制运行情况，分析缺陷形成原因，促进企业改进内部控制，提升内部治理水平。

3. 引导发挥会计师事务所审计鉴证职能。注册会计师审计是财会监督体系社会审计的重要内容，是单位内部审计、政府审计之间的有效衔接部分，在监督体系中具有重要作用和地位，注册会计师应该充分发挥“守门人”职责，保持职业谨慎，提升审计质量，避免“程序化”“抄账式”审计，引导督促会计师事务所提供高质量的审计报告，为社会经济发展提供高质量的鉴证服务。

4. 加强政府监督力度，提升政府监督有效性。分级分层开展会计日常监管和监督检查。财政部、证监会、税务等职能部门应加强协同配合，根据自身职责和检查范围，在全国范围内协同开展监督检查，形成联动效应，同时提高处理处罚力度，形成威慑力。地方各级政府相关部门应加强日常监管，对属地企业进行经常性的核查、检查等。形成上下协同、部门协调的监督体系，督促企业严格规范执行各项制度，同时对检查发现的问题严肃处理，定期对外通报，提高震慑效应，提升检查成果利用效率。

（财政部江苏监管局　潘卫　王俊春）

37.

扶贫小额信贷资金会计信息失真

一、案例背景

A 企业成立于 2016 年 5 月 19 日，主要经营范围是农作物种植、园艺作物、名贵树木种植、销售，家禽、畜牧、水产品养殖销售等。该企业 2019 年 6 月 30 日资产总额 5596.87 万元，负债总额 6050.33 万元，1～6 月营业收入 113.56 万元，营业成本 215.92 万元，管理费用 151.48 万元，净利润 -235.84万元。2016 年在职人数 7 人，2017 年在职人数 22 人，2018 年在职人数 22 人，该企业配备会计人员 2 人，其中会计 1 人、出纳 1 人，截至检查日，未提供企业财务管理制度。A 企业 2016 年向 × 县扶贫开发办公室申请扶贫小额信贷资金，当年会计报表未经社会中介机构审计。

2019 年 9 月，根据《中华人民共和国会计法》和上级财政部门关于开展 2019 年度全市会计信息质量检查工作的要求，× 县财政部门对 A 企业 2019 年会计信息质量以及扶贫小额信贷资金管理使用情况进行检查，A 企业主要为养殖类企业，获得扶贫贷款资金 3000 万元。× 县严格按照《× 省财政检查工作规程》组成检查组，对 A 企业开展了会计信息质量检查，发现问题金额 2839.69 万元，其中：会计核算不实金额 876.04 万元；信息披露不实金额 880 万元；会计基础工作不规范金额 1083.65 万元。检查结果表明，A 企业存在扶贫小额信贷资金管理风险、内部控制管理制度不健全、会计核算不准确等问题，会计信息失真严重。

二、案例解析

（一）违规事实

1. 扶贫小额信贷资金管理方面。

（1）未能提供相关资产抵押登记手续。根据×县×银行提供的台账（保证担保合同、协议书等）反映，A企业申请扶贫小额信贷资金，承诺用A企业所有资产，包含其拥有的固定资产、一切使用权、经营权、专利权、商标权和所有股东家庭全部财产等作为保证，但A企业未能提供相关资产抵押登记手续。

（2）未建立健全扶贫小额信贷资金使用管理台账。A企业未建立扶贫小额信贷资金台账，未能提供到期归还扶贫小额信贷资金信息。截至2019年9月24日，A企业会计账簿上记载收到扶贫小额信贷资金时间与银行支付扶贫小额信贷资金的时间不一致，且A企业的会计账簿上未记载已到期归还的扶贫小额信贷资金80万元。

（3）未能按照合同约定归还扶贫小额信贷资金。截至2019年9月24日，A企业未能按照约定时间（2019年7月）偿还4户贫困户扶贫小额信贷资金共计20万元，已办理展期，展期约定偿还时间2020年12月；A企业未能按照合同约定时间（2019年8月）偿还4户贫困户的扶贫小额信贷资金共计20万元，已到归还期限，未办理展期手续。

（4）扶贫小额信贷资金直接转入个人账户。A企业直接将扶贫小额信贷资金转入个人银行账户，涉及扶贫小额信贷资金共计2925万元，转到个人银行账户的支出，未能提供购买肥料、鱼料的正式税务发票及有关购销合同、协议、验收入库的单据等材料。

综上，A企业在小额信贷方面存在到期未能按时归还信贷资金、没有担保、扶贫小额信贷资金用途不规范、流入私人账户等问题，无法偿还贷款的风险系数极高。

2. 企业内部控制制度和管理制度方面。

（1）未建立健全公司内控制度。①A 企业未提供财务管理制度，未制定相关内部管理制度，在机构设置上未能明确各部门人员分工机制。②A 企业财务管理制度不够完善，实际发生业务活动时，未能得到有效的执行。根据 A 企业提供的记账凭证反映，2018 年 3 月支果苗余款 64 万元，2018 年 7 月支办公用品费 0.041 万元，附件仅附一张无会计主管、单位领导签字审批的自制收据。A 企业以上行为中，记账人员与经济业务事项和会计事项的审批人员、经办人员、财物保管人员的职责权限不明确，没有相互分离，没有达到相互制约的效果。

（2）对外投资不规范。A 企业提供的会计凭证反映，2017 年 5 月现金支付生态立体种养基地投资款 880 万元，相关台账为个人（陈 × ×）开具的收据，甲、乙双方订立合伙合同（甲方为 A 企业，乙方为陈 × ×）。双方合伙投资建设 700 多亩生态立体种养基地，出资额持股比例为：甲方出资 880 万元，持股 55%；乙方出资 720 万元，持股 45%。甲、乙双方共出资 1600 万元。出资用于土地租金，修路，平整土地，购买果苗、果肥，支付人工劳务费，建设鱼塘、猪场、仓库，购买鱼苗、鱼料、猪苗、猪料等基地日常的开支。A 企业未能提供生态立体种养基地的相关报表、收支记录等资料。以上行为没有遵守国家有关政策的规定进行可行性研究，没有按照内部审批制度履行批准程序落实决策和执行的责任。

3. 会计核算方面。

（1）账实不符。①截至 2019 年 6 月 30 日，A 企业会计记载的现金明细账余额为 267.24 万元，未能提供出纳现金日记账，未能提供现金余额盘点表。②根据 A 企业提供的会计凭证反映，2017 年 6 月结转完工鱼塘 80 万元，未取得正式税务发票和相关工程合同等；2017 年 12 月购入二手机械设备 300 万元，无正式税务发票，仅有收据作为凭证，未能提供固定资产盘点表、未能提供权属证明。上述行为中，会计账簿与实物、款项及有关资料没有及时相互核对。会计人员发现会计账簿记录与实物、款项及有关资料不相符时，没有按照国家统一的会计制度规定“有权自行处理的，应当及时处理；无权处理的，应当立即向单位负责人报告，请求查明原因，做出处理”。

（2）未按照规定取得合法原始凭证。①A 企业提供的会计凭证反映，A 企业购入原材料 62.36 万元，没有相关验收、支付申请手续，仅有收据，未取得正式税务发票，无入库单，无领料单。②A 企业提供的会计凭证反映，A 企业结转完工的鱼塘 80 万元、结转已完工的果园 396 万元，未附有正式税务发票、相关工程合同等；购入的二手机械设备 300 万元，未附有正式税务发票及有关合同、协议等，仅有收据，未能提供固定资产盘点表。③A 企业 2018 年 11 月记 × 号凭证内容为现金支付贷款应付利息 240 万元，后附朱 ×× 借款收据 240 万元，未附有转账到 × 县扶贫开发办公室的相关原始凭证。以上行为反映，A 企业会计人员没有严格按照《中华人民共和国会计法》的相关规定对原始凭证进行审核，接受了不真实、不合法的原始凭证，对记载不准确、不完整的原始凭证没有予以退回，并在企业从事生产、经营活动在购买商品、接受服务以及从事其他经营活动支付款项时，没有从收款方取得发票。

4. 财务报表编制方面。A 企业账表不符，A 企业提供的 2018 年度会计明细分类账中“在建工程”科目累计余额为 80 万元，与 2018 年 12 月 31 日资产负债表上“在建工程”科目累计余额 72 万元不一致。根据《中华人民共和国会计法》的有关规定，会计机构、会计人员发现会计账簿记录与实物、款项及有关资料不相符的，按照国家统一的会计制度的规定有权自行处理的，应当及时处理；无权处理的，应当立即向单位负责人报告，请求查明原因，做出处理。A 企业的会计账簿记录与会计报表的有关内容不相符，没有按照国家统一的会计制度的规定做出处理。

（二）处理结果

以上一系列会计违法行为导致 A 企业的会计信息严重失真，违反了《中华人民共和国会计法》《中华人民共和国发票管理办法》的相关规定，由 × 县财政部门对 A 企业的违规问题下达了处理决定，要求本级财政部门、扶贫部门以及金融机构督促其落实整改工作，建议当地扶贫部门以及金融机构及时对A企业做好风险防控工作，并以此为契机举一反三，对获得扶贫小额信贷委托经营主体进行认真的检查，确保贫困户委托经营的贷款以及分红得到保障。此外，将处理决定情况向社会公告，起到了警示教育作用。

三、案件启示

（一）违规动机与原因分析

此次检查，发现A企业不仅没有完善的财务管理制度，而且大部分小额信贷资金也没有正式投产到养殖业中。A企业的负责人解释，由于养殖基地位置较偏僻，所以大部分资金都是用于挖山、开辟道路、建立养殖基地办公室，做养殖基地的前期工作。检查组在了解到这些情况后，对A企业的财务管理情况进行实地检查。通过检查，发现了该企业存在会计信息失真、内控制度不健全、扶贫贷款资金存在风险等问题。究其原因，分析如下：

1. 规范管理意识薄弱。A企业的法人及财务人员对财经法规、财务理论、财务知识缺乏系统性、整体性的认识，缺乏专业培训。主观上仅凭经验，疏于对财务工作的规范管理，未能按有关规定执行财务制度，造成了财务管理混乱，会计信息质量披露不实，财务工作违规现象较多。

2. 有关部门对委托经营主体的经营情况审核不够严格。当地扶贫部门和金融机构对委托经营主体的经营情况未能有效进行审核评估，未及时对委托经营主体的经营做好后续管理和风险防范工作，金融机构缺乏对委托经营主体进行贷后检查，导致小额信贷贷款用款不规范，存在无法偿还贷款的风险。

3. 金融部门对委托经营主体的监督管理不到位。在检查中发现，金融部门没有对委托经营主体的经营情况进一步了解，本次检查的企业为亏损企业，存在到期的扶贫小额信贷资金未能按时归还，扶贫小额信贷资金用途不规范，流入私人账户，没有相关资产抵押登记手续等违规问题。金融部门对委托经营主体未能认真落实监督管理职责，对扶贫小额信贷监管缺位，进一步加剧了扶贫小额信贷资金偿债风险。

（二）启示与思考

1. 要加强会计基础工作，规范财务核算行为。严格财务支出审核审批程序，切实加强对原始凭证的审核，使用合法票据进行报账。企业应当按实际发生的经济业务事项进行财务核算，各项支出必须取得或填制合法原始凭证，不得以虚假业务进行报账，要及时将企业收入登记入账，不得私自将企业收入存放在个人账户。

2. 要强化教育宣传，严格执行有关财经法规。要加强对从业人员的专业培训，强化《中华人民共和国会计法》的宣传，加大对违反财经法规行为的处罚力度。按照《中华人民共和国会计法》《会计基础工作规范》等规定要求，企业要依法进行会计核算，规范会计基础工作，确保对外提供的会计数据真实可靠。

3. 要建立健全企业内部会计控制制度。按照《中华人民共和国会计法》关于内部会计控制的相关规定，企业主管部门要督促企业进一步完善内部会计控制制度，进一步加强对收支各环节的监管。

4. 要加强扶贫小额信贷资金监管。建议有关扶贫小额信贷资金管理部门认真履行职责，对扶贫小额信贷资金加强监管。针对扶贫小额信贷资金存在的问题，及时制定有关追缴扶贫小额信贷资金的方案。举一反三，对全部使用扶贫小额信贷资金的企业进行摸底排查，及时发现扶贫小额信贷资金委托企业偿债能力问题，进一步保证扶贫小额信贷的安全，维护贫困户的应有权益。

（广西壮族自治区玉林市博白县财政局　黄海燕）

38.

融资平台企业会计信息失真

一、案例背景

地方政府融资平台公司是由地方政府及其部门和机构等通过财政拨款或注入土地、股权等资产设立，承担政府投资项目融资功能，并拥有独立法人资格的经济实体。

长期以来，特别是自2010年以来，我国不断规范融资平台公司的融资行为，目前已经取得了阶段性进展，但是尚未全面实现剥离平台公司政府融资职能目标。而社会经济发展中，平台公司长期承担着地方基础设施建设任务，多数项目前期投入大但回本周期长，产权移交程序复杂，导致平台公司负债总额居高不下，影响地区债务情况。基于上述政策背景和行业特点，我们通过对4家平台公司的资产负债、营收利润进行具体分析，发现均存在资产不实、虚增利润、资产质量不高、运营能力较弱等问题，会计信息严重失真，经营效益效率较差等问题。

A平台公司成立于2010年，经营范围主要为土地开发利用、安置性住房建设、基础设施建设等，2019年主要经营来源为政府回购公司承建的公益性项目等。截至2019年年底，A平台公司总资产190.22亿元，总负债110.55亿元，资产负债率58.12%；营业收入4.82亿元，营业利润-0.025亿元，净利润1.45亿元，营业利润率-0.53%，净利率30.07%。

B 平台公司成立于 2015 年，经营范围主要为交通设施及配套设施投资经营管理、房地产开发经营等，2019 年主要经营来源为房地产销售收入、建设工程等。截至 2019 年年底，B 平台公司总资产 181.79 亿元，总负债 111.23 亿元，资产负债率 61.19%；营业收入 5.58 亿元，营业利润 0.4 亿元，净利润 0.27 亿元，营业利润率 7.15%，净利率 4.87%。

C 平台公司成立于 2003 年，经营范围主要为资产资本运营、房地产开发、土地开发与整治等，2019 年主要经营来源为工程代建、物业、房地产销售等。截至 2019 年年底，C 平台公司总资产 356.02 亿元，总负债 203.08 亿元，资产负债率 57.04%；营业收入 29.60 亿元，营业利润 -1.53 亿元，净利润 -1.52 亿元，营业利润率 -5.17%，净利率 -5.13%。

D 平台公司成立于 2007 年，经营范围主要为房地产开发及物业管理、木材采运等，2019 年主要经营来源为收取租金等。截至 2019 年年底，D 平台公司总资产 35.94 亿元，总负债 30.08 亿元，资产负债率 83.69%；营业收入 0.02 亿元，营业利润 -0.67 亿元，净利润 -0.67 亿元。

检查组在对平台公司财务报表进行整体分析时，发现有 3 家公司处于亏损状态，唯一一家处于盈利状态的公司营业利润率也低于 10%。同时，4 家平台公司的资产总额均有数十亿甚至数百亿元，但是营业收入和净利润均不高，资产周转率均低于 10%，总资产收益率均低于 1%，反映出平台公司对资产的利用效率和综合利用效果较差，资产质量可能较低，这引起了检查组的注意。

二、案例解析

（一）违规事实

1. 错将公益性资产作为公司资产核算。检查发现平台公司普遍存在将不符合资产确认条件的公益性资产、国有资产作为公司资产核算的问题，例如，D 平台公司将县文体局等行政事业单位的办公楼、综合楼等国有资产作为固定资产核算，将县行政事业单位的土地、县人民政府已收回或划转的土地作为无形资产核算，虚增固定资产、无形资产33552.45万元；B平台公司将代管的、不承担后续管护损耗的M铁路涵洞改造工程等公益性基础设施作为固定资产核算，虚增资产300932.15万元。

2. 往来款项坏账准备计提不充分。企业会计准则具体准则虽然对其他应收款等往来款项的坏账核算比例无具体规定，但基本准则里对会计信息质量有谨慎性要求。检查发现，平台公司普遍存在对应收款项没有充分预计信用损失，计提坏账准备比例过低的问题。例如，B平台公司子公司对某厂有一笔应收款项，但该厂已经改制，且改制后没有遗留的房屋土地等资产，收回的可能性较低；购入的不良债权资产多年未能顺利处置，收益与损失具有较大不确定性，但上述资产均没有计提减值准备，涉及应收款项3341.02万元；A平台公司没有严格执行公司其他应收款科目坏账准备计提比例分类标准，导致少计提坏账准备670.54万元。

（二）政府补助资金核算不规范

企业会计准则对政府补助制定有具体细则，但平台公司出于调节收入等目的，在核算政府补助资金时不按准则执行。例如，A平台公司在相关项目的成本费用未结转的情况下，定期将2019年1月~2020年6月政府部门拨入的专项用于委托建设项目的补助资金从“资本公积”科目结转到“营业外收入”科目，涉及损益金额23508.32万元。

（三）负债披露不完整

平台公司传统融资方式包括银行借款、发行债券、股权质押等，新型的融资方式有融资性租赁、兼具债权和股权性质的投资入股等。检查发现，股、债权利混合融资方式的一种现有表现形式是平台公司联合资产管理公司共同出资设立基金公司，基金公司将出资资金投资给平台公司成立的合营公司，合营公司再将资金用于平台公司项目建设；合伙期间平台公司不参与投资分配，按年支付一定比例的转让溢价款或固定收益，并在一定年限后回购社会资本方在合营公司中所占的股权份额。在会计核算中，平台公司通过在往来款项核算有息负债的方式隐藏部分费用。例如，B 平台公司自 2016 年以来，在预付账款科目核算向各资产管理公司或基金公司支付的转让溢价款或固定收益，但未反映合营公司替 B 公司支付的固定收益，负债信息披露不完整，涉及损益金额 94953.71 万元。

（四）经营管理困境

4 家平台公司普遍以承接政府部门公益性项目建设为主，商业化项目较少，受限资产规模较大，资产流动性和盈利性不强，企业经营活动产生的现金流量难以覆盖债务本息，整体资产质量不高，债务压力较大。例如，A 平台公司 67.92% 的资产为拟开发土地、安置小区等公益性项目，并且已将 59.87% 的拟开发土地进行了抵押，但是 2017 ~ 2019 年经营活动产生的现金流量净额均为负数。由于资产运营能力不强，为了不形成逾期借款，借新账还旧账的情况较为普遍，互相担保提高成功率也屡见不鲜。例如，A 平台公司与另一家平台公司互相担保，C 平台公司对外提供连带责任担保，涉及平台公司或有债务金额 1074305.42 万元，增大了系统性风险。同时，平台公司融资承建的公益性项目仍存在较大资金缺口，4 家平台公司预计仍需为在建公益性项目筹集资金 1244468.23 万元，未来债务压力还将持续加大。

（五）检查思路与方法

1. 检查思路和重点。近年来，在对平台公司的检查核查、日常管理中发现，平台公司普遍存在没有完全剥离政府融资功能、市场化转型进程较慢问题，日常运转部分依赖政府补助，自身造血能力较差，大部分平台公司“大而不强”。针对平台公司的运营特点，此次检查重点关注会计信息质量的同时，还要摸清平台公司资产质量和债务风险，为下一步推动平台公司转型政策措施提供参考意见，突出检查实效。具体来看，主要是分析是否存在虚增资产虚减负债、未正确核算政府补助、人为调节收入费用等情况。

2. 主要做法。围绕检查目的和重点，检查组提前组织筹划，以资产和收入为切入点，采取多项措施，积极寻找突破口。

（1）提前设计工作表格，主动强化沟通交流。一是基于平台公司承接政府项目多的经营特点，围绕检查内容，检查组提前设计平台公司债务明细表、承担公益性项目情况表等工作表格发公司填写，督促公司全面梳理债务和项目情况。此次检查中，检查组通过比对工作表格和财务报告，发现平台公司将部分公益性项目作为固定资产核算，提前锁定了检查线索，提高现场检查效率。二是基于平台公司与地方债务存在错综复杂关系的特点，检查组遇疑难问题、不决问题积极电话沟通债务管理对口处室，避免错判、漏判存在的问题。三是基于此次检查抽取的平台公司分布在不同市、县的空间特点，各检查组定期通过QQ、微信、电话等方式互相通报检查结果，沟通检查思路，拓宽检查视野。

（2）善于利用第三方审计报告和政府债务监测平台。一是基于年度审计时间比较长，审计事项较为全面，专项检查时间比较少，审计事项较为集中的特点，检查组充分利用审计报告，快速审阅了平台公司的资产情况、债务情况和或有事项，发现平台公司普遍从经营活动中获得的资金不多，但在建工程多、资金需求大，可能存在未披露的或有负债，快速地定位了疑点事项。二是基于平台公司的信贷融资纳入监测平台反映，形成政府隐性债务的特点，检查组对比债务监测平台和审计报告、财务报表数据，核对平台公司在债务监测平台上录入的债务数据是否准确、完整，对遗漏的部分及时督促平台公司如实补充上报。

三、案例启示

（一）平台公司要切实履行内部会计监督职责

平台公司目前普遍存在的会计信息失真问题，部分原因可归咎于会计人员对企业会计准则理解不深刻、把握不准确，内部控制体系有漏洞，内部监督缺位。为提高会计信息质量，平台公司应健全完善内部控制体系，强化内部监督，加大内控制度贯彻落实力度，明确责任分工，压实人员责任；督促会计人员按时参加会计继续教育培训，严格会计核算和内部审核，提高会计人员和管理人员综合素质和职业水平。

（二）会计师事务所要切实发挥审计鉴证作用

会计师事务所作为第三方，按照审计准则要求独立执行鉴证工作。注册会计师要坚持风险导向，保持职业谨慎和应有的职业怀疑，提升专业胜任能力，严格遵守审计业务准则，切实发挥审计鉴证职能在提升会计信息质量方面的重要作用。财政部门和注册会计师协会要强化对会计师事务所执业质量的行政监管和自律监管，倒逼会计师事务所提高审计质量，加强质量监管和风险防范。

（三）平台公司要切实加快市场化转型步伐

平台公司会计信息失真主要表现为虚增资产和所有者权益、未如实披露负债、未规范核算收入和费用，以达到降低资产负债率、提高营业利润率的目的，最终达成提高贷款通过率和债券发行成功率的目标。这反映了平台公司因资产变现能力差，经营活动产生的净现金流少，在建项目又存在大量资金缺口，外部融资需求迫切的经营困境。只有加快平台公司市场化转型步伐，加快资产流转，提高资产运营效益，才能从内部解决平台公司资金需求，减少外部融资需求，提振市场对平台公司的信心，形成良性循环。

（四）主管部门要加强引导统筹推进转型工作

平台公司融资压力的主要来源是多个公益性项目同时铺开，已完成项目又没有及时移交，导致资金回笼不及时。根据债务性质和分类，平台公司债务已成为政府隐性债务的重要载体。为缓释风险、盘活资产、规范管理，加快平台公司市场化转型工作，加大支持企业升级力度已迫在眉睫。各主管部门要统筹协调形成合力，健全债务风险监测机制，加快厘清资产产权归属，合理安排项目投资计划，分类处置平台公司承建的公益性项目，多渠道提升平台公司市场竞争力，提升企业经营效益。

（广西壮族自治区财政厅　毛彦棋）

第二部分

职业操守
——中介篇

39.

未实施必要审计程序　未获取充分适当的审计证据

一、案例背景

2020 年，某市财政局收到举报人反映：A 事务所对 B 公司出具的专项审计报告严重违背注册会计师执业“公平、公开、公正”的原则，存在重大差错及其他需要澄清的重大事项和疑点。举报涉及 4 个审计调整和两个披露不准确事项。

B 公司成立于 1996 年 7 月，是一家主营房地产开发的民营企业。2019 年度经审计的营业收入为 400 万元，净利润为 -13 万元，2019 年 12 月 31 日资产总额为 7600 万元，所有者权益合计为 -7800 万元，执行《小企业会计准则》。B 公司拟将上述专项审计报告用于资产评估工作。举报人系 B 公司股东，两者存在股东出资纠纷。

二、案例解析

（一）违规事实

2020 年 9 月，某市财政局派出检查组对上述举报事项进行检查，发现 A

事务所的注册会计师在审计过程中并未本着职业怀疑态度对B公司控制环境存在的缺陷进行充分关注，对面临的审计风险估计不足，存在以下问题：

一是注册会计师在未实施必要的审计程序、未获取充分适当的审计证据的情况下，作出不当审计调整，出具审计报告。针对审计报告涉及的以前年度4笔审计调整业务（跨越年限较长），A事务所在未获取调整事项所涉及的以前年度原始资料，如以前年度报表、相关科目明细账及记账凭证等会计资料；在未对相关科目执行充分的实质性审查，如对存货状况开展深入调查、现场盘点并获取相关权属资料、对相关债权人进行函证等的情况下，作出不当审计调整。

二是针对审计报告中关于B公司长期股权投资及举报人股权描述的披露事项，A事务所在审计过程中未进行充分关注，在未实施必要的审计程序、未获取充分适当的审计证据的情况下，作出不够审慎的审计结论，出具审计报告。

（二）检查思路与方法

通过全面、认真查阅审计业务档案，检查组发现案件有两个突出特点：一是该审计报告涉及以前年度的9笔审计调整业务，跨越年限较长（25年）、调整金额较大（合计调减所有者权益6200万元），且多数调整事项涉及房产抵押与诉讼案件；二是B公司经济业务错综复杂，会计核算规范性和准确性不高，且涉及大量诉讼案件。由此，检查组得出初步判断：企业管理层缺乏诚信，控制环境存在缺陷；事务所面临的审计风险较高，需通过实施实质性程序获取更广泛的审计证据。

检查组经充分研究、综合分析，确定了“在检查对象上以事务所检查为主、以企业调查为辅；在检查内容上以会计核算为抓手，重点关注会计信息的真实性、准确性及完整性；在检查结论上以会计核算为依托，精准界定事务所审计责任和企业会计责任”的工作思路。以下选取两个较典型事项进行剖析：

1. 涉及房产抵押诉讼案件的调整事项。该调整事项审计报告记载如下：B公司的母公司向C公司借款182万美元，由于母公司无法全部偿还借款，其归还 12 万美元，剩余由 B 公司偿还，经某中院调解，将 B 公司房产 1700 平方米过户至原告指定的公司名下，房产已过户，但当时账面未处理，故将这部分金额及税金调整。调整分录如下（单位：元）：

借：未分配利润　　5000000

　　贷：存货　　5000000

借：其他应付款——C 公司　　5300000

　　贷：未分配利润　　5300000

借：未分配利润　　4500000

　　贷：其他流动负债——预提税金　　4500000

（1）以会计核算为工具还原证据链，厘清经济业务实质。根据审计报告中的描述，对 B 公司进行上述审计调整，首先应回答两个问题：一是借款的主体是 B 公司的母公司，为何要用 B 公司的资产进行偿还？二是 B 公司偿还后是否对其母公司进行追偿？检查组发现，审计报告和审计工作底稿均未反映上述两方面内容，仅凭事务所获取的审计证据，无法清楚还原经济业务原貌。因此，检查组对 B 公司开展了延伸调查，从最基本的经济业务的确认入手，厘清经济业务实质。

通过现场调查取证并查阅 25 年前的原始档案，检查组厘清了上述调整事项的经济业务实质：B 公司于 1996 年因工程需要安装电梯、中央空调等设备，以其部分房产作为抵押，委托其母公司向 C 公司采购相关设备，并签订还款协议书，金额共计 182 万美元。由于未收到设备采购款项，C 公司于 2000 年起诉至某法院。经法院调解，C 公司同意欠款总额调整为 170 万美元（计人民币 1400 万元），由 B 公司以其房产转让给 C 公司的形式偿还。

可见，上述调整事项的经济业务实质与审计报告中披露的信息存在明显差异。

（2）以会计核算为抓手确定关键点，重点关注会计信息质量。在厘清上述调整事项的经济业务实质后，检查组以会计核算为抓手，重点关注调整分录的真实性、准确性及完整性。针对上述事项，若进行审计调整，应进一步厘清以下三方面问题：一是在 B 公司收到相关设备并办理验收入库时，是否根据购买价款将相关资产及时登记入账，同时计提相应的负债？二是当欠款未及时偿还，由法院判决以房产抵债时，B 公司是否结转相应的存货成本，且按照抵偿债务的金额确认相关的收入，并对相关税费进行会计核算？三是在 B 公司 2009 年以前会计资料保管不善的情况下，现有调整分录是否符合会计核算的客观性、配比等原则？

检查组发现，审计报告和审计工作底稿均未反映上述三方面内容。由于 B 公司 2009 年以前的会计资料因保管不善已丢失，其在 2009 年以前是否对上述经济业务进行了会计处理已无从考证，因此，检查组仅以延伸调查获取的资料来审视上述审计调整的准确性。

检查组在核查 A 事务所审计工作底稿时发现，调整分录中，存货结转是以经调整后的企业账面存货成本按自有面积和经法院判决已转让的房产面积进行分摊计算得出的。事务所采信的内部证据（B 公司管理层出具的情况说明）显示转让面积为 1700 平方米，而外部证据（法院判决的偿债面积）显示转让面积为 2200 平方米。事务所未保持合理的职业怀疑态度，未对其差异采取相应的审计程序，取证不充分。

检查组进一步延伸调查 B 公司，B 公司称在审计过程中提供给 A 事务所的偿债面积为 1700 平方米，漏报了 280 平方米，实际应执行的偿债面积为 1980 平方米。

另外，检查组还发现，审计工作底稿中所附的法院执行和解协议书中载明欠款金额为 1400 万元，而调整分录中冲减其他应付款——C 公司 530 万元，事务所也未对其差异采取相应的审计程序。

（3）以会计核算为依托提升精准性，界定事务所审计责任。检查组以会计核算为依托，责任区分为落脚点，界定了 A 事务所的审计责任：

一是未关注重大错报风险。A 事务所注册会计师未以职业怀疑态度计划和执行鉴证业务，获取有关鉴证对象信息是否不存在重大错报的充分、适当的证据，在进行风险评估程序和相关活动时，将重大错报风险评估为较低，为之后的审计工作埋下了隐患。

二是未实施必要的审计程序。A 事务所注册会计师在审计过程中，未对审计调整涉及的相关科目实施充分的实质性测试，如对存货状况开展深入调查、现场盘点并获取相关权属资料、对相关债权人进行函证等。

三是未获取充分适当的审计证据。面对B公司调整事项多、涉及经济业务复杂、年代久远且2009年以前会计资料保管不善的情况，A事务所注册会计师未获取以前年度调整事项的原始资料、以前年度报表、审计调整涉及的相关科目明细账及记账凭证等会计资料。

综上，A事务所注册会计师应对其在未实施必要的审计程序、未获取充分适当的审计证据的情况下，作出不当审计调整，出具审计报告的行为承担审计责任。

2. 长期股权投资未确认事项。据举报人称，B公司所持有的对某公司长期股权投资未在审计报告后附的资产负债表中体现。

（1）通过会计核算探查事件背景，发现问题根源。检查组首先查阅A事务所工作底稿，确认无该长期股权投资的相关会计核算及其他证明资料。经询问调查，事务所相关审计人员称：B公司未对长期股权投资进行会计核算，也未提供相关资料。经延伸B公司调查，该公司财务经理为总经理的妹妹，为退休返聘人员，其称B公司当时未实际出资，故未进行会计核算，也未向A事务所提供相关审计证据。

检查组进一步获取并查阅了被投资单位2019年年末的资产负债表和公司章程，其报表上显示实收资本为100万元，章程显示注册资本为100万元，其中B公司出资为80万元。2014年3月之前我国公司实行注册资本实缴登记制，公司的注册资本必须经法定的验资机构出具验资报告。

（2）通过会计核算厘清审计基础，研判责任归属。鉴于企业作为审计业务的委托方，有责任及时为事务所的审计人员提供与审计有关的全部资料，并保证所提供资料的真实性和完整性。检查组进一步核实B公司在长期股权投资发生时，是否按照相关会计准则的规定进行会计核算，是否遵循了真实性、客观性等会计核算原则。经研判：企业因会计核算基础薄弱应承担相应的会计责任，而事务所由于未对B公司所持有的长期股权投资情况进行主动核查应承担相应的审计责任。具体如下：

B公司违反真实性、客观性等会计核算原则。B公司在投资初始时未对该长期股权投资进行确认记录，在持有期间，也未对从被投资单位应分得的现金股利或利润进行会计核算，从而形成账外资产，导致会计信息失真，影响资产负债表和利润表的信息披露，进而影响会计信息使用者的决策。

A事务所在B公司管理层缺乏诚信、控制环境存在缺陷的情况下，仍然采信了其提供的资料，未保持应有的职业怀疑态度，未对B公司所持有的长期股权投资情况进行主动核查。

（三）处理结果

针对上述执业质量存在的问题，根据《注册会计师法》第三十九条和《会计师事务所执业许可和监督管理办法》第六十七条和第七十条的相关规定，市财政局对A事务所及该所两名签字注册会计师下达了《行政处罚事项告知书》，告知拟作出警告的行政处罚决定的事实、理由及依据，以及当事人陈述、申辩的权利。A事务所在收到《行政处罚事项告知书》15日内对拟处罚结果提出申辩，并提出免于行政处罚的诉求。财政局检查部门会同会计和法规部门对申辩材料进行了认真复核，认为检查组通过检查和延伸调查认定的事实清楚，取得的证据充分，对违法违规问题的定性准确，审计责任的认定客观，引用的法律法规、准则制度准确、恰当，检查程序合法，给予A事务所和该所两名签字注册会计师行政处罚建议适当。A事务所的申辩材料未提出新的证据、事实和理由，市财政局对A事务所及该所两名签字注册会计师下达了《行政处罚决定书》。

三、案例启示

回顾该案例，B公司实施家族式管理，未将会计核算与企业管理有机结合，内控制度不够完善，财务人员专业水平相对较低，会计核算基础薄弱，会计信息质量不高；A事务所未有效实施质量控制，风险意识和管理能力尚显不足，审计人员综合素质参差不齐、专业水平有待提升，致使审计对象财务报表存在的诸多问题未能得到及时发现和披露。综上，可在以下方面持续加力：

（一）以会计核算为“指引点”，推进企业管理专业化

企业管理层要将内控制度作为会计核算规范化的重要支撑，进一步完善内控制度，将会计核算的范围、方式、操作流程化、制度化，最大限度减少会计人员主观判断对会计核算质量的影响；注重引入专业化、职业化的会计管理团队，定期考核会计人员业务能力和实绩。同时，企业应从长远发展的视角出发，夯实企业会计核算基础，将企业会计核算与经营管理更加有效地结合，为管理层作出最优决策、提高经济效益提供系统性的筹划和支持。

（二）以管理机制为“支撑点”，完善事务所内控制度

会计师事务所应引导注册会计师遵循风险导向审计的相关要求，从了解被审计单位内外部宏观和微观环境着手，通过了解被审计单位及其环境，识别和评估财务报表重大错报风险，制定有针对性的审计程序。同时要建立健全质量管控体系，不断提高质量管控的规范性、针对性和精细化水平，以免注册会计师“走过场”；从可持续发展的角度出发，重视复合型人才的培养，使审计人员能够胜任对各种经济事项的审计工作。

（三）以财会监督为“助推器”，构建良好市场环境

财政部门要进一步完善企业会计信息质量检查和会计师事务所执业质量检查的“双向延伸”模式，将会计信息质量检查与监督有机结合；注重与注册会计师协会和资产评估师协会的联动协调，建立联合监管与推动机制，使行政监管和行业自律共同实施、有机融合、相互配合、协同推进，从而形成监管合力，提高监管效果，进而形成财会监督有效推动企业会计核算水平提升、企业会计核算为财会监督提供有力支撑的良好局面，为完善市场环境、优化经济生态夯实基础。

（上海市财政局　王一名　孙俊丽）

40.

编制虚假财务报告　骗取高新技术资格

一、案例背景

××公司成立于2004年5月，是一家专门从事集成电路封装测试生产的外资企业，注册资本为1850万美元，其母公司在美国纳斯达克上市。××公司2011年末总资产为194515万元人民币，2011年度主营业务收入为285293万元人民币，利润总额为36647万元人民币。

2009年，经向相关高新技术企业资格认定部门申请并通过审查认定，××公司首次获得了高新技术企业资格证书，从而可以享受2006年至2008年连续三年企业所得税15%的优惠税率，为××公司累计节省税金数千万元。

二、案例解析

（一）违规事实

2012年年底，在原有的高新技术企业资格认定即将到期的情况下，××公司为了获得新一轮的高新技术企业资格，以便继续享受三年企业所得税15%的优惠税率，在明知企业自身根本达不到国家关于高新技术企业资格认定的相关财务指标的情况下，重新编制了已经由会计师事务所审计并出具审计报告的2009年至2011年三个年度的财务报告，主要采取将“利润表——主营业务成本”科目中部分用于一般生产制造的机器设备的固定资产折旧费用作为研究开发费用，从“主营业务成本”科目人为地调节到“管理费用”科目，与此同时，××公司还故意高估相关机器设备的折旧金额，使只占计提折旧生产设备数量10%的研发设备所计提的折旧金额却占了全部生产设备计提折旧金额的22%，以此满足企业2009年至2011年发生的研究开发费用总额占同期销售收入总额的比例不低于3%（这条是在高新技术企业资格认定时，需要考量的硬性财务指标——也是很多企业无法获得或者延续高新技术企业认定资格的一块主要“绊脚石”）。

与此同时，××公司又重新聘请了另外一家会计师事务所为其重新编制后的2009年至2011年三年虚假财务报告出具了新的三年审计报告。××公司重新聘请的这家会计师事务所于2011年刚刚成立，并且只有两名合伙人。而这家会计师事务所在明知××公司2009年至2011年三年的财务报告已经由前一家会计师事务所审计并出具了审计报告的情况下，在未与前一家会计师事务所进行任何沟通的情况下，仍然认可了××公司将部分用于一般生产制造的机器设备的固定资产折旧费用作为研究开发费用，从“主营业务成本”科目调节到“管理费用”科目并人为提高折旧金额的做法，对于××公司2009年至2011年“新”的财务报告出具了三年的标准无保留意见的审计报告。

在准备好这一整套“材料”后，××公司将重新编制后的2009年至2011年三年虚假财务报告连同会计师事务所重新出具的三份三年标准无保留意见的审计报告，作为申请材料一并送到相关高新技术企业资格认定部门，企图蒙混过关，达到认定条件，骗取新一轮的高新技术企业资格，偷逃税款，从中渔利。

（二）处理情况

1. 对于××公司编制虚假财务报告的会计造假问题，根据《会计法》第四十三条“伪造、变造会计凭证、会计账簿，编制虚假财务会计报告，构成犯罪的，依法追究刑事责任。有前款行为，尚不构成犯罪的，由县级以上人民政府财政部门予以通报，可以对单位并处五千元以上十万元以下的罚款；对其直接负责的主管人员和其他直接责任人员，可以处三千元以上五万元以下的罚款；对其中的会计人员，并由县级以上人民政府财政部门吊销会计从业资格证书”的规定，对××公司处以5万元的罚款。

2. 对于××公司骗取高新技术企业资格并享受税收优惠的问题，根据《高新技术企业认定管理办法》第十九条“已认定的高新技术企业有下列行为之一的，由认定机构取消其高新技术企业资格：（一）在申请认定过程中存在严重弄虚作假行为的；（二）发生重大安全、重大质量事故或有严重环境违法行为的；（三）未按期报告与认定条件有关重大变化情况，或累计两年未填报年度发展情况报表的。对被取消高新技术企业资格的企业，由认定机构通知税务机关按《税收征管法》及有关规定，追缴其自发生上述行为之日所属年度起已享受的高新技术企业税收优惠”的规定，相关高新技术企业资格认定部门停止了××公司新一轮高新技术企业资格的认定工作，并根据《高新技术企业认定管理工作指引》的有关规定，在“高新技术企业认定管理工作网”上予以公告，主管税务部门责令××公司重新申报并补交已经享受的高新技术企业所得税税收优惠金额，合计补缴企业所得税3377万元。

3. 对于会计师事务所违规出具审计报告的问题，按照《会计师事务所执业许可和监督管理办法》规定的管理权限，由主管财政部门根据《会计法》《注册会计师法》有关规定，给予重新出具××公司2009年至2011年三年审计报告的两名签字注册会计师行政警告，对其所在的会计师事务所下达了整改意见通知书。

三、案例启示

（一）违规原因剖析

在本案例中，××公司在明知三年累计真实投入的研究开发费用之和占同期营业收入的比例根本达不到高新技术企业资格认定条件标准的情况下，不仅重新编制了2009年至2011年三年的财务报告，而且重新聘请会计师事务所出具了三年的标准无保留意见审计报告，企图通过骗取高新资格，从而偷逃国家税款，若非及时发现并予以严肃处理，极易滋生“劣币驱逐良币”的不良市场环境。××公司的造假手法较为拙劣，造假情节较为严重，造假特征较为明显，属于典型的会计舞弊行为，可以结合舞弊三要素理论，从动机或压力、机会和借口三个角度展开进一步的分析解读。

1. 从动机或压力角度来看。一是为了“名”，高新技术企业资格是国家对企业在相关行业的技术领域研究开发能力的一种肯定，是一项含金量很高的“无形资产”，特别是对于××公司而言，已经获得的高新技术企业资格如果不能获得延续认定，对企业的资质、品牌、信誉、市场形象等各方面都将会产生较大的负面影响，不利于今后持续的生产经营；二是为了“利”，通过新一轮的高新技术企业资格认定后，可以再一次享受连续三年15%的企业所得税优惠税率，能够为××公司省下数千万元的税款，存在巨大的经济利益“诱惑”。“名”和“利”，既是动机、又是压力，驱使××公司走上了会计舞弊的道路。

2. 从机会角度来看。企业研究开发费用占营业收入的比例作为高新技术企业资格认定的一项硬性财务指标、具有“一票否决权”的决定性作用，虽然在高新技术企业资格认定中的作用非常重要，但是由于企业的情况千差万别，对于研究开发活动如何确定以及研究开发活动产生的费用如何归集，在政策上、操作上都具有一定的灵活性，需要在专业判断的基础上在合理区间内进行人为划分。在本案例中，由于集成电路封装测试行业生产制造工艺的特殊性决定了××公司各类产品的生产工序大致相同，如果为研发单独购买价值较高的生产设备对于企业的成本核算影响极大，因此，研发的样品生产一般也使用原有的生产设备，未单独购置用于研发样品生产的设备合情合理，但是，对于同时用于生产制造和研究开发的机器设备等固定资产的折旧金额如何进行划分，没有出台也难以出台明确、统一、规范的方法、技术和标准，涉及较多的人为估计和主观判断，而且事后也难以进行有效、可行的复核和验证，××公司在客观上拥有较大的自由选择权，为其编制虚假财务报告的舞弊行为提供了机会和可操作空间。

3. 从借口角度来看。××公司将生产设备的折旧费用从“主营业务成本”科目调节到“管理费用”科目并提高折旧金额的借口：一是由于企业生产流水线上的员工达上千人，不仅人数众多且人员流动较为频繁，不可能要求每一个员工都要具体、准确地记录研发样品所占生产设备的工时和工量，所以××公司的财务部门与研发部门研究决定采用预估研发设备使用数量占全部生产设备数量比例，以这个比例计算作为研发费用的生产设备折旧金额；二是由于研发使用的设备具有高标准及先进性要求，因此，研发占用的生产设备大多数是最新购入的先进设备，价值较高，产生的折旧金额和比例也要高于全部生产设备固定资产折旧的平均水平，因此，将“主营业务成本”科目中用于研发的部分生产设备的固定资产折旧作为研究开发费用，从“主营业务成本”科目调节到“管理费用”科目并提高折旧金额的做法合理合规。

（二）启示与思考

高新技术企业税收优惠政策，是国家为了扶持和鼓励高新技术企业发展出台的一项长期基础性政策，对于贯彻落实党和国家的创新发展理念起到了较好的推动助力作用，社会影响面广，企业关注度高。但是，从近几年来的各类检查情况看，部分高新技术企业的资格认定存在一定“水分”，查处的违规问题主要集中在《高新技术企业认定管理办法》第十一条“认定为高新技术企业须同时满足以下条件……（五）企业近三个会计年度（实际经营期不满三年的按实际经营时间计算，下同）的研究开发费用总额占同期销售收入总额的比例符合如下要求：1. 最近一年销售收入小于5000万元（含）的企业，比例不低于5%；2. 最近一年销售收入在5000万元至2亿元（含）的企业，比例不低于4%；3. 最近一年销售收入在2亿元以上的企业，比例不低于3%”的规定上，特别是对于销售收入在2亿元以上的大型企业，虽然研究开发费用占比要求从5%降低到了3%，但是对于企业研发费用投入的绝对金额要求更高，导致企业通过各种方式打“擦边球”，人为调节、做大研发费用以满足高新技术企业资格认定标准的问题时有发生，屡禁不绝、屡犯不止，更有一小部分不良企业视高新技术企业为“唐僧肉”，为了享受15%企业所得税优惠税率直接造假，在社会上造成了一定的负面影响。

为此，建议进一步加强高新技术企业资格认定的全过程管理，按照深入推进“放管服”改革总体要求，着力加大事中事后监督检查力度。根据高新技术企业认定管理工作的形势变化和监管需要，由高新技术企业资格认定、财政、税务等部门对高新技术企业认定管理工作进行不定期的监督检查，对于存在问题的高新技术企业，依法依规及时给予相应的“组合拳”式处理处罚，以高压态势坚决遏制形成“劣币驱逐良币”的不良创新氛围，保障真正从事科技自主创新的高新技术企业拥有良好的市场环境，不为“乌烟瘴气”所扰。

与此同时，对于类似××公司重新编制虚假财务报告之类故意弄虚作假、提供虚假财务会计材料以骗取高新技术资格的企业，除了由相关高新技术企业资格认定部门取消其高新技术企业资格并按规定公告外，还要采取进一步的联合惩戒措施，主要包括：按照税法有关规定追缴其已享受的高新技术企业15%企业所得税税收优惠金额；按照《会计法》有关规定从重处罚当事企业和相关责任人；按照《注册会计师法》有关规定从重处罚当事会计师事务所和签字注册会计师，并计入单位和个人的社会信用记录，按照规定渠道依法依规向社会公开曝光，造假情节严重构成犯罪的，要坚决依法移送司法机关追究单位和个人的刑事责任。

（财政部上海监管局　顾华晔　秦闻）

41.

重复委托　收费畸高　注册会计师缺位 导致财务报表重大错报

一、案例背景

（一）事务所概况

A 会计师事务所（以下简称 A 事务所）成立于 2009 年，合伙人为许某和闫某。截至 2020 年 6 月 30 日，A 事务所共有执业注册会计师 7 名，其中经考核取得执业资格的 6 名，且 6 人中有 5 人年龄超过 70 周岁。陆某为 A 事务所总经理，非注册会计师，负责业务承接、财务、人事、行政及信息技术管理等，同时参与 A 事务所各类业务的具体执行，为 A 事务所实际控制人。2020 年上半年，A 事务所出具鉴证报告 488 份，收入 340 万元。

（二）项目检查概况

因行业周期检查要求，A 事务所被列入协会执业质量检查范围。

检查计划阶段，检查组注意到 A 事务所 2020 年第 97 号审计报告收费为 18 万元，远高于该所平均收费，为该所当期单项收费最高的项目。

该报告为 X 管理咨询有限公司（以下简称 X 公司）2019 年度财务报表审计报告。X 公司成立于 2017 年，注册资本 4.5 亿元，其名下持有一幢座落于上海市中心繁华路段的独立商业办公地产。A 事务所系首次接受委托，业务约定书签订于 2020 年 3 月。审计报告签字注册会计师为合伙人许某和闫某，审计意见为标准无保留意见，报告签发日为 2020 年 4 月 25 日。

二、案例解析

（一）发现的执业质量问题

检查发现该报告及底稿在以下方面存在问题：

1. 财务报表编制基础。X 公司长期股权投资中有持股比例为 100% 的子公司，但仅编制了母公司单体财务报表，未按照《企业会计准则第 33 号——合并财务报表》要求编制合并财务报表。审计报告仅对 X 公司母公司单体财务报表发表审计意见，且对财务报表编制基础描述为按照企业会计准则的规定编制而非特殊编制基础，出具无保留意见欠妥。

2. 长期股权投资。截至 2019 年 12 月 31 日，长期股权投资的期末余额为 21 亿元，占资产总额的 77%。工作底稿中仅看到被投资公司未经审计的会计报表及 2019 年当年支付的股权收购款凭证，未执行其他必要的审计程序或取证。

3. 其他应付款。截至 2019 年 12 月 31 日，其他应付款的期末余额为 11 亿元，占负债总额的 42%。其他应付款中 10.5 亿元为关联方往来款项，占比 97%。A 事务所对关联方往来的期末余额实施了函证程序，但回函日期为 2020 年 5 月 27 日，晚于审计报告日 4 月 25 日，且底稿中未记录函证控制过程。A 事务所表示，该关联方函证未在审计团队控制下规范完成函证程序。其他应付款科目审计程序不恰当，获取的审计证据不充分。

4. 长期借款。截至 2019 年 12 月 31 日，长期借款的期末余额为 14 亿元，占负债总额的 56%。长期借款系 X 公司于 2017 年向某银行取得的并购贷款业务专项借款。A 事务所获取了银行借款合同，并将 B 会计师事务所（以下简称 B 事务所）获取的银行函证回函复印件作为审计证据保存在工作底稿内。

除上述问题以外，检查还发现各主要科目均存在重要审计程序未执行或执行不到位，未获取充分、适当审计证据的情况。

至此，检查组已初步完成对该项目审计报告及工作底稿的检查及取证，但由于该项目疑点重重，不应简单以审计报告及工作底稿中发现的问题而仓促下结论，检查组决定继续深入调查。

（二）重要疑点梳理

1. 重复委托。检查组在 A 事务所的工作底稿中发现了 B 事务所寄发的银行函证回函，且 A 事务所表示并未与 B 事务所取得联系，该函证系由被审计企业提供。此函证未见任何函证控制轨迹。

经查，X 公司自 2017 年设立以来，一直由 B 事务所提供审计服务。X 公司 2017 年和 2018 年财务报表审计报告均由 B 事务所出具。2019 年 12 月，X 公司照常聘请 B 事务所提供 2019 年年报审计服务，并于 2020 年 7 月取得审计报告。该审计报告主要用于提供给 X 公司实际控制人及各股东。B 事务所不知晓 X 公司之后又聘请了 A 事务所进行重复审计，且 A 事务所从未与 B 事务所联系。同时，B 事务所对 A 事务所如何拿到函证回函也不知情。后经 B 事务所内部自查，发现 X 公司于 2020 年 5 月（晚于 A 事务所报告出具日 4 月 25 日），曾以“协助 B 事务所催收函证”为由，向 B 事务所助理人员直接获取了所有回函的扫描件。

对此，A 事务所陆某表示，X 公司需于 2020 年 4 月 30 日前向银行提交 2019 年年度审计报告以满足贷款复核要求，但 B 事务所无法及时出具审计报告，故另行委托 A 事务所尽快出具审计报告以应对银行要求，且 X 公司曾向其表示，A、B 两所出具的两份审计报告后附的财务报表数据是一致的。

2. 收费畸高。A 事务所首次承接 X 公司审计项目，收费 18 万元，远高于同期 A 事务所平均收费水平，是该所平均收费水平的 25 倍。但该项目审计程序和取证严重不足，从工作底稿来看，A 事务所对 X 公司的审计项目中并未投入区别于其他项目的额外资源。

3. 注册会计师缺位。A 事务所审计报告的两位项目签字注册会计师均未参与现场审计，对被审计单位情况不了解，无法回答检查组的问题。其中，主任会计师许某表示，该业务由总经理陆某承接并执行，自己未参与该业务；合伙人闫某（77 岁）在整个检查过程中均未能按要求到检查工作现场与检查组沟通，仅通过视频方式向检查组表示对此项目不了解。

4. 冒名助理。由于签字注册会计师、事务所复核人员及总经理陆某均不能解答检查组的问题，检查底稿中记录于某为该项目助理人员，陆某遂安排于某与检查组沟通。

但在检查组核实于某身份信息时，却发现该助理人员实际姓名为徐某。徐某并非 A 事务所员工，未与 A 事务所签订劳动合同或在该所取薪，系冒名顶替于某与检查组沟通。同时发现，此人姓名与该项目业务约定书、管理层声明书中 X 公司授权代表签署的姓名完全一致。此外，在固定资产监盘底稿中 X 公司盘点人、报告签收单中签收人的姓名也都与徐某的姓名完全一致。徐某否认自己与 X 公司有关，表示自己是 A 事务所的“外聘顾问”，现场审计工作和工作底稿均由自己完成，工作底稿中签了事务所助理于某的名字，主要是为了应对检查，实际上于某并未参与此项目。徐某所获取的报酬由陆某通过现金方式支付。

5. 后附财务报表存在重大差异。检查组向 B 事务所获取了 X 公司 2019 年度财务报表审计报告，初步比对发现，两家事务所审计报告后附财务报表存在重大差异。

综上，检查组决定扩大检查范围，将 B 事务所相关审计报告及工作底稿纳入检查范围，以进一步研判核实 X 公司 2019 年财报审计情况。

（三）进一步分析研判

经比对，A、B 两家事务所对同一被审计企业、在同一会计期间、基于同一会计准则的前提下出具的两份审计报告后附财务报表存在重大差异，主要涉及的会计科目包括在建工程、应付账款、主营业务成本、财务费用等。检查组分别检查了两家事务所的工作底稿，分析差异原因，具体情况如下：

1. 在建工程科目列报金额差异。B事务所对在建工程科目执行了以下审计程序：（1）获取主要工程合同，根据相关合同条款，应按工程进度确定在建工程期末余额；（2）获取在建工程总包进度汇总表、工程付款产值核定表；（3）对部分工程施工方执行了函证程序。

经测算，X公司少计在建工程期末余额6000万元，B事务所出具审计调整分录并得到X公司认可：

借：在建工程　　60000000

　　贷：应付账款　　60000000

A事务所仅抽查了部分发生额凭证，未获取工程合同、未对工程进度情况实施审计程序，未考虑其对于财务报表可能产生的重大影响。

2. 主营业务成本科目列报金额差异。B事务所获取了X公司与子公司签订的租赁合同。经分析相关合同条款，租赁合同含免租期及最低租金保障额条款。X公司未能充分计提租赁成本，经测算，2019年度X公司少计营业成本3800万元，B事务所出具审计调整分录并得到X公司认可：

借：营业成本　　38000000

　　贷：应付账款　　38000000

A事务所未获取重要合同并对重要合同条款予以关注，未考虑其对于财务报表可能产生的重大影响。

3. 财务费用科目列报金额差异。B事务所获取了X公司与第三方签订的股权收购协议，根据协议相关条款规定，交割日后尚未支付的10%股权余款，X公司需按6%的利率支付利息，直至余款支付完毕。X公司未按协议条款计提利息，经测算，X公司少计2019年度财务费用980万元，B事务所出具审计调整分录并得到X公司认可：

借：财务费用　　9800000

　　贷：其他应付款　　9800000

A事务所未获取收购合同并对重要合同条款予以关注，未考虑其对于财务报表可能产生的影响。

4. 重要文件签署人员身份差异。经比对发现，A事务所存档业务约定书、管理层声明书中，X 公司授权代表人处的授权代表均为徐某，B 事务所存档的业务约定书、管理层声明书等均由 X 公司法定代表人盖章确认。检查组向 B 事务所进一步了解 X 公司人员情况，试图找到代表 X 公司签署业务约定书、管理层声明书的徐某在 X 公司的任职情况线索。B 事务所表示无法在 X 公司治理层、管理层或财务部人员中查询到徐某，B 事务所向 X 公司财务部门了解情况亦未果。

三、案例启示

由本案例可以看到：一是企业在经营过程中面临各种诱惑和挑战，企业经营者天然地会寻找各种管理漏洞以达到利益最大化；二是会计师事务所作为营利性机构，当业务委托方与被审计方是同一主体或利益共同体时，加大了对注册会计师职业道德、执业规范的考验。个别经不起考验的注册会计师可能出现与不诚信经营者利益捆绑的不良执业行为，甚至沦为不诚信企业的“放风人”；三是传统的行政监管和行业自律监管覆盖范围，大多依赖事后选取检查对象和项目，或根据投诉举报线索启动检查工作，缺少主动发现问题的监管手段。通过对本案例的解读和分析，提出如下建议：

（一）源头管理，加强会计师事务所内部治理

会计师事务所在面对利益诱惑和坚守职业道德的选择中应时刻保持警醒和应有的职业谨慎，建立并完善内部质量管理体系，尤其在客户或业务的接受与保持，专业人员培养、储备和教育培训等方面给予足够的重视和资源投入。防止出现如本案例中的执业人员高龄化、缺位化以及管理层质量意识、责任意识淡薄等不利于会计师事务所稳健可持续发展的情况。

（二）全面监管，建立审计报告查重机制

审计报告具备证明效力，对同一对象出具不同目的审计报告或者自相矛盾的审计报告，不仅扰乱市场正常运行机制、破坏经济金融秩序，更严重影

响注册会计师行业的公信力。针对此问题，建议有关行政部门或行业协会充分利用信息化手段，对审计报告信息进行统一监督管理，并基于全国行业大数据，建立审计报告查重机制，即对同一被审计单位出具两份及以上审计报告的情况，各管理部门能够及时获得警示信息并予以重点监管。目前，部分省注册会计师协会已探索利用信息化手段实施鉴证业务报告查重机制，以进一步净化注册会计师执业环境，推进行业诚信建设。

（三）整合资源，建立财务数据单一来源机制

企业出于不同使用目的出具不同数据的财务报表，目前在税务申报、项目投标、吸引投资、银行贷款等方面是重灾区。各管理部门之间数据不相通，各自形成数据孤岛，给不诚信企业提供了造假的土壤和环境。建议有关部门建立财务数据单一来源机制，统一收集企业财务报表及数据，各相关部门依职权按需进行查询，从源头上杜绝企业财务报表和数据“变脸”的可能性。

（上海市注册会计师协会　李乐琴）

42.

“量身定制”出具不实审计报告

一、案例背景

2017 年 9 月，S 县审计局审计发现，A 和 B 两家茶叶专业合作社均涉嫌使用虚假票据、将项目申报前已购买的部分机械设备纳入山区经济项目建设内容，申领财政补助资金。根据 S 县山区经济项目财政补助政策规定，申领财政补助资金需提供由第三方机构出具的专项审计报告，并以专项审计报告确认的直接投资额作为补助额度测算的依据。负责两个项目审计的均为 W 会计师事务所（普通合伙，以下简称 W 所）。

根据移交线索，Z 省财政厅成立检查组于 2018 年 11 月对 W 所及相关审计执业人员的审计行为进行了专项检查，发现 W 所及涉案相关审计执业人员在审计过程中存在未保持应有职业怀疑、审计程序和审计证据不充分等问题，不足以得出所出具的审计意见，并依法依规对 W 所和签字出具报告的注册会计师周某作出行政处罚。

二、案例解析

（一）W 所审计程序存在的问题

经调取审计工作底稿核查，两份报告的审计工作底稿对投资来源、形成的资产的真实性、入账价值的准确性和实际使用状况等与报告内容密切相关的重大方面均未见清晰的审计流程。W所在两起审计的执行过程中未保持应有的职业怀疑，审计程序和审计证据不充分。

1. 对现金支付的真实性、金额准确性缺乏必要审计程序。A、B茶叶社专项报告审定项目投资额分别为283.3349万元和174.176万元，均以现金支付。W所在审计过程中仅复印了收据、发票、合同，对现金是否按时支付未履行相关审计核实程序，也未取得相关佐证材料。

（1）对施工方未实施函证、访谈。如A茶叶社专项审计报告中，茶叶加工厂房工程款131.25万元，合同约定，工程期限为2014年9月15日至2015年3月15日，全部完工后经验收合格在30天内结清工程款。截至审计日，最后一笔工程款31.25万元尚未支付，但注册会计师周某未实施函证程序，审计底稿中未见工程验收报告和工程预决算报告。

（2）对无合同的采购设备未向供应商实施函证等审计程序。A茶叶社专项审计报告中，采购机械设备合计28.92万元，审计底稿均未见采购合同。B茶叶社专项审计报告中，采购机械设备合计75.02万元，底稿仅一台茶叶色选机29.80万元有采购合同，其余均未见采购合同。

2. 对发票的真实性未保持应有的职业怀疑。A、B两家茶叶社的发票存在后补、连号等异常现象。如A茶叶社的建筑业统一发票（代开）为2015年10月26日以及2015年11月2日后补，B茶叶社的建筑业统一发票（代开）均为2015年10月26日补开，且A茶叶社11月2日开具的发票（代开）存在连号现象。

3. 对投资形成资产未实施有效盘点。审计底稿显示，盘点表是W所审计人员自行编制的，罗列了部分机械设备名称和数量，缺少设备规格、盘存地点、资产使用状况等内容，也无盘点人和被审计单位人员签字盖章。

（二）处理结果

根据检查结果，Z省财政厅认定W所在出具审计报告时，未保持应有的职业怀疑、执行的审计程序不恰当，获取的审计证据不充分，违反了《中国注册会计师鉴证业务基本准则》第二十八条、《中国注册会计师审计准则第1141号——财务报表审计中与舞弊相关的责任》第十三条和《中国注册会计师审计准则第1301号——审计证据》第十条的规定，出具不实审计报告，导致A、B两家茶叶合作社，在实际有效投资达不到最低标准的情况下，成功向S县申请获得财政补助资金69.89万元和48.34万元，情节严重。

Z省财政厅根据《中华人民共和国注册会计师法》第三十一条、第三十九条第一款、第三十九条第二款，《会计师事务所审批和监督暂行办法》（中华人民共和国财政部令第24号）第六十四条、第六十五条第一款规定，分别给予W所暂停执业一年，没收违法所得0.6万元，并处违法所得三倍（1.8万元）罚款的行政处罚；给予签字出具报告的注册会计师周某暂停执业一年的行政处罚。

（三）检查思路与方法

1. 明确目标定位。在茶叶专业合作社骗取财政补助案件中，W所出具的审计报告起到了关键作用。接到移交线索后，Z省财政厅立即组织对涉案两份报告的执业全过程、审计底稿进行全方位检查。

2. 倒查锁定重点。检查组以移交线索中发现并确认的连号发票、实际投资额不符等问题为重点，对审计底稿反映的审计程序、取得的审计证据进行全面核查，确认是否能够支持W所得出审计报告中的结论。

3. 检查询问结合。除检查底稿外，检查组对参与审计的主要人员进行约谈，深入了解两项业务承接、执行的具体情况以及执业过程中注册会计师审计判断等具体细节。

三、案例启示

（一）违规原因

虽然A、B两家茶叶社为获取财政补助采取了使用虚假票据、将项目申报前已购买的设备纳入项目建设内容等一系列违规手段，且账目不健全，为审计执行带来了一定阻扰。但 W 所两个审计项目的负责人均为其合伙人之一的周某，从业 10 余年，审计经验丰富，对这种显而易见的作假没有保持应有的警觉，最后导致审计失败。主要原因有：

1. 人力与业务量配比失衡。经查发现，W 所人员力量非常薄弱，全所共计 8 人（含两名合伙人），且其中 1 名合伙人沈某已于 2015 年 8 月后离开事务所（不变更工作关系，继续担任合伙人，但基本不领办审计事项，主要参与经营管理以及末端复核工作）。但 W 所全年承接业务量超过 100 笔，且每笔收费金额不高，属于典型的“以量跑利”，致使 W 所必须尽可能压缩每个项目人员安排、尽可能采取节约时间的审计程序，加快审计进度才能按期出具报告，难以在执业过程中开展深入审计、精细分析。本次涉案的两份报告，W 所现场审计阶段仅安排了两人，用时 1 天，而后期整理底稿加上出具报告仅用了 10 天左右（含邮寄签字时间）。

2. 复核机制流于形式。2015 年 8 月以后由于合伙人沈某离开，W 所业务基本都由合伙人周某负责领办。沈某的个人注册会计师章则由 W 所保管，在出具报告时先寄送纸质件由沈某签字后再回所里盖章。沈某审计风险管控意识淡薄，涉案的两起报告均未积极履行复核职责，与审计项目负责人周某之间缺乏基本的沟通交流，仅查阅报告本身，在未复核工作底稿情况下即签字同意出具审计报告，使得复核机制流于形式。

3. 独立性相对较弱。本案中 A、B 两家茶叶社自知不符合相关财政补助申请条件，必然倾向选择“好说话”的会计师事务所进行审计，以便达成目的。而 W 所作为营收能力有限的小型会计师事务所，为达到进一步扩大盈利、维持长期业务合作关系等目的，在审计过程中更容易受到委托人意志的影响，未能保持应有的独立性原则。

（二）教训与启示

1. 加强宣传引导，提高执业水平。W 所存在的问题在一些中小规模的会计师事务所中较为常见，并且其合伙人并非不知情，而是在经济利益、工作效率的驱动下，对相关问题不重视。因此，一方面要进一步加强对中小会计师事务所合伙人的教育引导，培养管理者质量意识和职业操守，帮助树立正确的价值观和荣辱观，通过不断强调会计师事务所经营风险，强化风险管控意识，促进自主建立有效、可行的事前审计风险分析、事后报告复核机制；另一方面要加强财会监督力度，对违规案例做到有法必依、违法必究、执法必严，形成强大震慑力。

2. 从源头入手，完善委托机制。目前，我国大多数财政补助政策申请中如需补助对象提供审计报告的，一般由补助对象自行委托审计机构，相关审计费用也由其自行承担。在补助对象自主选择审计机构前提下，更容易使得审计委托人倾向寻找能够落实自己意图的机构实施审计，从而得出有利的审计结论。自行委托对审计实施机构的独立性是一种考验，一些实力不济的小型会计师事务所为生存、为盈利更加容易丧失独立性。因此，要进一步完善审计委托机制，特别是在涉及公众重大利益的公共领域，探索试行政府主管部门指派、随机摇号产生等方式确定审计机构实施审计监督，淡化补助对象与审计机构之间的利益关系，严防双方勾结联合舞弊的情况发生。

（浙江省财政厅　俞城）

43.

无视执业底线　践踏职业道德

一、案例背景

YF 事务所成立于 2004 年 3 月，截至 2016 年 12 月，YF 事务所有工作人员 12 人，其中注册会计师 6 人，助理人员 6 人。该所曾因执业质量等问题，先后在 2006 年、2007 年和 2010 年受到某省财政厅的行政处罚。2016 年，某省财政厅在对 YF 事务所例行检查时，收到反映其“不按规定程序出具审计报告等问题”的举报。在收到举报信后，某省财政厅高度重视，对举报事项进行了全面核查。经查该所在注协防伪报备系统数据，其 2015 年 1 月至 2016 年 8 月，累计出具各类报告 2381 份，90% 以上是审计报告，平均每个工作日出具 6 份报告，其业务遍及全省 16 个市，且部分业务所在地为北京、上海、南京和河北等地，该所“突出”业务开拓能力引起了检查组的怀疑，YF 事务所仅 12 人，承接的业务严重超出其执业能力。为完成大量的审计业务，YF 事务所究竟采用何种方式？若全部由所里注册会计师出具，大概率存在审计程序缺失、审计证据不充分的执业问题。若不是全由所里注册会计师完成，是否涉及第三方中介机构参与，这是一条新的“产业链”吗？通过系统比对、走访询问等方式调查发现，YF 事务所无视执业底线、践踏职业道德，超出胜任能力执业，违法违规行为极其严重。最终，依法给予撤销 YF 事务所的行政处罚。

二、案例解析

（一）违规事实

1. 出具大量虚假审计报告。YF 事务所给 33 个客户出具的 50 份审计报告中，有 39 份审计报告与企业账面数据差距较大，占比达 78% 。

2. 大量审计报告无工作底稿。YF 事务所共提供 467 份纸质工作底稿（审计程序和审计证据严重缺失）和 336 份电子版工作底稿，其余 1578 份审计底稿均未提供，占比达 66% 。

3. 隐瞒业务收入。YF 事务所大部分审计业务采取现金方式收取审计费用且不开发票，绝大部分收入在体外循环。2015 年账面收入仅 23.87 万元，涉及 62 个审计客户。

4. 与中介机构等合作出具不实审计报告。YF 事务所与 A 事务所及个别地市的代理记账机构进行合作，费用按五五分成。审计时 YF 事务所不到企业现场，仅根据电子版财务报表出具审计报告，且出具的审计报告财务数字均是经过调整的，与企业财务账面数字相差较大。

5. 出具虚假注册会计师社保材料，多数注册会计师挂名。经核查后认定，该所的 6 名注册会计师中，有 4 名属于挂名执业。

（二）处理处罚结果

依法行政是财会监督的生命线。为做好处理处罚工作，某省财政厅慎之又慎。一是严格处罚程序，降低行政执法风险。检查中严格按程序执行，规范检查程序，在现场检查、询问相关人员以及对 33 个审计客户和第三方单位实地调查取证环节，均有两名以上财政人员参与，并向对方出示行政执法证，实行亮证执法。二是开展综合审理，正确行使行政处罚权。检查组就违法事实和处理处罚尺度、违法违规问题的定性以及法律条款的适用，征求财政厅税政条法处、会计处、省注协和财政厅法律顾问的意见；三是向财政部监督检查局请示，进行专题报告。财政部监督检查局给予了大力支持和工作指导。通过综合各方反馈意见，并参考其他省类似案例，妥善地作出了行政处罚结果。

根据《注册会计师法》的有关规定，作出依法撤销 YF 事务所的重大处罚决定，给予挂名主任会计师暂停执业一年、挂名合伙人警告的处罚，另外将挂名执业的 4 名注册会计师移交省注协予以注销注册。

（三）检查思路与方法

1. 编织数据天网，实现信息透视。充分依托现有各类财政信息化平台，摘取关键有用信息，由点入面层层切入，查深查实。一是利用省注协防伪报备信息系统。YF 事务所向检查组提供的发文簿反映仅出具报告 200 份，调取的省注协防伪报备信息数据却显示其出具了 2381 份报告，YF 事务所第一次露出了马脚。经多次督促提醒，YF 事务所仍负隅顽抗，只承认出具 966 份报告，与实际发文数量仍有较大差距。同时发现其审计报告文号管理非常混乱。同一个报告文号多次重复使用，2381 份审计报告中有 1188 份报告的文号为重号，占比近 50%。二是利用涉企信息系统。委托 YF 事务所出具审计报告的企业多数抱有特殊目的，为了有的放矢，锁定目标，检查组将 YF 事务所的客户与涉企信息系统中申报项目资金的企业进行比对，梳理出重合的企业名单，再从中重点选取走访核查的企业，大大提高了工作成效，减少了走访阻力。

2. 发现蛛丝马迹，坚持一查到底。2016 年 7 ~ 8 月，按照财政部要求，某省财政厅对某证券分所进行执业质量检查时，发现该证券分所审计的一个新三板上市公司客户同时也是 YF 事务所的客户。该新三板上市公司为何年报审计让执业质量较高的证券所出，专项审计报告则交给口碑较差、规模较小的 YF 事务所，这似乎不合常理，检查组敏锐察觉，以此为突破口开展了延伸检查。检查时特意抽取了该份审计报告，发现该公司未向 YF 事务所支付审计费用，而是将审计费用支付给某市 A 事务所，并且审计报告数字不实。经进一步调查，揭开了 YF 事务所与另一家 A 事务所及部分代理记账机构合作出具虚假审计报告背后的神秘面纱。

3. 多方调查取证，形成完整证据链。检查组先后组成 9 个调查小队，抽调9名检查人员，聘请18名中介机构人员，前往3个市，对33个客户进行调查核实，开展多方核查。一是从会计师事务所本身着手，多次以书面形式要求YF事务所提供资料，注明所需资料以及时限，要求签字确认，防止推诿扯皮。二是从省注协着手，从省注协调取YF事务所年检资料和防伪报备系统信息，和事务所提供的资料仔细比对。三是从审计客户着手，检查组赴3市，走访审计客户33户。查看企业原始凭证和会计凭证，包括相关年度财务资料，盖章的财务报表、账簿、科目余额表等，通过对企业负责人、财务负责人等知情人员分别进行询问，形成32份翔实的书面询问笔录。四是从与YF事务所合作的中介机构着手，调查了解了YF事务所出具虚假报告，破坏行业风气的恶劣行为。原来YF事务所仅根据客户提供的财务报表就出具审计报告、肆意调整审计报告财务报表数据以满足特定目的，帮助客户进行不公平的市场竞争，失去中介机构独立客观的立场。五是从社保部门着手，赴某市社保局调取YF事务所社保缴纳情况，与YF事务所向省注协提供的年检资料进行比对，发现YF事务所伪造注册会计师社保缴纳资料，以此确认了4名注册会计师未在所里缴纳社保，实为挂名执业。六是从该4名注册会计师着手，在事务所承认相关违规事实，并获取注册会计师实际社保缴纳单位后，对注册会计师分别进行谈话，询问其是否专职执业，起初部分注册会计师抱着侥幸心理，坚持自己专职执业，当工作人员告知YF事务所大量违法违规事实、可能会带来的严重后果后，4名注册会计师终于承认了其挂名执业的事实，并在询问笔录中交代了其实际工作和社保缴纳单位、未在YF事务所从事审计业务、每年收取5000~20000元挂靠费用等实际情况。通过多方调查取证，基本确认了YF事务所的违法违规事实，形成了完整的证据链，为后续处理处罚打下坚实基础。

三、案例启示

（一）要高度重视存在问题的危害性

1. 扰乱市场经济秩序。根据调查了解，企业委托YF事务所出具审计报告的目的主要是用于申报各类荣誉性称号、申请银行贷款、项目资金以及企业并购、对外招投标等。一些企业为满足要求，委托YF事务所出具与企业真实情况差异较大的不实审计报告，对那些依法合规经营的企业来说极为不公平，如任由其发展，将严重扰乱市场经济秩序，破坏市场环境，也会给国家和银行等带来损失。

2. 破坏注册会计师行业发展环境。YF事务所的违法违规行为，严重破坏了注册会计师行业诚信经营的发展环境，在业内和社会上都造成了极坏影响，对行业主管部门和行业协会的公信力也是严峻的挑战。

3. 影响有关政策实施和效果。部分奖补资金在申报或验收时，设定了相关的财务指标，一些资质条件不足的企业，为获得资金就与会计师事务所合谋，委托其出具不实审计报告，以骗取项目资金。主管部门只能依据会计师事务所出具的审计报告进行审核，由此为少数会计师事务所带来“商机”，这些会计师事务所违法违规出具不实审计报告，成为这些不良企业虚报冒领骗取项目资金的帮凶。

（二）要深刻剖析问题存在的根源

1. 市场诚信环境还不够完善。由于社会诚信体系建设尚在逐步健全，弄虚作假的行为还不能及时得到应有惩戒，导致部分单位和个人为经济利益铤而走险，也致使老实本分、踏实做事的企业和个人吃苦受损。

2. 注册会计师行业发展秩序不规范。注册会计师行业总体上呈现中小所居多、机构规模较小、层次不高、注册会计师人数较少等特征。众多中小会计师事务所在同一层次和领域内竞争，频繁压低价格抢夺市场，提供的服务和产品缺少差别化，恶性竞争使中小会计师事务所出现大量的短期行为，无暇顾及长期的发展，执业质量也无从谈起。

3. 少数会计师事务所及注册会计师自身职业道德低下。少数会计师事务所尤其是极少数注册会计师法治观念不强，缺乏职业道德，受利益驱动，对客户的不正当要求一味迁就，甚至仅凭客户提供的报表就出具审计报告，实质上就是出卖公章，对行业的长期发展产生了严重的负面影响。

（三）要进一步强化对注册会计师行业的联合监管

1. 会计师事务所应强化内部管理，提高执业质量。要强化内部管理，杜绝注册会计师挂名执业，加大职业道德培训；牢固树立风险意识、责任意识，牢牢把握执业质量这条生命线，严格执行注册会计师法和执业准则，切实提高执业质量。

2. 财政部门应履行法定会计监督职责，加大监督力度。切实履行相关法律赋予财政部门的会计监督职责，要加强日常监管，明确日常监管工作的内容和方式，加大数据收集和分析，建立以日常监管为主，年度专项检查为辅的监管机制；落实“双随机、一公开”监管要求，联合注册会计师协会开展联合监管；持续开展注册会计师“清挂名”“超业务能力承接业务”“网络售卖报告”“有照无证”等专项整治，以整饬行业秩序和提高行业执业质量。

3. 行业协会要提升自律水平，优化执业环境。引导事务所强化自律管理，对存在违反行业自律规定的，严格予以自律惩戒，开展针对性培训，及时完善执业准则，发布相关问题解答，为审计工作提供更多指导。

（安徽省财政厅　赵洋　杨金钢）

44.

海外上市公司财务造假　事务所审计失败

一、案例背景

财政部根据与某国签署的跨境会计审计执法合作备忘录，对某境外上市集团在境内设立的子公司及其年报审计事务所进行检查，发现子公司财务报表严重造假，承接跨境审计合作业务的境内会计师事务所在审计过程中缺乏执业怀疑、对重要审计证据中的异常迹象未保持合理关注，导致未能发现公司财务造假问题。

境内子公司 A（以下简称 A 公司）为 D 国境外母公司在境内设立的三级子公司，成立于 2015 年。境外母公司于 2003 年 1 月在 D 国交易所上市，2004～2016 年连续亏损，直至 A 公司成立才扭亏为盈。2017 年和 2018 年，A 公司分别贡献了境外母公司 100% 和 99% 的收入，使境外母公司分别盈利 3080 万元和 2790 万元。2020 年，财政部根据与 D 国签署的跨境会计审计执法合作备忘录对 A 公司及其年报审计事务所进行检查，发现 A 公司在 D 国资本市场披露的 2016～2018 年度财务报表严重造假，并伪造了 2016 年度、2017 年度审计报告。2019 年，A 公司聘请境内会计师事务所 B（以下简称 B 事务所）配合负责境外母公司年报审计的 D 国境外会计师事务所 C（以下简称 C 事务所）对 A 公司 2018 年度财务报表进行审计。B 事务所向 C 事务所出具了无保留意见的《事务所间报告意见书》，审计过程中缺乏执业怀疑、对重要审计证据中的异常迹象未保持合理关注、未采取进一步应对措施，导致未能发现 A 公司的财务造假问题。因为此案涉嫌经济犯罪，财政部已将此案依法移送公安部处理。

二、案例解析

（一）违规事实

2018 年 12 月，B 事务所与 A 公司签订《配合境外会计师事务所审计咨询约定书》。2019 年 1 月，B 事务所与 C 事务所签订《业务合作协议书》，仅委派 1 名非本所在职人员担任项目经理，赴 A 公司完成现场审计工作，编制所有工作底稿。签字注册会计师既未参与现场审计，也无执行国际会计准则及国际审计准则的相关经历。

B 事务所在执行收入成本审计程序中，既未对 A 公司的入库单、采购发票、发货单、销售发票、验收单、缴款书等原始资料进行检查，也未对发票信息的真实性进行抽查校验。A 公司前 3 名客户均为自然人且销售额占比高达 88%，B 事务所未对此异常情况保持职业怀疑，在对 3 人相关应收账款实施函证程序时，未获取确认个人身份信息的审计证据，导致未能发现 A 公司在 2018 年度虚增收入 1.52 亿元。B 事务所对货币资金实施现场函证时，未对银行询证函保持控制，对银行回函异常情况也未保持职业怀疑，导致未能发现 A 公司通过伪造询证函回函在 2018 年度虚增货币资金 1.84 亿元。

（二）违规特点

1. 涉及主体多，核实问题难度大。由于该项检查为跨境会计审计协查工作，涉及 A 公司、B 事务所、境外母公司、C 事务所等多个主体，且境外母公司、C 事务所均为 D 国管辖机构，检查组难以对与境外母公司、C 事务所相关的情况和问题进行直接查证核实。

2. 项目类型特殊，业务性质判定存在较大争议。检查组与 B 事务所就该项目业务性质是否为独立审计的定性方面存在重大分歧。检查组根据 B 事务所与 A 公司、C 事务所签订的书面业务约定，向 C 事务所签发的独立性确认函、重要性水平确认函等一系列文件，境外母公司对外披露的 2018 年度审计报告等文件内容，认为 B 事务所是作为组成部分审计师对 A 公司 2018 度财务报表实施审计，并向 C 事务所出具了无保留意见的《事务所间报告意见书》，其对 A 公司的审计属于独立审计。

B 事务所提出，其对 A 公司实施的是协助审计工作，而不是独立审计项目。其仅委派 1 人协助 C 事务所进行现场审计工作，项目现场审计由 C 事务所主导和把控；B 事务所根据 C 事务所提供的模板向其出具《事务所间报告意见书》，出具对象不是被审计方 A 公司，对适用范围和分发对象也做了限制，且该报告无文号、仅 1 名注册会计师签字，因此不属于正式报告。A 公司在境外母公司的 2018 年度合并报表中所占资产总额、营业收入的比重分别为 95%、99.9%，从专业角度来看，C 事务所不应依赖由 B 事务所出具的审计结果，而应由该所直接审计。

围绕上述争议焦点，财政部本着依法审慎的原则，组织专家进行充分论证。参与论证的 4 名专家一致认为，B 事务所所述诸多情况没有事实依据，根据 B 事务所与 C 事务所签订的《业务合作协议书》以及 B 事务所签发的《事务所间报告意见书》，B 事务所对 A 公司的 2018 年度财务报表执行了审计工作，并出具了无保留意见的审计报告，该项业务属于《中国注册会计师审计准则第 1401 号——利用其他注册会计师的工作》规范的集团报表审计业务，即属于鉴证业务，应按照中国注册会计师鉴证业务基本准则认定其出具的《事务所间报告意见书》属于鉴证报告，并且该报告中明确已执行审计程序，因此，该报告应属于审计报告。

（三）检查思路与方法

1. 加强联合联动，查清财务造假。本次 B 事务所执业质量专项检查是跨境会计审计协查工作的其中一环，另有检查组负责检查 A 公司的会计信息质量情况，但是 A 公司以财务资料灭失为由，始终拒绝向检查组提供财务资料。为此，检查组加强联合联动，共享审计档案与A公司相关财务资料，互相提示关联事项，交流约谈情况和检查发现的疑点线索等，通过税务机构、银行进行外围查证，将外部证据与审计档案进行比对核实，查出A公司虚增收入和货币资金问题。

2. 圈定关键程序，寻找蛛丝马迹。检查组针对A公司虚增收入和货币资金问题，围绕B事务所对A公司收入成本审计证据获取情况、审计分析、样本抽查、资料核对等情况以及往来资金询证函、回函进行比对检查，并通过国家税务总局全国增值税发票查验平台抽查发票信息真实性，查出B事务所对A公司的收入异常事项关注不够、没有发函记录、回函地址异常、发票信息异常等问题。

3. 约谈相关人员，厘清来龙去脉。针对检查发现的A公司虚增收入、货币资金、银行询证函回函异常等问题，检查组约谈B事务所审计项目相关人员，详细了解项目承接过程、现场审计情况、A公司参与审计人员情况，交叉验证证词，还原此项审计业务的接洽、实施、报告过程。详细查证银行现场函证的每个细节，同时对银行询证函回函进行司法鉴定，查出伪造银行询证函回函等问题。

4. 开展专家论证，规避执法风险。对B事务所此项审计业务的定性问题，是判断检查结论中被检查人存在问题是否成立的前提。由于检查组与B事务所在业务定性问题上存在较大分歧，且政策把握难度大、存在较大执法风险，因此，财政部充分利用智库专家的专业优势，组织专家论证，坚持以理服人。

三、案例启示

（一）违规动机与原因

1. 经济利益驱动，风险意识淡薄。B事务所此前没有承接过境外上市公司审计业务，也没有能够胜任境外上市公司审计业务的人员，受经济利益驱动盲目承接与本所执业能力不相符的业务，且未对业务环境进行客观、合理的评估，未准确判断项目性质和风险。在人员配备上B事务所也较随意，在未合理评估是否具备执行该项业务专业胜任能力的情况下，仅安排1位非本所在职职工、非注册会计师的人员担任项目经理，全权代表B事务所实施现场审计工作。

2. 内部管理薄弱，质控制度形同虚设。B事务所在业务承接、项目组委派、业务执行等关键环节管理薄弱，相关质控制度未得到有效执行。根据约谈了解，该项目的项目组成员共计4人，实际仅1人具体实施现场审计、审计底稿编制等工作；在业务执行中，B事务所未能对该项目实施有效的过程监控；未将出具的《事务所间报告意见书》作为一份正式的审计报告对待，未严格执行项目质量控制复核制度。

3. 未保持足够的职业怀疑。B事务所审计人员轻易采信C事务所提供的期初余额和A公司提供的银行对账单，在对相关应收账款和货币资金实施函证过程中未保持应有的职业怀疑态度，导致函证程序实施不到位，未能发现A公司基本户虚增13406.7万元、银行理财产品虚增5000万元的重大差异。

（二）启示与思考

1. 进一步完善规章制度。《境外会计师事务所在中国内地临时执行审计业务暂行规定》（财会〔2011〕4号）第四条规定“鼓励境外会计师事务所与内地会计师事务所加强在临时执业中的业务合作，并以签订业务合作协议等方式明确双方的权利和义务”，但对如何出具审计报告未作规定。应进一步完善此类业务协作的文件依据，促进境内外会计师事务所依法开展业务合作，维护投资者利益和资本市场秩序。

2. 加强和完善会计师事务所“五统一”管理。此项目具备跨境上市公司审计业务特征，B事务所未按照《会计师事务所分所管理暂行办法》（财会〔2010〕2号）第四条“会计师事务所及其分所应当在人事、财务、业务、技术标准和信息管理等方面做到实质性的统一”规定对该项目进行管理，而是作为咨询业务简单管理，导致出现一系列问题。会计师事务所应认真落实

“五统一”管理要求，建立健全统一的业务风险评估和分类分级管理制度，有效执行统一的执业标准和质量控制制度，切实防范法律和业务风险。

3. 切实加强质量控制和内部管理。会计师事务所应当加强执业质量控制，对业务承接、项目组委派、业务执行、项目质量控制复核等关键环节，建立并执行严格的质量控制制度和程序。业务承接上要对业务环境进行客观、合理的评估，人员管理上要委派具有适当胜任能力和必要素质的人员，业务执行中要实施有效的过程监控，并严格执行项目质量控制复核制度。同时，加强执业质量管理，对审计对象实施有效的审计程序以获取充分、适当、可靠的审计证据，并审慎评价审计证据，对异常或重要事项保持应有的职业怀疑，对重大错报和舞弊问题保持足够警惕，严谨进行审计判断。

（财政部青岛监管局　张伟）

45.

未有效识别关联方导致审计失败

一、案例背景

A 公司因生产经营不善，拖欠 B 公司货款，B 公司起诉后因 A 公司无偿还能力，B 公司以 A 公司与股东 C 财产与业务不独立为由要求追加 A 公司股东 C 作为连带责任人偿还债务。ABC 会计师事务所接受委托对 A 公司进行专项审计，审计目的为鉴定 A 公司的财产与业务是否与其股东 C 独立。ABC 会计师事务所经审计后得出了股东 C 与 A 公司财产与业务独立的鉴定结论，法院据此做了不利于 B 公司的司法判决。B 公司认为 ABC 会计师事务所出具的审计报告存在重大瑕疵，要求监管部门认定该报告存在严重失实，对 ABC 会计师事务所做出行政处罚。

二、案例解析

（一）检查认定的违规事实

经调取 ABC 会计师事务所为该业务出具的报告及审计工作底稿，发现审计报告审计范围、依据与审计业务约定书不符，审计结论与审计证据相矛盾，审计证据不能支持审计结论，部分审计结论无审计证据，重要审计程序缺失。

该审计报告未按《中国注册会计师审计准则》实施审计程序，得出的审计结论缺少证据，审计报告存在严重质量问题。

（二）ABC 会计师事务所审计程序和审计证据方面存在的主要问题

1. 审计报告列示的审计依据与审计业务约定书不符。审计报告列示的审计依据为《中华人民共和国审计法》《中华人民共和国注册会计师法》《中国注册会计师审计准则》《中华人民共和国会计法》及相关规定。

审计业务约定书三、（一）乙方的责任，乙方按照《中国注册会计师审计准则》等进行审计。

审计报告未按审计业务约定书列示的依据执行审计程序，加大了事务所的审计责任。

2. 审计报告与审计业务约定书的审计范围不一致。审计业务约定书关于事务所的责任多处列示“对专项行动项目资金的支出使用情况进行审计”，但审计报告披露的审计范围和目标均未对专项行动项目资金作出审计描述，委托审计范围与审计报告披露审计范围不一致。

3. 审计报告未按审计业务约定书要求提供附件。ABC 会计师事务所与 A 公司签订的审计业务约定书第五条约定：审计报告应附专项资金支出明细表，但审计报告后未附专项资金支出明细表。

4. 获取的审计证据与得出的审计结论矛盾。审计报告三、审计情况第 3 条：“检查银行存款账户使用情况，以发现是否存在将公司存款转入个人账户私存以及个人收支使用公司账户，公司收支通过私人账户收付等情况。”审计报告四、审计结论：“公司设立了独立的银行账户”。

经对审计工作底稿中收集的审计证据进行检查，被审计单位在某银行开立的银行账号为＊＊＊的银行对账单显示：审计年度内被审计单位有多笔资金转入某 1 公司、某 2 公司、某 3 公司、某 4 公司、某 5 公司，经查，上述公司的股东或法定代表人或最终控制人均为股东 C。

审计工作底稿中收集的上述审计证据表明被审计单位股东 C 利用自已控制的多家公司转移被审计单位资金，审计证据与审计报告得出的“股东财产独立于公司财务、在经营过程中贵公司能够将股东与公司区分对待，股东财产独立于公司财产”的结论不符。

5. 审计证据之间相互矛盾。库存现金盘点表企业负责人签字处股东 C 签字与其在公司章程处的签字笔迹不符。

6. 审计结论无有效审计证据支持。审计结论 1：“贵公司具备完整、独立并发挥作用的财务部门以及规范的账簿”，对于上述结论，在审计工作底稿中未见获取相关审计证据支持。

7. 固定资产审计未获取相应权属证明。审计报告三、审计情况中第 5：“检查固定资产、无形资产产权证书原件，以发现公司资金为个人购买房地产、汽车等行为”。后附底稿仅有盘点表，无相应产权证书及获取的其他相关证据，审计证据无法支持审计结论。

8. 存货监盘未按审计准则实施。审计报告三、审计情况中第 4：“盘点存货，检查是否账实一致”。底稿中后附了存货盘点表，盘点人为刘某，监盘人为李某。根据存货盘点表列示的明细，均为钢材设备、铝锭、电解铜等，达数千吨甚至数万吨，盘点日期为 5 月 8 日，未见盘点计划和观察盘点程序的记录。一天内盘点如此数量的有色金属，缺少进一步的证据支持。

9. 往来款项缺少函证程序。审计报告三、审计情况中第 7：“检查其他应收款、其他应付款的内容是否正常，检查借款协议等资料……”，底稿未见上述审计程序执行记录，也未获取其他应收款和其他应付款明细表。

（三）检查思路与方法

1. 调阅底稿，检查执行的审计程序与获取的审计证据。检查人员对 ABC 会计师事务所审计报告及工作底稿按照审计准则的要求，从根据委托方的审计目的所设计的审计程序执行情况以及执行审计程序收集到的审计证据，得出的审计结论等方面进行了全面检查，对该审计项目遵循审计准则情况、审计证据的充分性、审计结论的公允性等方面进行了分析，从而发现了该项目违反审计准则的关键要点。

2. 对获取的审计证据与第三方公开信息进行验证。检查人员对审计工作底稿中获取的审计证据之一银行对账单显示的信息进行了进一步的查证，从第三方网站公开的企业信息，查证出了被审计单位通过银行向股东C实质控制的其他公司进行大额资金转账，股东C与公司财产不独立的问题。从而推翻了该项目的审计结论，认定审计结论失实。

3. 借助相关领域专家的力量。审计工作底稿中归档的存货盘点表显示，事务所的监盘人员用一天时间对数量巨大的钢材设备、铝锭、电解铜等进行了监盘。但并未对相应的盘点技术方法、盘点的程序进行记录，对存货的质量和保管状况缺少必要的描述。就此问题，检查人员组织相关领域的专家对存货的盘点方法及耗时进行了技术分析，得出短期进行全面盘点不具有可行性的结论；同时就其审计基准日存货的账面价值与市场价值的差异情况提出了专业意见。检查组综合专家意见认定该事务所的监盘程序不符合审计准则的要求，存在重大审计风险。

4. 与主审注册会计师及该项目利益相关人进行沟通。检查人员将该项目检查结论分别与主审注册会计师及该报告使用方及委托方和其他利益相关方进行了沟通，分别听取当事人的意见。特别是认真研究主审注册会计师对检查结论的书面反馈意见，充分做到了检查结论的公开与公正。

三、案例启示

（一）违规动机与原因

1. 注册会计师未保持合理审慎的执业态度是审计失败的根源。从审计工作底稿的编制可以看出审计业务约定书约定的审计目的与委托方的目的不符，审计依据、审计范围与审计报告不符，审计证据与审计结论矛盾。这些问题都属于比较低级的失误，注册会计师在执业中未保持应有的谨慎，甚至缺少应有的严肃性，对审计准则缺少敬畏。执业人员业务素质较低，未保持合理审慎的执业态度，是导致本次审计失败的主要原因。

2. 注册会计师未严格按照审计准则执行审计程序，是导致审计失败的直接原因。ABC会计师事务所在该项目中多项审计程序均未按审计准则执行，特别是针对审计目的要求的对关联方与关联方交易的识别，注册会计师既没有按照审计准则执行审计程序，也没有设计有效的审计程序进行专门识别，对已收集到的审计证据只注重证据的收集，不注重证据的检查，导致审计证据与审计结论相矛盾。

3. 注册会计师未保持应有的独立性，是审计失败的主观因素。注册会计师在执业中应具备双重独立性，既要独立于委托人又要独立于被审计单位，既要体现表面上的独立又要体现实质上的独立。但是，由于注册会计师的主要收入来源于委托方，注册会计师为了生存，委托方的意见往往左右了审计报告的结论。在本项目实施中，项目委托方及审计费的支付方为A公司，司法鉴定审计的鉴定结论直接决定着委托方的经济利益。ABC会计师事务所因为审计收费来源于利益相关的当事人，其独立性受到较大影响。注册会计师因为失去了应有的独立性，而主动或被动地参与到制假造假中去，在利益驱动下，出具虚假的审计报告，使注册会计师行业的社会公信力大大降低。

4. 注册会计师胜任能力不足，是审计失败的必然结果。注册会计师在审计中，只是一味地获取审计证据，对审计证据缺少必要的分析判断能力，对证据的相关性、真实性缺少必要的专业判断，对获取的审计证据缺少必要的审计程序。注册会计师对审计准则不能熟练运用，针对审计目的未能设计有效的审计程序，未能针对可能存在的错报和舞弊开展审计，直接导致了错误的审计结论。

5. 审计质量控制体系缺失，是审计失败的内在因素。审计工作底稿显示，该所的质量控制过程仅履行了主任会计师、质控负责人、项目经理的复核签字，但复核过程缺少记录。复核重形式，轻实质，只签字不复核。导致大量的低级错误未能在复核环节发现并纠正，对外报送的审计报告中出现很多不应有的错误结论。

6. 未能遵循就审计业务达成的约定条款，导致偏离了审计目标。ABC会计师事务所执行本次审计的业务约定书，重形式、轻内容。业务约定书的诸多条款与拟执行的审计项目没有关联，在出具审计报告时，擅自变动增减审计内容，没有围绕就本次审计达成的约定条款设计相应的审计程序，没有按约定条款收集和分析审计证据，没有按约定报告审计结果，导致审计结论偏离了审计目标。

（二）教训与启示

1. 加强注册会计师的职业道德教育。在注册会计师后续教育中，每年都将职业道德教育作为必备内容，以“独立、客观、公正”作为核心，在注册会计师行业中全面落实《职业道德守则》和《职业道德规范》，每年组织新取得执业资格的注册会计师进行诚信宣誓，在行业宣传中以诚信为主题树立典型，广泛开展有关行业诚信的活动，引导会员建立诚信理念，传播行业诚信文化。

2. 加大注册会计师人才培养力度。注册会计师人才的培养要从基础抓起，选择部分财经类院校对大学生开展注册会计师行业的认知宣传，以实训基地、校企合作、产学研结合、注册会计师人才岗前班等方式在大学群体中进行宣传推广，为注册会计师行业吸纳新鲜血液。在政府层面，应加强推进注册会计师行业人才培养重点工程的落实和领军人才建设，培养复合型人才、专家型人才，为注册会计师行业培养一批业内的大国工匠。在事务所层面，鼓励事务所内部成立研究室、创新工作室、内部培训机构等，鼓励事务所多形式、多举措对注册会计师从业人员进行培训，全面提升执业人员素质，多渠道为会计师事务所造就和输送精通业务、勇于创新、善于经营、具有战略思维的高素质、高层次、创新型专业人才。

3. 规范和引导事务所的鉴证业务。随着传统审计业务的减少，部分事务所的专项审计等鉴证类业务增多，特别是司法鉴定类业务，由于涉及诸多利益相关当事人，已成为近年来涉及执业质量投诉的高发区。部分注册会计师在鉴证中受外部干扰影响较大，独立性不强，技能不足，特别是准则缺少有针对性的业务指南。执业质量受注册会计师专业判断影响较大，导致得出的鉴证结论缺乏公允性，损害了当事人的利益。监管机构和行业协会应积极组织专家进行研讨、论证，制定业务实施细则或指南，指导注册会计师规范执业，控制审计风险。

4. 监管与帮促结合，提升中小事务所的执业水平。当前，部分中小事务所面临人才流失、业务创新能力不足、专业胜任能力不能有效提升的窘境。特别是审计市场新兴的业务越来越多，中小事务所执业人员面临老龄化和新人增多，执业经验不足等问题，针对新业务缺少有效的实施和监控体系。行业协会与政府监管机构对事务所如果只是一味地监督与处罚，虽然可以使注册会计师产生敬畏之心，但不能有效提升执业水平。因此，监管部门应加大对中小事务所的帮促力度，在监管中可以采用现场教学、现场指导、经验分享等方式，与被监管对象共研讨，通过手把手的教学，查与教结合，快速提升中小事务所的执业水平。

（山东省注册会计师协会　孙宗彬）

46.

部分中介机构代理记账业务质量堪忧

一、案例背景

2014年新一轮脱贫攻坚工作全面推开，贫困县实行财政涉农资金整合，大量资金流向农村集体经济组织和新型农村经营主体，农村集体经济组织掌握的资金量日益庞大，但财务管理混乱，制度不健全，财务人员不稳定、缺乏专业素质给财政涉农整合资金管理造成不便，且容易出现财政资金风险。为进一步加强农村集体经济组织财务管理，落实中央和S省关于涉农整合资金管理的规定，F县出台了《村集体经济合作社财务管理办法（试行）》，全县村集体经济合作社都采取委托代理记账方式进行会计核算。

2019年，F县财政局对该县代理记账机构的村集体经济组织代理记账业务进行了监督检查。

二、案例解析

（一）存在问题

2019年5月对某代理记账机构开展检查，抽查其A、B、C三个集体经济合作社代理记账业务，发现存在以下问题：

1. 会计核算不准确。

（1）A村集体经济合作社：存在记账凭证发生金额与实际支出金额不符的现象，如实际支出为50000元，记账金额为5000元，漏记支出45000元。

（2）B村集体经济合作社：存在记账凭证和记账金额与原始凭证金额不符现象。

（3）C村集体经济合作社：原始凭证与记账金额不符。

2. 会计基础工作不规范。

（1）A村集体经济合作社个别原始凭证重复装订，同一记账凭证多次装订。

（2）B村集体经济合作社：一是部分账务处理不当，例如，家庭农场缴入多拨的产业引导资金，借记银行存款，贷记库存现金；二是截至2019年5月，2018年度账未记完，会计账簿、报表未打印。

3. 未履行会计人员的监督职责，对证证不符、原始凭证缺少的经济活动违规记账。

（1）A村集体经济合作社：原始凭证中的大量发票均无经手人签字；存在接收内容与实际不相符的发票，如购买水泥、食用菌生产材料的发票内容为“运费”；存在款项支付日期早于原始发票开具及审签日期现象；部分支出收款人、合同签订人与原始凭证三者不符，例如，开具发票方为汉中某经销部和某县某经销部，合同签订人及收款人为个人；部分产业项目和基础设施项目资金支出原始凭证缺少明细清单、项目实施方案、合同、会议记录等附件。

（2）B村集体经济合作社：一是原始票据签字审批不齐备，部分未经合作社理事长、监事长签字审批；个别大额支出原始凭证中只有发票，缺少明细清单、项目实施方案、合同、会议记录等附件；二是个别支出无原始凭证；三是存在记账凭证日期早于原始凭证日期的现象。例如，某一项支出记账日期为1月31日，发票日期为3月23日。

（3）C村集体经济合作社：出现多笔现金支付；记账凭证不齐，没有审批人的审批意见，原始凭证与记账金额不符。

（二）问题处理

针对农村集体经济组织代理记账存在的问题，F县财政局举一反三，采取有力举措，抓好问题整改，全面强化监管。

1. 约谈中介机构，限期整改。财政部门就检查发现的问题，印发了整改通知文件，要求代理记账机构和集体经济组织分别限期完成整改。同时，还向该会计中介机构下发了约谈通知书，对其主要负责人进行了约谈。整改期满后，F县财政局组织专人实地进行整改验收，确保上述存在的问题全部整改到位。

2. 建立健全相关资金管理制度。F县根据本次检查发现的问题，有针对性地制定印发了《F县财政局关于进一步加强扶贫资金使用管理的通知》《F县财政扶贫资金动态监控工作规程》《F县财政局关于做好财政扶贫资金公开工作的通知》《F县财政局关于转发H市财政局财政扶贫资金限时办结制实施细则的通知》《F县财政局关于进一步规范财政扶贫资金公示公告的通知》《F县财政局关于切实加强扶贫资金全过程监管的通知》及《F县财政专项扶贫资金及涉农整合资金使用管理办法（修订）》等规范性文件，从制度上完善扶贫资金管理和使用，避免类似问题在其他单位或地区出现。

3. 强化业务指导和日常监管。F县财政局由局领导带队，抽调政策熟、能力强、素质硬的干部组成5个扶贫资金管理业务指导组，每月深入镇、村和扶贫资金使用单位，及时了解情况，第一时间协调解决和反馈项目资金使用中存在的问题，在做好资金管理使用指导的同时，强化日常监管，确保中介机构和集体经济组织规范、有序地记录和管理使用资金。

三、案例启示

（一）违规原因剖析

1. 会计代理记账机构执业水平参差不齐。当前，以会计代理记账为主要业务的会计中介机构行业竞争激烈。但是机构内人员多数存在兼职执业、流动性大、会计专业技术等级低的问题。此外，2014～2020年全面脱贫攻坚工作开展前，这一类代理记账机构主要处理的是中小企业的代理记账业务。对于村集体经济组织的会计核算接触有限。

2. 村集体经济组织管理者财务意识淡薄。S省F县作为国家级贫困县，在2016年才实现整县脱贫退出，经济发展水平滞后。村集体经济组织尚处于国家政策扶持下的初创阶段，管理者多为村干部或致富带头人，普遍年龄偏大、缺乏基本的财务知识。大部分村集体经济组织管理者的财务认知还停留在只要不花公家钱办私人事就可以的层面。对于原始凭证审签、现金白条支出等不以为然。

3. 会计中介机构缺乏有效监管。按照财政部和S省财政厅统一要求，对于从事代理记账业务类会计中介机构（代理记账公司）从2018年开始实行县级备案制。但是限于县级财政部门工作人员数量、年龄结构、知识水平等因素，现阶段主要代理记账机构年检为规范执业水平的方式，实现年度内不定时抽检开展较少。

（二）启示与思考

2020年末，全国832个县全部实现脱贫退出。但是，农业发展缓慢，农村经济基础相对薄弱，农民人均收入低于城市居民的问题依旧存在。全面实施乡村振兴战略，不仅是巩固脱贫攻坚工作成效的政策选择，更是夯实经济发展基础、实现全体人民共同富裕的必然要求。短时间内，农村集体经济组织管理者的财务管理知识难以迅速提高，采取委托代理记账仍然是农村集体经济专业合作社财务管理的优先选项。因此，提高中小会计中介机构代理村级集体经济组织业务的执业水平，有助于筑牢财政资金管理最后一公里基础，便利财政支出绩效管理，对摸清村集体经济组织运营情况有着十分重要的意义，也给我们带来了以下几点启示和对策建议。

1. 行业自律与制度完善并重，加强代理记账行业自身建设。

（1）加强代理记账行业自身建设。首先，不断提高会计从业人员素质，在选人时，本着择优录用的原则，考核应聘会计的职业技能、业务素质和工作经历。日常工作中有针对性、系统地组织从业人员开展新制度、新知识的学习培训，加强会计代理记账机构之间的沟通交流，切实提高会计代理记账机构从业人员的整体素质，提高会计信息质量。其次，代理记账机构应该加强整体经营理念，制订统一业务流程，实行行业管理，优化运营方式，使企业管理跨上新台阶，实现规模化和集约化经营，促进代理记账事业蓬勃发展。

（2）加强从业人员职业道德教育。加强会计职业道德教育有利于会计从业人员以法律为依据，以经济业务的事实为准绳，坚持原则、依法进行账务处理和核算、客观真实地反映单位经济运行情况，依法公正地维护国家、社会公众、会计主体等多方利益和良好的社会经济秩序。

（3）会计档案保密及管理。各会计代理记账机构对在执行业务中知悉的商业秘密应当保密。对委托人资料要严守保密制度，除政府有关部门依照法律法规履行监管职能外，会计代理记账机构未经委托人书面同意不得向委托人或其授权人员以外的任何机构和人员提供会计资料。会计核算年度内委托单位的会计档案由业务主管保管并对其安全承担责任。会计年度终了，必须及时将纸质会计档案移交委托人，同时妥善保存电子会计档案。会计代理记账机构在移交会计档案时，实行会计档案移交登记备案，交接双方应当按照会计档案移交清册所列内容逐项交接，并由交接双方的单位有关负责人负责监督。交接完毕后，交接双方经办人和监督人应当在会计档案移交清册上签名或盖章。

2. 完善制度、加强培训，提高村集体经济组织管理者财务管理素养。

（1）加强领导，落实责任。建议乡镇政府或街道办要高度重视村级财务管理工作，把它纳入日常工作日程，建立“一把手”负总责，分管领导具体抓，相关部门配合抓的工作机制，一级抓一级，层层抓落实，同时，把村级财务管理工作纳入年度综合目标责任书，作为年度考核各村的重要依据，确保各村级集体经济合作社财务管理向规范化方向迈进。

（2）严格财务活动程序，建立和完善财务管理制度。一是各村集体经济组织必须根据有关法律法规，结合各省、市实际情况，建立健全支出审批和内部控制制度。用制度明确村集体组织各干部成员的职责，村支部书记、集体经济合作社理事长、监事长一律不得直接经手现金及存款业务，杜绝谁收款谁花钱、无人管理财务、无人审批的现象。二是加强支出和投资的审批把关。坚持一签、一批、三审制度即业务经办人签字，经村支部书记或理事长审批，报账员审核、监事长审核、各农村会计服务中心审核才能报销的制度。对村集体组织重大投资和重大支出应进行集体决策，任何个人不得擅自决策或改变集体决策意见。

（3）加强村级财务人员业务培训。通过培训，提高村级财务人员对财务基础知识、现金管理、会计知识以及相关政策法规的认识，进一步提高村级财务人员的自律意识和业务水平，不断规范村集体财务收支管理，严格按制度、按程序办事，做到依法管财、依法用财，为提升村集体财务的良好运行奠定扎实基础。

3. 强化监督检查，加大问责力度。为切实发挥会计代理机构服务工作的效能，应强化对会计代理机构的监督，确保资金的安全。村集体会计委托代理管理体制应积极构建部门监督、群众监督、舆论监督“三位一体”的监督体系。

（1）对代理记账机构实施不定期的监督检查。一是对代理记账机构会计核算和监督，按村集体经济组织会计制度规定设置账簿、建立账户、进行记账、核算，做到账目清楚、账账相符。二是监督村集体财务核算及财务管理制度的执行情况。三是对检查中多次出现会计核算差错的会计中介机构，由县级及其以上人民政府财政部门责令其限期改正并于整改结束后进行复查，或虽进行整改但仍未达到财政部《代理记账管理办法》要求的，按规定撤回《代理记账许可证书》，同时建议工商部门变更其营业范围或依法吊销其营业执照。将代理记账机构在各地信用信息共享平台记入黑名单，并在一定范围内通报。形成对会计违法者在道德层面的压力，加快会计人员的职业道德建设和法律责任意识提升。

（2）加大对财务违法行为的惩戒力度。村级领导干部应提高思想认识，以保障农村经济健康发展、维护农村社会稳定为己任，以身作则，提高村级财务管理水平。与此同时，对财务管理中的违法违规行为，必须增强法律的威慑力，坚决查处。

（陕西省汉中市佛坪县财政局　熊良勇）

后 记

在财政部领导的高度重视和有力指导下，财政部监督评价局会同部内相关单位组成会计监督检查案例编委会，在对全国财政系统选送的280篇案例进行评选、编审等工作的基础上，遴选出46篇案例收录本书。

参与本书评审工作的人员有：杨瑞金、郜进兴、李先忠、江湧、林启云、舒惠好、张凤玲、李扣庆、黄世忠、刘志、马勇、王东、刘峰、李为、魏高明、徐玉德；参与本书编写工作的人员有：孙锋、鲁冰、谢秀芳、牛蒙南、方庆民、刘佳萌、樊清玉、贾陆宇、张璐怡、武献杰、胡明霞、周菲。在本书编辑出版过程中，北京国家会计学院、中国财政杂志社、中国财经出版传媒集团、财政监督杂志社等单位及相关人员给予了大力支持，在此一并表示感谢。

由于水平有限，书中难免有疏漏和错误之处，敬请广大读者对本书提出宝贵意见。

编 者
2022 年 5 月